中央高校基本科研业务费专项资金资助

元代文献与文化研究

第四辑

北京师范大学古籍与传统文化研究院　主办

魏崇武　主编

中国社会科学出版社

图书在版编目(CIP)数据

元代文献与文化研究. 第四辑／魏崇武主编.—北京：中国社会科学出版社，2018.1
ISBN 978-7-5203-3640-6

Ⅰ.①元… Ⅱ.①魏… Ⅲ.①古文献学—中国—元代②文化史—研究—中国—元代 Ⅳ.①G256.1②K247.03

中国版本图书馆 CIP 数据核字（2018）第 273265 号

出 版 人	赵剑英
责任编辑	顾世宝
责任校对	张 慧
责任印制	戴 宽

出　　版	中国社会科学出版社
社　　址	北京鼓楼西大街甲 158 号
邮　　编	100720
网　　址	http://www.csspw.cn
发 行 部	010-84083685
门 市 部	010-84029450
经　　销	新华书店及其他书店

印刷装订	北京君升印刷有限公司
版　　次	2018 年 1 月第 1 版
印　　次	2018 年 1 月第 1 次印刷

开　　本	787×1092　1/16
印　　张	16.75
字　　数	330 千字
定　　价	78.00 元

凡购买中国社会科学出版社图书，如有质量问题请与本社营销中心联系调换
电话：010-84083683
版权所有　侵权必究

《元代文献与文化研究》编委会

顾　　问：（按音序排列）
　　　　　陈高华　郭英德　韩格平　李梦生　李治安　杨　镰
名誉主编：李修生
主　　编：魏崇武
编　　委：（按音序排列）
　　　　　李　军　刘　晓　邱瑞中　魏崇武　查洪德　张　帆
编　　务：王若明　石勖言

目　录

·特　稿

元好问是否被"羁管"
　　——从其《云峡》诗写作时间说起 ………………………… 李修生(1)

·文献研究

八思巴字汉语韵书的功能、性质与类型 …………………… 陈鑫海(6)
《燕石集》版本考述 …………………………………………… 翟　丹(27)
谢应芳著述编纂考 …………………………………………… 花　兴(39)
《全元文》所收柳贯佚文重出误收考 ……………………… 钟彦飞(48)
《莲堂诗话》成书时代考辨 ………………………………… 薛子平(54)
危素综考 ……………………………………………………… 王若明(62)

·经学及理学研究

元人现存《易》学著作的文本考察 ………………………… 韩格平(74)
郝经《春秋》学考论 ………………………………………… 张　欣(103)
吴澄学术与元中期士风学风的转变 ………………………… 李　超(115)

· 历史研究

董士选与江西士人关系之探讨 ··· 李　军（127）
元代的"装饰仿生"工艺钩沉
　　——从清乾隆朝仿生瓷说开去 ································· 周思成（141）
宋元龙舟竞渡考 ··· 辛梦霞（149）

· 文学研究

上都天马歌之民族文化与文人心态初探 ····························· 高林广（163）
略论元儒吴澄的集序文创作 ·· 杜春雷（179）
多重身份的认同
　　——赵孟頫形象的符号化历程 ···································· 杨　亮（193）

· 元代艺术类典籍提要

《梓人遗制》提要 ··· 崔　璨（210）
《香谱》提要 ··· 崔　璨（212）
《画继补遗》提要 ·· 翟　丹（214）
《画鉴》提要 ··· 吴　冕（216）
《文房图赞续》提要 ··· 张　南（219）
《云烟过眼续录》提要 ·· 王博涵（221）
《书画目录》提要 ··· 王博涵（224）
《畴斋墨谱》提要 ·· 张　南（226）
《写山水诀》提要 ·· 贾　薇（228）
《墨竹谱》提要 ·· 王若明（230）
《文湖州竹派》提要 ··· 翟　丹（232）
《歙砚说》提要 ·· 张　南（235）
《辨歙石说》提要 ··· 张　南（237）
《竹谱》提要 ··· 范雪琳（238）

《书法钩玄》提要 …………………………………… 魏　磊(240)
《绘宗十二忌》提要 ………………………………… 吴　冕(242)
《写像秘诀》提要 …………………………………… 吴　冕(243)
《图画考》提要 ……………………………………… 贾　薇(245)
《续竹谱》提要 ……………………………………… 范雪琳(246)
《墨竹记》提要 ……………………………………… 范雪琳(248)
《书法三昧》提要 …………………………………… 范雪琳(250)
《赵氏家法笔记》提要 ……………………………… 王博涵(252)
《大元毡罽工物记》提要 …………………………… 崔　璨(255)

《元代文献与文化研究》征稿启事 ……………………………… (257)
《元代文献与文化研究》编辑部特别声明 ……………………… (259)

· 特稿

元好问是否被"羁管"

——从其《云峡》诗写作时间说起

李修生

【摘要】 元好问《云峡》诗,清李光廷《广元遗山年谱》系于戊戌上半年在东平时作,近人多依之。然据史实及元好问行踪,似与羁管说颇多矛盾。对于元好问是否曾被"羁管",应该提出质疑。

【关键词】 丙申分封;词客;羁管;滞留

元好问有《云峡》诗,清李光廷《广元遗山年谱》据《元史·王玉汝传》系于戊戌年,并说:诗当上半年东平时作。近人多依之。王君璋名玉汝,是最早追随严实的幕僚。《元史》有传:

> 王玉汝字君璋,郓人。少习吏事。金末迁民南渡,玉汝奉其亲从间道还。行台严实入据郓,署玉汝为掾史,稍迁,补行台令史。中书令耶律楚材过东平,奇之,版授东平路奏差官。以事至京师,游楚材门,待之若家人父子然。实年老艰于从戎,玉汝奏请以本府总管代之行。夏津灾,玉汝奏请复其民一岁。济州长官欲以州直隶朝廷,大名长官欲以冠氏等十七城改隶大名,玉汝皆辨正之。
>
> 戊戌,以东平地分封诸勋贵,裂而为十,各私其入,与有司无相关。玉汝曰:"若是,则严公事业存者无几矣。"夜静,哭于楚材帐后。明日,召问其故,曰:"玉汝为严公之使,今严公之地分裂,而不能救止,无面目还报,将死此荒寒之野,是以哭耳。"楚材恻然良久,使诣帝前陈诉。玉汝进言曰:"严实以三十万户归朝廷,崎岖兵间,三弃

其家室,卒无异志,岂与他降者同。今裂其土地,析其人民,非所以旌有功也。"帝嘉玉汝忠款,且以其言直,由是得不分。迁行台知事,仍遥领平阴令。①

根据以上资料知道,戊戌年(元太宗十年,1238)皇室欲以东平地分封诸勋贵,裂而为十,赖东平路奏差官王玉汝保全。王玉汝对严氏有功,严实提升其为行台知事,赠以宣和宝石。王玉汝邀词客赋诗,元好问在被邀之列。元好问《云峡》诗序曰:

> 君璋启事西凉,占对称旨。其还也,行台公以宝石为贶,奇秀温润,信天壤间尤物。君璋目之曰云峡,邀词客赋诗,予亦同作。②

但查考史实,就发现问题。诸王贵族分封事,发生在丙申年(元太宗八年,1236),而不是戊戌年,历史上称之为"丙申分封"。这次分封是基于黄金氏族共享权力的旧例。大蒙古国建立时,忽睹虎为大断事官,成吉思汗在给忽睹虎的训示中说:

> 当(我)被长生天佑护着,使天下百姓入轨就范的时候,你要作(我的)耳目,把毡帐、板门里的百姓分成份子,作为领民分配给母亲、我们、弟弟们和诸子侄,任何人不得违背你的话。③

《元典章》卷九《改正投下达鲁花赤》条:

> 监察每文书里说:各投下达鲁花赤,太祖皇帝初起北方时节,哥哥、兄弟每商量定,取天下了呵,各分地土,共享富贵。么道,世祖皇帝即位以来,立着法度,诸王分到的城子,交他每各自委付达鲁花赤有。这勾当行了多年也。④

《元史》卷二《太宗本纪》:

> (八年丙申)秋七月,命陈时可阅刑名、科差、课税等案,赴阙磨照。诏以真定民户奉太后汤沐,中原诸州民户分赐诸王、贵戚、斡鲁朵:

---

① (明)宋濂等:《元史》卷153《王玉汝传》,中华书局1976年版,第3616页。
② 姚奠中主编:《元好问全集》(增订本)卷4,山西古籍出版社2004年版,第79—80页。
③ 亦邻真:《成吉思汗与蒙古民族共同体的形成》,载南京大学历史系元史研究室编《元史论集》,人民出版社1984年版,第51页。
④ (元)无名氏编:《元典章》册1,陈高华等点校本,中华书局、天津古籍出版社2011年版,第296页。

拔都，平阳府；

茶合带，太原府；

古与，大名府；

孛鲁带，邢州；

果鲁干，河间府；

孛鲁古带，广宁府；

野苦，益都、济南二府户内拨赐；

按赤带，滨、棣州；

斡陈那颜，平、滦州；

皇子阔端、驸马赤苦、公主阿剌海、公主果真、国王查剌温、茶合带、锻真、蒙古寒扎、按赤那颜、坯那颜、火斜、尤思，并于东平府内拨赐有差。耶律楚材言非便，遂命各位止设达鲁花赤，朝廷置官吏收其租颁之，非奉诏不得征兵赋。①

又，宋子贞《中书令耶律公神道碑》：

其（丙申）秋，忽睹虎以户口来。上议割裂诸州郡分赐诸王贵族，以为汤沐邑。公曰："尾大不掉，易以生隙。不如多与金帛，足以为恩。"上曰："业已许之。"复曰："若树置官吏，必自朝命，除恒赋外，不令擅自征敛，差可久也。"从之。②

韩儒林主编《元朝史》，对于丙申分土分民，有具体的论述：

丙申年的分土分民，本是国据成吉思汗与宗亲约定的"取天下了呵，各分地土，共享富贵"的原则，与以前在漠北推行的"忽必"和"莎余儿合勒"分封制本质上一样。按照这种制度，受封者都可以各治其分邑，自征其分民，势必形成许多大大小小不相统属的领地。③

元太宗采纳了耶律楚材提出的折中建议，遂命：

各投下只在分地设达鲁花赤监临，而由朝廷置官统一征收赋税，按其应得数额

---

① （明）宋濂等：《元史》卷2《太宗本纪》，中华书局1976年版，第35页。
② 李修生主编：《全元文》册1，江苏古籍出版社1997年版，第174页。
③ 韩儒林主编：《元朝史》上册，人民出版社1986年版，第221页。

颁给他们,非奉诏不得擅征兵赋。①

王玉汝作为东平路的奏差官,根据耶律楚材的指示,也陈述了意见。维护了严氏东平行台的利益。回到东平后,严氏赠以宣和宝石。所以,《云峡》诗肯定不是戊戌年的作品。那么,王玉汝何时回到东平?众词客何时集会赋诗呢?

"丙申分封"是丙申年七月的事情,王玉汝如果立即回东平,也需要两三个月的时间。如果有些耽搁,就应晚一些。但作为东平路的奏差官,也不可能隔得很久,预计应在元太宗丙申年末至丁酉年(元太宗九年,1237)年初。参以元好问的活动,众词客集会赋诗庆贺的时间,可能在丁酉年的上半年。元好问撰有《范文正公真赞》,其诗序曰:"丁酉四月,获拜公像于其七世孙道士圆曦,乃为之赞。"②道士范圆曦,时在东平。《云峡》诗或撰于此时,或稍早。

为了理清头绪,我们再来考察元好问到东平初期的活动踪迹。多种研究著作说,元好问时被羁管聊城,有的论著甚至说"羁管山东"。对于这个问题我觉得有不少疑问。元好问写此诗时,是从冠氏到东平,然后又回到冠氏,又到卫州、河平、新乡、济源、山阳、修武等地。这像是被"羁管"吗?

我们再考察元好问在崔立以汴京降蒙古军后的行踪:元太宗五年、金哀宗天兴二年(癸巳,1233)四月二十二日,上书耶律楚材,二十九日出汴京,五月三日赴聊城。元太宗七年(乙未,1235)初,迁居冠氏,有济南之游,撰《济南行记》。次年(丙申,1236),仍居冠氏,秋游泰山,曾到莘县。又次年(丁酉,1237),四月,或更早,到东平;秋,经朝歌、卫州、辉县、山阳、太原,回到忻州。冬复回冠氏。其行动也相当自由。

聊城,金朝属山东西路东平府博州;冠氏,金朝属大名路大名府。元初,严实辖治东平行省时期,均属东平。当时汴京降蒙古军,但河南许多州县战争还没有结束,并没有将金朝官员集中监禁于某地的记录,也没有对于这些官员刑事处理的记载。"羁管"是北宋在五刑之外加的一个新刑种,有编管、羁管。"羁管",是官吏得罪,谪放州郡,由地方官吏加以管束。"长吏月一验视,不许囚禁"③,黄庭坚曾因写作被羁管宜州,元好问熟知黄庭坚事迹,当然了解"羁管"是何待遇。汴京降蒙古军后,元好问于四月二十二日上书耶律楚材,他与张柔又有亲戚关系。如清施国祁《元遗山全集年谱》所说:

---

① 韩儒林主编:《元朝史》上册,人民出版社1986年版,第223页。
② 姚奠中主编:《元好问全集》(增订本)卷38,山西古籍出版社2004年版,第797页。
③ (元)脱脱等:《宋史》卷31,中华书局1985年版,第577页。

  按：汴京既下，居民四出，名族皆自拔归。先生家属不独早为耶律理索而已，缘毛夫人家与蒙古满城帅有连，先生与之为宗盟之僚婿，其家必为万户张柔所扶护而出。且柔之独取亡金《实录》，亦当阴受先生指。虽事不概见，皆无可疑者。若先生则自就拘管，同赴聊城矣。①

  元好问既然得到耶律楚材和张柔的照顾，他的家属能携带书籍和成箱的物品来到聊城，是什么原因，什么部门决定对元好问加以羁管呢？而且，当时局势相当动荡，战争还在进行，什么部门顾得上这么具体的处罚呢？所以，我怀疑蒙古军和汉军或其他权势机构根本没有对元好问进行"羁管"。而且，如果真是"羁管"的话，也不可能是"羁管山东"，因为羁管是限于州郡的。试想，放在"山东"，如何管制约束？如果限于州郡，聊城，也不是州。而且除非改变羁管地，他也不能离开聊城，跑到冠氏赵庄赋杏花诗，到济南泛舟大明湖，登泰山，被请到东平赋《云峡》诗，甚至经过不止一个州郡，回到山西。

  "羁管"说，见于元好问自己的作品："岁甲午，予自大梁羁管聊城。"（《清真观记》）②"岁甲午，羁管聊城。"（《南冠录引》）③我认为，很可能是在一段时间，曾经限制有人他离开聊城。"羁管"只是一种情绪化的说法。

  元好问在《中州集序》中说："明年（指壬辰之明年）滞留聊城，杜门深居，颇以翰墨为事。"④研究者均以为此文作于癸巳年。《中州集》是己酉年（海迷失后元年，1249）由真定提举赵国宝资助出版。那么，序文出版时是否有修改？"滞留"二字是癸巳年写的，还是己酉年改的？不得而知。但"滞留"与"羁管"是不同的。所以，我怀疑是在局势混乱的情况下，某位有权势的人，做出这样的安置，实际上是一种保护措施。元好问因为行动受到限制，不明底里，以为被羁管。

【作者简介】 李修生（1933—），男，山东德平人，北京师范大学古籍与传统文化研究院教授。

---

  ①（清）施国祁：《元遗山全集年谱》，载北京图书馆编《北京图书馆藏珍本年谱丛刊》册34，北京图书馆出版社1999年版，第718—719页。
  ②姚奠中主编：《元好问全集》（增订本）卷35，第743页。
  ③同上书，卷37，第774页。
  ④同上书，卷37，第787页。

· 文献研究

八思巴字汉语韵书的功能、性质与类型

陈鑫海

【提要】 在所有八思巴字汉语文献中,以《蒙古字韵》为代表的汉语韵书,由于自身的系统性,对于语音研究而言无疑是最重要的核心材料。以往有研究者认为,八思巴字汉语韵书是元朝科举考试的"官韵";还有学者认为这种韵书也是八思巴字汉语拼写的"规范"。本文根据史料记载,在前人研究基础上分析了元代科举考试程式,并将《蒙古字韵》与元代各类韵文押韵的实际情况进行了比较,揭示出其中的关键差异,最终证明八思巴字汉语韵书并不能用于指导韵文创作,更谈不上是所谓的"官韵"。本文还比较了八思巴字汉语韵书与其他八思巴字汉语材料的异同,证明韵书也不是八思巴字汉语拼写的"规范"。本文还进一步分析和预测了八思巴字汉语韵书四种可能的类型,并结合史料对其中部分类型作了证明,说明了文献所记多种韵书之间的关系,提出了判定八思巴字汉语韵书是否属于同类的标准。

【关键词】 八思巴字;汉语韵书;韵书功能;韵书性质;韵书类型

一 八思巴字汉语韵书的功能与性质

(一)八思巴字汉韵书相对于传统汉语韵书的特殊性质

韵书的编撰目的决定了它的主要功能。传统韵书最重要的编撰目的是指导作诗押韵①。六朝以降,传统韵书多用来"广文路""赏知音",虽然"各有土风",但都要用来指导文学创作,为诗文押韵提供一定的依据或标准。但八思巴字汉语韵书并不是从这一目的出发来编撰的。因此,其功能,或曰性质,均与传统韵书迥异。

已知最早谈及八思巴字汉语韵书编撰目的的是朝鲜崔世珍所著《四声通解》之凡例第一条:

> 《蒙古韵略》,元朝所撰也。胡元入主中国,乃以国字翻汉字之音,作韵书以教国人者也。

郑再发②首先引述本段文字以证明八思巴字汉语韵书的首要功用是教科书。接下来,他又引述了元人王义山《稼村类稿》卷三所收《李宏道编〈蒙古韵类〉序》进一步证明。在序文内,王氏又把李宏道的书称为"《蒙古韵编》",并反复提及此书的编撰目的是用来"教人"的:

> ……宏道《韵编》之作,其以古字之古,而教今人以古乎?……宏道以《蒙古韵编》教人,且欲使今知字者皆知字之古……虽然宏道教人以《韵编》,更自司马公切韵法始。③

史料中对于同类型韵书的记载已经表明,八思巴字汉语韵书最主要的编撰目的是用于教学。且通过王义山《李宏道编〈蒙古韵类〉序》的表述,我们还可以知道,具体的教学目的在于教"字",即八思巴字。教学内容应该既包括字母表,也包括拼写法。作为八思巴字汉语韵书的一种,《蒙古字韵》自然也不例外。

有的学者认为以《蒙古字韵》为代表的八思巴字汉语韵书是元朝科举考试的"官韵"④。应该说,随着唐代以后科举考试的发展,科举功令一以《切韵》—《广韵》系韵书为

---

①本文由笔者硕士论文、博士论文相关章节连缀而成。笔者在硕士论文中首先提出《蒙古字韵》非"官韵"的观点,在博士论文中又深化、补充和扩展了相关论证。在此首先感谢两位导师——黄易青先生和张渭毅先生的悉心指导。同时要特别感谢王宁先生对笔者的提携和鼓励。参见宁忌浮《汉语韵书史》(明代卷),弁言,上海人民出版社2009年版。

②郑再发:《蒙古字韵跟跟八思巴字有关的韵书》,台湾大学文学院1965年版。

③郑再发先生只节录序文部分文字,包含此处所引第二句话。耿军、张亚蓉《有关〈蒙古字韵〉的几个问题》,《西北民族大学学报(哲学社会科学版)》2011年第2期录有全文。此处参考后者。

④较有代表性的是蒋冀骋《近代汉语音韵研究》,湖南师范大学出版社1997年版。

准，这一系韵书逐渐取得"官韵"地位。《蒙古字韵》是金代官韵系统韵书①《新刊韵略》的改并重编，而《新刊韵略》又直承自《广韵》—《景德韵略》②，因而《蒙古字韵》也可以归入这一韵书传承系列。但韵书的传承关系首先是指文献学意义上的传承关系，尤其强调编撰体例和收字范围上的传承。有传承关系的韵书是否具有音系上的传承关系尚且需要具体问题具体分析，进行另外的确证；至于有传承关系的韵书在功能上是否一致，更是无法直接证明的。

具体到八思巴字汉语韵书，就绝非"官韵"。

自太宗窝阔台十年（1238）"戊戌选士"以后，元代科举久议不决。至仁宗爱育黎拔力八达延祐二年（1315）正式开科以前，仅在金国故地举行过若干次地方性科举考试。且从"戊戌选士"开始，元代地方科举就沿用了金代功令。今存金王文郁《新刊韵略》唯一的元代重刊本初次印行也在这一时期③，当是因应此种需要而为。这说明，自八思巴字汉语韵书出现到朱宗文校订完《蒙古字韵》，这种韵书从没有被用作"官韵"。

朱宗文校订《蒙古字韵》五年之后，仁宗皇庆二年（1313），元朝政府才决定恢复中断了半个多世纪的科举考试（又经过两年准备才于1315年正式实行），并于当年十一月颁布了考试程式④。这个考试程式中明文规定了汉人和南人的第二场考试科目为"古赋、诏诰章表内科一道"。平田昌司⑤、李子君⑥均已指出，在元代科举时期，功令并不统一。由

---

①"官韵系统的韵书"不等于"官方韵书"。前者包括后者，也包括在后者基础上增补韵字、增收异读、添加注释而形成的民间韵书。《附释文互注礼部韵略》和《增修互注礼部韵略》之于《礼部韵略》的关系就是如此。这些民间韵书有可能获得官方一定程度的认可，如《增修互注礼部韵略》后来的命运就是这样。我们认为《新刊韵略》之于金朝官方颁布的《韵略》也有类似关系。

②参见宁忌浮《〈蒙古字韵〉与〈平水韵〉》，载《宁忌浮文集》，吉林人民出版社2010年版，第123—132页；宁忌浮《古今韵会举要及相关韵书》，中华书局1997年版。

③按：元刊本《新刊韵略》今存台北"国家图书馆"。据卷末木记，为"（成宗）大德丙午（大德十年，公元1306年，此时距朱宗文校订《蒙古字韵》仅余两年）重刊新本；平水中和轩王宅印"。根据卷首所载科举程式判断，当为英宗至治年间用大德刻版重印，科举程式等叶也是此时加入的。详细考证参见钱大昕《潜研堂文集》卷二十七《跋平水新刊韵略》，清嘉庆十一年刻本，《续修四库全书》影印，上海古籍出版社2004年版；宁忌浮《古今韵会举要及相关韵书》，中华书局1997年版；[日]高田时雄《莫高窟北区石窟发现〈排字韵〉笺记》，载高田时雄《敦煌·民族·语言》，中华书局2005年版，第459—468页。

④这份考试程式保留在多种元代史料中。李子君（2008）即据《通制条格》转引；本文据元刊本《新刊韵略》卷首。

⑤[日]平田昌司：《胡蓝党案、靖难之变与〈洪武正韵〉》，载南京大学汉语言文字学科《南大语言学》编委会编《南大语言学》第二辑，商务印书馆2005年版，第24—95页。

⑥李子君：《元代〈礼部韵略〉发覆——兼释至正年间屡刊〈增修互注礼部韵略〉的原因》，载中国音韵学研究会编《中国音韵学——中国音韵学会南京研讨会论文集·2006》，南京大学出版社2008年版，第339—356页。

于官方并没有发布统一的用韵标准,故汉人沿用金之《新刊韵略》,南人则沿用宋之《礼部韵略》。而后来出现的《古今韵会举要》,其编撰目的之一就是要以一己之力集南北《韵略》用韵之大成。我们也可以认为,这是试图对官方在功令上的不作为进行补救。但这种补救并未奏效——功令不统一的局面直到元廷北遁也未改观①。这说明,自元代中央正式开科直到蒙古人退出汉地,仍然没有拿《蒙古字韵》或是别的八思巴字汉语韵书作为官方的用韵标准。

放着"圣朝"自己编的"韵书"不用而用前朝的东西,这样奇怪的现象只能说明一个问题:八思巴字汉语韵书绝非元朝编撰的"官韵",甚至干脆并不具备指导诗文押韵的功能——如果有,岂能弃置不用?

除了史料稽考,对于元代诗文用韵的考察更可以作为强有力的证据。元代行科举以前的近体诗用韵,可以由金入元的元好问代表北方,以由宋入元的虞集代表南方。根据鲁国尧②、杜爱英③的分别考察,我们归纳二人近体诗创作的共同特点是,虽然有遵守功令的一面,但都存在大量的"借韵""出韵"的情形。通过对这些"借韵""出韵"情况的系联,可以得出大致与通语相当的韵部系统。且元代科举既然考的是"古赋"而非"律赋"④,那么行科举以后的士子们虽然会把南北两《韵略》作为基本押韵规范,但绝不会、也不必严格死守。科场尚且如此,日常的近体诗创作更无须顾忌。元、虞二人近体诗用韵的模式当可代表有元一代。

至于元代文人诗词的创作,鲁国尧先生⑤全面考察了宋、金、元三代词韵,首先从总体上将宋词韵分为十八部,然后选择金元时代最有代表性的作家,取其词韵与宋人及元代曲韵相比较。取其结论,对照《蒙古字韵》,我们可以知道,元代词韵相对于八思巴字汉语韵书,最大的不同有两点,一是元词支思部独立⑥,而《蒙古字韵》将其与词韵齐微部都归入四支部;二是元词遵循宋词成例,入声独立押韵,而《蒙古字韵》入声字完全与阴声同

---

①平田昌司《胡蓝党案、靖难之变与〈洪武正韵〉》一文的研究还表明,结束元朝科举功令的混乱局面是促成明初编撰《洪武正韵》的思想动力之一;同时也是导致《洪武正韵》"不古不今,不南不北"(王力先生语。见王力《中国语言学史》,山西教育出版社 1980 年版,第 83 页)的原因之一。

②鲁国尧:《元遗山诗词曲韵考》,载《鲁国尧语言学论文集》,江苏教育出版社 2003 年版,第 426—444 页。

③杜爱英:《元代儒学教授虞集诗词曲用韵考》,《南昌大学学报(人文社会科学版)》1999 年第 4 期。

④参见李子君《元代〈礼部韵略〉发覆——兼释至正年间屡刊〈增修互注礼部韵略〉的原因》。

⑤鲁国尧:《论宋词韵及其与金元词韵的比较》,载《鲁国尧语言学论文集》,江苏教育出版社 2003 年版,第 385—425 页。

⑥按:从鲁国尧先生的结论判断,这也是元词韵与宋词韵的主要区别之一。

韵。这证明了八思巴字汉语韵书与当时文人词创作之间存在差异。元代文人古体诗及韵文的用韵情况同词韵。

《蒙古字韵》在当时当然也不用于曲韵。众所周知，《中原音韵》既是从之前元曲创作实践中提炼、归纳的结果，也是指导其后元曲用韵的规范。也就是说，元代民间文艺创作的押韵也不以八思巴字汉语韵书为指导。

总之，八思巴字汉语韵书既非官韵，又非诗、文、词韵，亦非曲韵。它既不用于指导官方文学创作，也不用于指导文人阶层及民间文学创作，说明八思巴字汉语韵书的首要功能并不是指导诗文押韵，而是用于八思巴字的教学。这是它与其他汉语韵书在功能上最大的区别。

（二）八思巴字汉语韵书相对于其他八思巴字汉语文献的地位与性质

自《蒙古字韵》于20世纪20年代被发现以来，其在八思巴字汉语研究中的地位陡然跃升，并不断被推高。经过近百年的研究，学者们逐渐形成了两种错误倾向。一是把《蒙古字韵》看作八思巴字汉语的全部内容，以对《蒙古字韵》的研究取代了对整个八思巴字汉语文献的研究；二是把以清抄本《蒙古字韵》为代表的八思巴字汉语韵书看作八思巴字汉语拼写的"规范"。

第一种倾向在20世纪90年代表现最为突出。最近十五年的研究中，以沈钟伟、宋洪民二位学者为代表，已经开始努力纠正，并取得了一定成绩。但二位学者同时又坚持第二种倾向。这集中表现在沈钟伟[1]和宋洪民[2]的相关论述中。

我们认为，以《蒙古字韵》为代表的八思巴字汉语韵书和元代其他八思巴字汉语文献所表现的八思巴字汉语拼写法虽然大体相同，但仍存在系统性差异，各具研究价值，不能互相替代。更不能就此推论八思巴字汉语韵书就是八思巴字汉语拼写法的官方规范。这有两方面的证据能够证明。

一是《蒙古字韵》与实用文献采用的字母系统不一样。

---

[1] 沈钟伟：《〈蒙古字韵〉在古官话研究中的价值》，载中国社会科学院语言研究所《历史语言学研究》编辑部编《历史语言学研究》第4辑，商务印书馆2011年版，第264—275页。徐川山：《沈钟伟教授谈〈蒙古字韵〉研究》，《语言文字周报》2013年1月2日。

[2] 宋洪民：《〈古今韵会举要〉因袭〈蒙古字韵〉浅析》，载浙江大学汉语史研究中心《汉语史学报》第13辑，上海教育出版社2013年版，第135—168页。宋洪民：《从八思巴字汉语应用文献看〈蒙古字韵〉的性质与地位》，《语文研究》2014年第4期。

按照史料①记载,八思巴字有两套字母系统。其一含41个字母,这个系统又被称为"原始字母"系统。其二为用于拼写汉语的42字母系统,系在前一系统的基础上"去三增四"而成。具体差异是"汉字内则去ꡘ(25号r)、ꡣ(35号q)、ꡤ(38号aḣ)三字而增入ꡤ(42号f)、ꡰ(43号ṣ)、ꡮ(44号xᵢ)、ꡭ(45号 .ᵢ)四字"②。

所谓"后增四母"与"原始字母"之间的关系分别是:

ꡜ h(29号"晓")→(变形)ꡮ xᵢ(44号"匣")

↓(加ꡋ ụ)

ꡤ v(37号"奉")→(变形)ꡤ f(42号"非敷")

ꡆ ẓ(27号"禅")→(变形)ꡰ ṣ(43号"审")

ꡭ y(24号"喻")→(变形)ꡭ .ᵢ(45号"幺")

根据我们对八思巴字汉语文献的综合分析,拼写汉语的八思巴字母相对于"原始字母","去三"是符合实际的,"增四"则是虚假的。证据有三:

首先,在41"原始字母表"中已经有了专门为拼写汉语造的第14号字母 p^h 和第37号字母v。这说明"原始字母表"已经可以用来"译写一切文字"③中最主要的两种语文——蒙古语和汉语,本身就是一个同时面向两种语文设计的字母表。如果"后增四母"也是专门用来拼写汉语的,为什么不与这两个字母同时加入,而要再度增加?

其次,"后增四母"并不见于所有的八思巴字汉语文献。只有英藏清抄本《蒙古字韵》采用了"增四"以后的42字母系统编写,而其他八思巴字实用文献一律不采用"后增四母"。

最后,"后增四母"与其来源字母形体差异(区别度)小,增加以后反而容易引起混淆。这也可以看作其不应当出现的一个理由。有两方面例证:

其一,在实用文献中两种形体都出现过,且表现较为明显的是"审"(ṣ)、"禅"(ẓ)两母。尤其是汉碑07,该文献共有"同文异碑"的四道碑刻(汉碑07-a、汉碑07-b、汉碑07-c、汉碑07-d)。它们都和别的八思巴字汉语实用文献一样,不能区分其他三组声母:非敷/奉、晓/匣、幺/喻,这说明该文四道碑刻采用的仍然是"去三"之后的41"原始字母表"。具体到审/禅二母,汉碑07-a/-d和其他八思巴字汉语文献一样,把全部审母字都用ẓ拼写;但汉碑07-b/-c却与之相反,较多使用了ṣ,但这两道碑刻把全部禅母

---

① 主要见(明)宋濂等《元史·释老传》、(元)盛熙明《法书考》和(明)陶宗仪《书史会要》。
② 此段记载共现于《法书考》及《书史会要》。
③ 见《元史·世祖纪》。

(ẓ)的字也用 ṣ 拼写,如"產(bL05、cL08)①"。这与汉碑 07 - a/ - d 的表现形式相反,本质相同,实际上还是不能区分審、禪二母,只是不同碑刻具体字母书写形式有别而已。这可能反映了不同书写人掌握的字母书写形式有学习、传承上的细微差别。我们还可以据此进一步推断,在当时可能有人利用了这种差别,将两种书写形式对立起来,从而提出了"后增四母"的主张。

其二,即使在采用"增四"以后的 42 字母系统编写的英藏清抄本《蒙古字韵》中,"非敷"(f)和"奉"(v)两组声母也存在相当程度的混淆②。

以上三项证据可以证明所谓"增四"以后用于拼写汉语的 42 字母系统并非一个实用系统。那么我们就可以假设:如果以《蒙古字韵》为代表的八思巴字汉语韵书是元代官方颁布的八思巴字汉语拼写的"规范",实用文献的拼写就应该完全以这个"规范"为准,严格保持一致或只有少数偶然失误。既然实用文献都不采用、不遵守,又何谈"规范"呢?

不仅是实用文献与《蒙古字韵》有差异,历史文献中记载的《蒙古韵编》等其他八思巴字汉语韵书也不都是采用 42 字母系统编成的③,但却一样被用于教学。这也可以证明:无论是否采用"去三增四"的 42 字母表编成的八思巴字汉语韵书,它们都不是元朝官方颁布的八思巴字汉语拼写的"规范"和"标准"。

二是实用文献中出现了一些《蒙古字韵》未收汉字或未收异读。

《蒙古字韵》未收之字,如《百家姓》中的"郝"姓(第 077 姓:aL13、bL11、cL020、dL09;又见汉牒 03L09、L11)、"丘"姓(第 151 姓:aL23、bL20、cL038、dL15)和"閭丘"(第 422 姓:aL70、bL60、dL47)一姓的"丘"、"郘"姓(第 234 姓:aL37、bL32、cL059、dL25)、汉碑 05"做"(L05)、汉碑 12"蟷"(L17)、汉碑 13"磚"(L05)和"寨"(L07)、汉碑 15"惓"(L04 两见)。

《蒙古字韵》未收之异读,如《百家姓》中的"翟"姓(第 292 姓:aL46、bL40、cL073、dL31)、"逯"姓(第 404 姓:aL65、bL56、cL101、dL44)、"万俟"一姓(第 413 姓:aL67、bL58、dL45)的"万"、文言中读为"嗚呼"的"戲"(汉碑 10:bL10、cL07、dL10、汉碑 12L20、汉碑 16L07)、汉碑 09"示"(L11)、汉碑 12"廓"(L11)、"負"(L13)和"識"(L20)。

这些未收汉字或异读,根据其八思巴字拼写反映的音韵地位反推,多见于《集韵》系

---

① 括注行号,以"L"领起。同文献异碑刻/版本,在行号前加刻/版本号 a、b……。下同。
② 这一问题本人的博士学位论文有较详细的论述,此处从略。
③ 参见下文论述。

韵书。这说明在元代可能另有以《礼部韵略》或别的《集韵》系韵书①为底本改并重编的八思巴字汉语韵书。

因此,我们主张,应该把英藏清抄本《蒙古字韵》看作元代八思巴字汉语拼写教学用书的代表。这种教学用书采用的字母拼写系统和底本韵书并不完全一致,《蒙古字韵》只是其中的一种类型。

这样一种教学用书之所以采用了传统"韵书"的编撰形式,比如划分若干韵部、按照同音关系确定字的归属等,主要是为了照顾有一定汉文学修养的金代遗民(灭宋后同样适用于宋代遗民),采用他们比较熟悉的一种形式,方便他们迅速掌握八思巴字,以便为新朝服务。同时,韵书的形式也非常适合八思巴字作为拼音文字的特点。

而且,除了用于教学之外,我们在照那斯图、杨耐思②的结论基础上认为:八思巴字汉语韵书还应该兼具工具书的职能。

作为一部教科书,它和八思巴字《百家姓》配合使用。《百家姓》可以用于童蒙识字阶段或熟识日常用字的百姓,相当于"初级"课本;而韵书则相当于"中高级"课本。两种不同层次的课本配合使用,针对不同年龄阶段、不同文化水平的汉人/南人,用以教授他们八思巴字汉语的拼写方法。

作为一部工具书,八思巴字汉语韵书把八思巴字头标写在最上方,并遵循一定体例来编排,可以让汉人官吏在阅读用八思巴字汉语写成的官方文件时,能够迅速查找出相应的汉字;同时也可以让已经掌握了八思巴字母的蒙古、色目人通过它来学习、解读八思巴字汉语文献。

在"译写"实用文献时,八思巴字汉语韵书发挥的主要是工具书职能。

二 八思巴字汉语韵书的类型

通过以上考察,我们认为元代流行的八思巴字汉语韵书在字母系统和底本韵书两个方面都存在差异,并相互交错。

字母拼写系统差异反映了学习、使用者对待八思巴字的态度不同,同时也有时代早

---

① 按照宁忌浮先生提出的汉语韵书传承关系,宋代出现的《礼部韵略》及后来的《附释文互注礼部韵略》《增修互注礼部韵略》《增修校正押韵释疑》等都属于《集韵》系韵书;相对地,《新刊韵略》和英藏清抄本《蒙古字韵》属于《广韵》系韵书。
② 照那斯图、杨耐思:《八思巴字》,载照那斯图《八思巴字和蒙古语文献Ⅰ研究文集》,东京外国语大学アシア・アフリカ言语文化研究所1990年版,第35—39页。

晚的差异。蒙古、色目人在学习时应该严格遵守41原始字母表；汉人、南人则不一定。但无论何族，凡是担任"译史"、参与官方文书起草、书写者，都严格遵守41原始字母表。只有一些地方上从事教学的汉人、南人知识分子，因自身的汉语音韵学修养，以及某种文化意识，出于凑足"三十六字母"的观念，主张另外增加四个字母。这一系统的韵书可能只在有限的地区流传，并不是译写官方文献的"规范"。最初的八思巴字汉语韵书都应按照"去三"之后的41字母表及相关拼写法编排。"增四"观念提出之后，才会出现按照42字母表编写的韵书。

底本韵书的差异则反映地域文化差别。结合上文所述元代科举功令的表现，采用《新刊韵略》为底本的，应源出金国故地；采用《礼部韵略》系统韵书为底本的，应出自南宋故地，产生时间略晚于前一种。

综合比较字母系统的差异和底本韵书的差异，我们认为：元代八思巴字汉语韵书至少有两个系统，其分别在于是否采纳了"后增四母"——没有采纳的，从八思巴字角度看，就是采用了"去三"以后的41字母表，从汉语音韵学的角度属于三十二字母系统①；采纳"后增四母"的，就是采用了42字母表，属于三十六字母系统。它们都是同类型的韵书，其音系源头都是官方制定的标准的八思巴字汉语拼音方案，但可能有人为"修改"掺入；其文献（收字）源头既可能是金代王文郁的《新刊韵略》，也可能是南宋流行的《礼部韵略》等《集韵》系韵书。因此八思巴字汉语韵书有四种可能的基本形式：

第一种系统有两种基本形式：

1. 用41字母表"去三"之后拼写，以《新刊韵略》为底本；

2. 用41字母表"去三"之后拼写，以《礼部韵略》等《集韵》系韵书为底本；

第二种系统也有两种基本形式：

3. 用"增四"之后的42字母表拼写，以《新刊韵略》为底本；

4. 用"增四"之后的42字母表拼写，以《礼部韵略》等《集韵》系韵书为底本。

这些不同形式的韵书在元代，特别是元廷统一江南以后的一段时间，曾经同时流行过。第一种系统的韵书虽然出现较早，流传也很广②，但对后世影响小，没有流传下来；这种系统的韵书既可以作为教材，也可以作官方"译写"的工具书。第二种系统的韵书虽

---

①这里的"三十二字母系统"和"三十六字母系统"都是从韵书编撰角度而言，不能简单认为是其声母系统。

②参见耿军、张亚蓉《有关〈蒙古字韵〉的几个问题》，载耿军《元代汉语音系研究——以〈中原音韵〉音系为中心》，中国对外翻译出版有限公司2013年版，第41—45页对李宏道、王义山生平行止的考证。耿文对李宏道其人有"南往"与"北来"两种猜测，结合韵书实际面貌，我们倾向于后者。

然出现相对较晚,流行范围也小,但影响更大①,至今可见;不过这一系统的韵书在当时只能作为教材,民间也可以将之用作工具书,但官方并不采用。

其中第1、第3两种韵书源出北方,平宋以后有人带到南方;第2、第4两种韵书产生于江南,也主要流行于江南。

将史料中记载的各种八思巴字汉语韵书和存世的各种八思巴字文献结合起来,可以为我们的预测结果提供证据。

从文献记载来看,八思巴字汉语韵书有许多不同称谓。综合各种文献,已知元代以"蒙古"命名的韵书名称有四种:《蒙古字韵》《蒙古韵略》《蒙古韵》和《蒙古韵编》,此外还有一种《华夏同音》。这些韵书,理论上可能采用上述任何一种形式编撰,因此既可能与《蒙古字韵》十分接近,也可能有一定的差异。

它们到底是同一部韵书的不同名称,还是同类型、不同内容的韵书②?许多学者也就这个问题进行了专题研究。

首先,我们可以肯定《华夏同音》《蒙古韵编》二书与其余三者不同。

《华夏同音》全书已佚,相关记载见于陶宗仪《南村辍耕录》卷十"国字"条。该条全文如下:

> 杜清碧先生本字伯原,有所编五声韵,自大小篆、分、隶、真、草,以至外化蕃书,及国朝蒙古新字,靡不收录,题曰"《华夏同音》"。至正壬午(引者按:即顺帝至正二年,公元1342年),中书奏修三史,以翰林待制聘先生。起至武林,辞疾不行,盘桓久之。浙省平章康里子山公巎巎时来访。一日,语及声律之学,因问国字何以用"ꡏ"(喉音,有音无字)字为首? 先生曰:"正如婴儿初堕地时作此一声,乃得天地之全气也。"平章甚说服。③

---

①朱宗文校订的对象是"浙东本"和"湖北本",这两个地名都是沿用南宋路一级行政区划的名称;且受到《蒙古韵略》影响的《四声通考》《四声通解》《古今韵会举要》等也都与江西、福建地区有着密切关系。

②参见照那斯图《〈蒙古字韵〉拾零》,《语言科学》2004年第2期;秦晔《〈蒙古字韵〉声母及介音的几个问题》,硕士学位论文,北京大学,2006年。

③蔡美彪先生《关于蒙古字韵》(载罗常培、蔡美彪编著《八思巴字与元代汉语[增订本]》,中国社会科学出版社2004年版,第119—122页)一文也据《四部丛刊三编》本录有全文,并对其中译写讹误做了校勘,同时参考了罗常培的考证。本文据中华书局1959年断句排印本,与罗、蔡校订的结果相同。按:杜清碧此人,于史传中无考。我们尝试用网络搜索,发现元代有一位叫杜清碧的江西人曾于至正元年(1341)增订过《敖氏伤寒金镜录》(见百度百科·杜清碧条:http://baike.baidu.com/view/3280943.htm)。该书被认为是现存最早的中医舌诊专著。两个"杜清碧"是否同一人?犹待更多史料发掘。"浙省平章康里子山公巎巎",即回回人康里巎巎(1295—1345),《元史》有传。

从中可以知道,该书在形式上与英藏清抄本《蒙古字韵》有很大不同。如郑再发先生所言,它把各种字体都收了进去,"很像现在的《六书通》……不同的是它采用韵编式的外壳儿就是了"①。从形式上判断,《华夏同音》是一种特殊的韵书,不属于上述四种类型的任何一种。甚至我们可以说它并非专门用来普及、查阅八思巴字与汉字对应关系的韵书。同时我们认为,该书收录诸种字体的做法很可能影响了《法书考》和《书史会要》②。只是后二者不再"采用韵编式的外壳儿就是了"。

《蒙古韵编》,如前所述,有王义山所作《李宏道编〈蒙古韵类〉序》可供稽考。按照该文记述,《蒙古韵编》的编撰体例为:

特十五门而止,四声可全用者,三声、二声可通用者,一声独用者,皆出于中……又择字之形相似者为一类,总而言之,字母止三十二……散之则十百千万……

郑再发据此认为,该书与《蒙古字韵》有两点相同:也分十五个韵部,也采取了"以韵统调"的结构。其最突出的不同点在于该书只有三十二个字母,"比《蒙古字韵》编首列的三十六字母之数,少了四个"。郑再发进一步认为所少为知彻澄与照穿床合并之外,可能是泥娘也合并了③。

我们认为应该有两种可能。第一种可能确如郑再发所言,知彻澄与照穿床合并了,但据同理推断,另外少的一个应该是非敷合并而不应该是泥娘合并。因为知彻澄与照穿床合并、非敷合并皆合于八思巴字而泥娘不合。第二种可能是,以《蒙古字韵》所列三十六字母为基数观察,如果其中没有包括"后增四母",也正合三十二之数。如果与我们此前的论证结合起来考虑,后一种可能性更大——即使编书以前已经有人提出了"后增四母"的方案,李宏道仍然有可能沿用了1271年八思巴字韵书出现之初的编撰体例。

至于该书与《蒙古字韵》的关系,郑再发认为"可能是《蒙古字韵》等元初教科书的修订本"④。主要根据是其韵字"择字之形相似者为一类"的排列特点。

---

① 郑再发:《蒙古字韵跟跟八思巴字有关的韵书》,第20页。
② 盛熙明晚年居江西;陶宗仪常居浙江。又与杜清碧的生平活动有交集,恐非巧合。
③ 以上参见郑再发《蒙古字韵跟跟八思巴字有关的韵书》,第20页。按:这种推测有多种元代字母材料支持,特别是陈晋翁《切韵指掌图节要》的三十二字母系统,与郑氏此种推测完全相合(参见杨耐思1988b/1997a)。但这并不妨碍我们下面的两种推断。因为李宏道其人籍贯未定(参见耿军、张亚蓉2011),是否一定参见了流行于南方的这些字母系统尚需更多证据。
④ 郑再发:《蒙古字韵跟跟八思巴字有关的韵书》,第21页。

我们认为这里面还有追索的空间,即"字形相似"是否意味着"谐声偏旁相同"? 如果是,那么这样的韵字排列特点正是《集韵》系韵书的韵字排列特点。这就有两种可能。其一,反映了《集韵》系韵书的影响,是李宏道在韵书初始形态上参考了《集韵》系韵书加以调整的结果。那么《蒙古韵编》与《蒙古字韵》之间的关系就比较密切,是"同源异流"的关系。这也是郑再发先生的论断。其二,该书的底本就是某种《集韵》系韵书。那么《蒙古韵编》与《蒙古字韵》之间的关系就较为疏远,它代表的应该是四种可能的韵书形式中的第二种。

其他八思巴字实用文献,特别是传世圣旨、牒文和长篇碑刻所依据的工具书均属此一系统。其中有汉字字形和异读《蒙古字韵》未收而《集韵》系韵书收录的八思巴字《百家姓》、汉牒03、汉碑05、汉碑09、汉碑10、汉碑12、汉碑13、汉碑15、汉碑16可以认为依据了第二种,即用41字母表"去三"之后拼写,以《礼部韵略》等《集韵》系韵书为底本的八思巴字汉语韵书。根据上述诸文献中出现时代最早的汉碑05,可推知第二种类型韵书的出现时间不会晚于1288年。

其他文献不能绝对确定。我们暂假定依据的都是第一种类型韵书。

最后再来看《蒙古字韵》《蒙古韵略》和《蒙古韵》。

这三个名目最早同时出现在《古今韵会举要》中。

其中"《蒙古韵》"这个名称大量见于《古今韵会举要》。根据杨征祥的统计共有43例[1]。同时也出现在《蒙古字韵》篇首所载的第一篇序文中[2],该文明确提到朱宗文曾经"增蒙古字韵、正蒙古韵误"。

"《蒙古韵略》"也见于《古今韵会举要》,杨征祥查得2例[3]。

此外,这两个名称也多见于朝鲜韵书《四声通考》和《四声通解》,特别是两书凡例部分多有提及。从中我们知道《四声通解》还多称"《蒙韵》"。

至于"《蒙古字韵》",《古今韵会举要》卷首所附《礼部韵略七音三十六母通考》篇名之后有一行阴文注:"《蒙古字韵》音同"。

---

[1] 参见杨征祥《〈韵会〉所引"蒙古韵"考》,载《声韵论丛》第四辑,学生书局1999年版,第305—320页。

[2] 按:据现存英藏清抄本,此篇序文的作者当为朱宗文的老师刘更。但王硕荃《〈韵会〉与蒙古韵》(载《语苑撷英》编辑组编《语苑撷英——庆祝唐作藩教授七十寿辰学术论文集》,北京语言文化大学出版社1998年版,第110—120页)认为该序前后文义不连贯,可能是后人在传抄过程中将两篇不同的序文首尾拼接而成。

[3] 参见杨征祥《〈韵会〉所引"蒙古韵"考》。

综合各种史料判断,《蒙古字韵》由于有实物存世,故其作为书名当无疑义。按照《四声通解》凡例第一条所叙,"《蒙古韵略》"无疑也是书名。而且在《古今韵会举要》《四声通考》和《四声通解》的著述语境之下,"《蒙古韵》"和"《蒙韵》"一定都是"《蒙古韵略》"的简称。

至于《古今韵会举要》和《四声通解》各自称引的"《蒙古韵略》"是不是同一个"《蒙古韵略》",以及它(们)与《蒙古字韵》又是什么关系,有不同的观点。

郑再发先生推测"申书舟、崔世珍所说的《蒙古韵略》就是《韵会举要》的《蒙古韵略》",并认为这一出发点"还不至于发生问题"①。

宁忌浮先生则通过两书所引《蒙古韵略》之间的对比,否定了这一意见。

韩国学者俞昌均曾经根据《四声通解》"就同注异"的体例钩稽书中所引《蒙古韵略》的材料,成《校订蒙古韵略》一书②。但由于崔世珍著《四声通解》时的收字依据已经改用《洪武正韵》,对于《洪武正韵》与《蒙古韵略》音同的字又不注明,所以实际上无法知道这部分字中有哪些是《蒙古韵略》并不曾收录的。"俞氏将《四声通解》的全部韵字,都视为《蒙古韵略》所收,一字不漏地录入《校订蒙古韵略》,则过分了。"③不过,如果在有《韵会举要》所引《蒙古韵略》对照的情况下,比较某一字在两书中音韵地位的异同还是可行的。这也是宁忌浮先生(1997)的操作方法。

通过对比,宁先生得出结论:《韵会举要》所引《蒙古韵略》与《四声通解》所引《蒙古韵略》的相合率只有58%。而两《蒙古韵略》与《蒙古字韵》的相合率分别为77%和83%。宁先生据此认为:"《蒙古韵略》与《蒙古字韵》实为一部书……这两个名称等于'蒙古字+韵略'。《蒙古韵》《蒙韵》是它们的共同简称……(这种韵书)在元代刻本很多,流传甚广,现在知道的就有《韵会》所据本、朱宗文校正本、湖北本、浙东本、《通考》所据本、《四声通解》所据本等。它们之间的差异定然会有,甚至不少。"至于两种《蒙古韵略》的差异为何大于它们与《蒙古字韵》的差异,宁先生认为是因为《四声通解》的成书时间晚于八思巴字韵书二百余年,且谚文的转写也有可能失真④。

杨征祥(1999)采用的方法大致相同,但着眼于三者的差异,强调三者实有不同但内容十分近似。

---

① 参见郑再发《蒙古字韵跟跟八思巴字有关的韵书》,第19页。
② 成文出版社1973年版。另有《〈蒙古韵略〉研究序说》一文,刊韩国《明知大学论文集》1968年第3期,未得见。
③ 宁忌浮:《古今韵会举要及相关韵书》,第193页。
④ 以上并参见宁忌浮《古今韵会举要及相关韵书》,第207页。

王硕荃(1998、2002)也认为俞昌均的做法比较冒险,故不主张使用其恢复的《蒙古韵略》参与比较①。她取清抄本《蒙古字韵》的"校正字样"部分与正文及《韵会举要》相关注释相对比,得出结论,认为《蒙古字韵》与《蒙古韵略》是两种书,朱宗文校订的《蒙古字韵》是以《蒙古韵略》为蓝本的。

　　照那斯图(2004)总结了宁忌浮、杨征祥和王硕荃的意见,赞同宁忌浮韵书初名《蒙古字韵略》的判断,并认为《蒙古字韵》《蒙古韵略》和《蒙古韵》是初名的不同省称,"三者是同一事物的三种不同变体"②。耿军、张亚蓉(2011)/耿军(2013:p41—45)则在此基础上作了进一步分析,认为不同的省称反映了韵书编写(传写)人对于八思巴字理解的不同——从汉字角度出发类比,误把八思巴字也当成"表形"的文字,则可能选择用"《蒙古字+韵》";能认识到八思巴字表音性质的,则可能选择《蒙古韵略》或《蒙古韵编》。对此,我们认为,元代人对于八思巴字有"表形"与表音两种不同认识,符合历史事实,也有多种史料可证。但是否一定会根据认识的不同确定不同的书名,仍需直接证据。

　　我们首先赞同宁忌浮、照那斯图二位先生的意见,认为《蒙古韵》是《蒙古韵略》或《蒙古字韵》的简称。至于《蒙古韵略》和《蒙古字韵》,无论着眼于三者的同还是异,目前都没有可靠的证据可以证明二者的关系。按照我们提出的四种形式,可以认为二者都属于第二种系统,即用"增四"以后42字母系统编写的。

　　今见英藏清抄本《蒙古字韵》一定属于第三种形式。它虽然是由江南蒙古字学的生员校订完成,选用的底本却是江北传来的以《新刊韵略》为底本的韵书。同时,受到南方文化传统的影响,朱宗文主要参考了《增修校正押韵释疑》和其他《礼部韵略》系韵书为《蒙古字韵》增字。

　　这样一来,判断《蒙古韵略》或《蒙古字韵》究竟是同一部书还是同类却不同的书,《蒙古韵略》的底本就成了判断的重要依据。如果其底本也是《新刊韵略》,它们就可以算是同一韵书,只是在流传过程中产生了一些差异,因而是同源异流关系。如果其底本是《集韵》系韵书,那么它们就是同类但不同的书,《蒙古韵略》代表的就是第四种形式,是由江南蒙古字学的师生独立编成的。但由于目前缺乏可靠的证据,我们过于执着其同

---

①按:沈钟伟(Zhongwei Shen, *Studies on the MengguZiyun*, Institute of Linguistics, Academia Sinica, 2008, p.36)也认为俞昌均的结论值得怀疑,并推测:《蒙古韵略》应当是一部完整的字典,而非《蒙古字韵》式的字表(但未做论证);而且八思巴字与训民正音字母可能不是一对一转写。后一观点与宁忌浮《古今韵会举要及相关韵书》近似。

②参见照那斯图《〈蒙古字韵〉拾零》。

或异,非要争论它们是"同一部书"还是"同一种书",意义不大。

【作者简介】 陈鑫海(1978—),吉林长春人,满族。天津大学语言科学研究中心讲师。北京师范大学文学博士,北京大学文学硕士。研究方向:汉语音韵学、八思巴文、西夏文。

附录1:八思巴字母表及转写方案[①]

编号	八思巴字母	相应藏文字母及转写		相应梵文(天城体)字母及转写		《法书考》《书史会要》注音汉字及所属字母	蒙古字韵	转写
1			k		ga	葛 见	群	k
2			kh		kha	渴 溪	溪	k^h
3			g		ka	肸 疑	见	g
4			··		··a	誐 疑	疑	ng
5			c		ca	者 章	澄床	c
6			ch		cha	(车) 昌	彻穿	c^h
7			j		ja	遮 章	知照	j
8			ny		Ña	倪 疑	娘	n_j
9			t		ta	怛 端	定	t
10			th		tha	撻 透	透	t^h

---

① 字母形体大部分为照那斯图先生生前手书。由于个别字母区分度不够或缺失,我们用其他资料替换或增补。

续表

编号	八思巴字母	相应藏文字母及转写		相应梵文(天城体)字母及转写		《法书考》《书史会要》注音汉字及所属字母	蒙古字韵	转写
11			d		da	達定	端	d
12			n		na	（那）泥	泥	n
13			p		pa	鉢幫	並	p
14		—	—	—	—	登並	滂	p^h
15			b		ba	末明	幫	b
16			m		ma	麻明	明	m
17			ts	—	—	拶精	從	ts
18			tsh	—	—	（攃）清	清	ts^h
19			dz	—	—	惹日	精	dz
20			w		va	嚩微	微	w
21			zh	—	—	若日	日	z$_j$
22			z	—	—	薩心	邪	z
23			v	—	—	阿影	影	·
24			y		ya	耶以	喻	y
25	①		r		ra	囉來	—	r

---

①25号字母,上行字母为字母基本形体。下行两个字母分别用于转写藏文上加字和下加字,有的学者把它们处理为独立字母。

续表

编号	八思巴字母	相应藏文字母及转写	相应梵文(天城体)字母及转写	《法书考》《书史会要》注音汉字及所属字母	蒙古字韵	转写
26		l	la	羅來	來	l
27		sh	sa	設書	禪	ż
28		s	sa	沙生	心	s
29		h	ha	訶曉	曉	h
30		a	a	啞影	(魚)	'
31		i	i	伊影	歸喻1	i
32		u	u	鄔影	歸喻2	u
33		e	e	黳影	歸喻3	ė
34		o	o	汙影	歸喻4	o
35		—	—	遐輕呼匣	—	q
36		—	—	霞匣	(合)	x
37		—	—	法非	奉	v
38		—	—	惡影	—	aḥ
39		—	—	也以	歸喻5	e
40		(w)	—	—	喎溪	歸喻6	u̇

①31—34 号字母，前一字母为字母基本形体；后一字母为带有字头符和连接符(34 号字母未使用连接符)的形式，一般用于音节首或单独使用。

续表

编号	八思巴字母	相应藏文字母及转写		相应梵文(天城体)字母及转写		《法书考》《书史会要》注音汉字及所属字母	蒙古字韵	转写
41		ཡ	(y)	—	—	耶 轻呼 以	歸喻7	i
42		—	—	—	—	—	非敷	f
43		—	—	—	—	—	審	s̩
44		—	—	—	—	—	匣	x_i
45		—	—	—	—	—	(幺)	·_i
46		ཊ	ṭ	ट	ṭa	—	—	ṭ
47		ཋ	ṭh	ठ	ṭha	—	—	ṭʰ
48		ཌ	ḍ	ड	ḍa	—	—	ḍ
49		ཎ	ṇ	ण	ṇa	—	—	ṇ
50		—	—	—	—	—	—	h
51		—	—	—	—	—	—	i
52		—	—	—	—	—	—	u̇
53		—	—	—	—	—	—	ė
54		—	—	—	—	—	—	i̯
55		པ	ph	फ	pha	—	—	p'

附录2：本文涉及的八思巴字实用文献简介

(1)传刻(抄)圣旨、牒文：

汉牒03：元武宗至大元年(1308)十月中书省牒：中书省牒文。奉圣旨授吴澄"从仕郎、国子监丞"。元吴澄《临川吴文正公草庐先生集》[明永乐四年(1406)吴澄五世孙吴㷖刊本]卷末附刻。

(2)长篇碑刻(圣旨、令旨碑)：

汉碑 05：元世祖至元二十五年（1288）十一月圣旨：元世祖圣旨。批准尚书省所奏"江淮等处秀才免杂泛差役"事。发现于浙江绍兴。

汉碑 07：元世祖至元三十一年（1294）七月圣旨：元世祖圣旨。命令各地设立孔子庙学或儒学书院事。同一圣旨共发现四通带有八思巴字的碑刻：07 - a 发现于浙江绍兴；07 - b 发现于山东曲阜；07 - c 发现于上海松江；07 - d 发现于山东东平。另有未附八思巴字碑刻若干通。

汉碑 09：元成宗大德二年（1298）二月圣旨：元成宗圣旨。增封沂山、会稽山、吴山、医巫闾山和霍山分别为东、南、西、北、中"五镇"事。发现于山东临朐。

汉碑 10：元成宗大德十一年（1307）九月圣旨：元成宗圣旨。加封孔子为"大成至圣文宣王"事。同一圣旨共发现四通带有八思巴字的碑刻：10 - a 发现于山东曲阜；10 - b 发现于河北定州；10 - c（并额）发现于河南原阳；10 - d 发现于河北新乐。另有未附八思巴字碑刻若干通。

汉碑 12：元仁宗皇庆元年（1308）三月圣旨：元仁宗圣旨。追封郑鼎潞国公、谥忠肃，并追封郑鼎之子郑制宜泽国公事。发现于山西阳城。

汉碑 13：元仁宗皇庆二年（1313）九月圣旨：元仁宗圣旨。授孙德彧"神仙演道大宗师、玄门掌教真人"称号，命其管领诸路道教所知集贤院道教事。发现于陕西户县。

汉碑 15：元顺帝至顺二年（1331）九月圣旨：元顺帝圣旨。加封孟子"邹国亚圣公"事。发现于山东邹县。

汉碑 16：元顺帝至顺二年（1331）九月圣旨：元顺帝圣旨。加封颜回为"兖国复圣公"事。发现于山东曲阜。

附录3：本文写作过程中参考过的其他文献

（宋）陈彭年等：《广韵》，余乃永《新校互注宋本广韵（定稿本）》影印清泽存堂刊本，上海人民出版社2008年版。

（宋）丁度等：《集韵》，(1)上海古籍出版社1985年影印上海图书馆藏述古堂影宋钞本；(2)中华书局1989年《宋刻集韵》影印北京图书馆藏宋刻本；(3)中华书局1998年《小学名著六种》缩印《四部备要》影印清栋亭五种本；(4)赵振铎《集韵校本》影印清顾广圻刻本，上海辞书出版社2012年版。

（宋）欧阳德隆撰，（宋）郭守正增修：《增修校正押韵释疑》，上海古籍出版社2005年影印文渊阁《四库全书》本。

（金）王文郁：《新刊韵略》，(1)台北"国家图书馆"藏元大德丙午中和轩重刊本；(2)国家图书馆藏清抄本（钱大昕跋本）；(3)上海古籍出版社 2004 年《续修四库全书》影印上海图书馆藏清抄本。

（元）黄公绍、（元）熊忠：《古今韵会举要》，中华书局 2000 年影印吉林省社会科学院图书馆藏明嘉靖十七年重修本。

（元）朱宗文校正：《蒙古字韵》，(1)照那斯图、杨耐思《蒙古字韵校本》翻印日本关西大学照相本，民族出版社 1987 年版；(2)上海古籍出版社 2004 年《续修四库全书》翻印日本关西大学照相本；(3)［韩］郑光（［韩］曹瑞炯译）《〈蒙古字韵〉研究——训民正音与八思巴文字关系探析》影印照相本，民族出版社 2013 年版。

（元）盛熙明：《法书考》，(1)商务印书馆 1934 年《四部丛刊》续编影钞本；(2)上海古籍出版社 2005 年影印文渊阁《四库全书》本。

（明）宋濂等：《元史》，中华书局 1976 年标点排印本。

（明）陶宗仪：《南村辍耕录》，中华书局 1959 年标点排印本。

（明）陶宗仪：《书史会要》，(1)上海书店 1984 年影印 1929 年江苏武进陶氏逸园影刊明洪武本；(2)上海古籍出版社 2005 年影印文渊阁《四库全书》本。

（清）钱大昕：《潜研堂文集》，上海古籍出版社 2004 年《续修四库全书》影印清嘉庆十一年刻本。

陈鑫海：《〈蒙古字韵〉韵母系统研究》，硕士学位论文，北京大学，2008 年。

陈鑫海：《八思巴字汉语语音研究》，博士学位论文，北京师范大学，2015 年。

何九盈：《中国现代语言学史（修订本）》，商务印书馆 2008 年版。

［日］吉池孝一：《〈蒙古字韵〉の増補部分について》，拓殖大学外国语学部《语学研究》1993 年第 72 辑，第 15—29 页。

李立成：《元代汉语音系的比较研究》，外文出版社 2002 年版。

李新魁、麦耘：《韵学古籍述要》，陕西人民出版社 1993 年版。

刘广和：《〈圆明字轮四十二字诸经译文异同表〉梵汉对音字考订》，载刘广和《音韵比较研究》，中国广播出版社 2002 年版，第 221—230 页。

［俄］龙果夫：《八思巴字和古官话》，唐虞译，罗常培校订，载罗常培、蔡美彪编著《八思巴字与元代汉语（增订本）》，中国社会科学出版社 2004 年版，第 181—220 页。

鲁国尧：《卢宗迈切韵法述论》，载《鲁国尧语言学论文集》，江苏教育出版社 2003 年版，第 326—379 页。

罗常培：《梵文腭音五母的藏汉对音研究》，载《罗常培语言学论文集》，商务印书馆

2004年版,第70—84页。

罗常培:《〈蒙古字韵〉跋》,载罗常培、蔡美彪编著《八思巴字与元代汉语(增订本)》,中国社会科学出版社2004年版,第116—118页。

罗常培(遗著):《论龙果夫的〈八思巴字和古官话〉》,载罗常培、蔡美彪编著《八思巴字与元代汉语(增订本)》,中国社会科学出版社2004年版,第170—180页。

罗常培、蔡美彪编著:《八思巴字与元代汉语(增订本)》,中国社会科学出版社2004年版。

宁忌浮:《重读〈论龙果夫的《八思巴字和古官话》〉》,载《宁忌浮文集》,吉林人民出版社2010年版,第165—172页。

宁忌浮:《重读〈蒙古字韵〉》,载上海社会科学院《传统中国研究集刊》编辑委员会编《传统中国研究集刊》第9、10辑合刊,上海人民出版社2012年版,第377—447页。

宋洪民、韩振英:《从八思巴字文献材料看〈蒙古字韵〉的成书时间》,《语言研究》2010年第2期。

王硕荃:《古今韵会举要辨证》,河北教育出版社2002年版。

[日]尾崎雄二郎:《大英博物馆本〈蒙古字韵〉札记》,载尾崎雄二郎《中國語音韻史の研究》,創文社1980年版,第167—183页。

杨征祥:《蒙古字韵音系研究》,硕士学位论文,成功大学中国文学研究所,1996年。

[美]郑再发:《八思巴字标注汉语材料校勘记》,载《庆祝李济先生七十岁论文集(下册)》,清华学报社1967年版,第933—1003页。

[日]中村雅之:《『蒙古字韵』と『古今韵会举要』》,《富山大学人文学部紀要》第20辑,1994年,第147—163页。

《燕石集》版本考述

翟 丹

【提要】《燕石集》为元人宋褧诗文集。其元代初刊本已不存,今有多个清抄本。《燕石集》版本分两个系统,一为十五卷本(附录一卷)系统,二为十卷本系统。两者在卷数、序跋数、编次上存在差异。卷末附有何之权、吕荧两跋的宋俊民抄本是十五卷本系统的祖本,宋宾王校本、澹生堂抄本、四库诸阁本均出自此本。存世的十卷本系统的《燕石集》较少,仅见吴翌凤抄本、鲍廷博抄校本,系出金侃抄本。

【关键词】宋褧;燕石集;版本源流

一 宋褧及其《燕石集》简况

宋褧,字显夫,大都(今北京)人,至元三十一年(1294)生于兴山(今湖北宜昌境内)。早年,随父宦游于江汉间,家贫,食或不充,而其为学,精深坚古。仁宗皇庆初,诏行科举,褧始习经义、策问。延祐六年(1319),挟其所作歌诗从兄宋本至京师。时元明善、张养浩、蔡文渊、王士熙等以文学显于朝,皆争荐之。英宗至治元年(1321),兄本登进士第一。三年后即泰定元年(1324),褧亦擢第,授秘书监校书郎,出任翰林国史院编修、詹事院照磨。不久,辟为御史台掾,辞,转太禧宗禋院照磨。元统初,迁翰林修撰,与修《天历实录》。后至元三年(1337),擢监察御史,上言修正弭灾。后出为山南道廉访司佥事。至正初,改陕西行台都事。旋召为翰林待制,迁国子监司业。至正三年(1343),与修《宋史》。[①] 书成,

---

①《燕石集》附录收有苏天爵所撰宋褧墓志铭,曰:"敕修辽、金、宋史,公分纂《宋高宗纪》及《选举志》。"

拜翰林直学士兼经筵讲官。至正六年(1346)卒,年五十三,追赠国子祭酒、范阳郡侯,谥文清。著有《燕石集》十五卷。另编元朝诗歌选集《妙品上上》《名家》《赏音》《情境超诣》《才情》等,已佚。生平见《元史·宋本传》(附宋褧传)、苏天爵《宋公墓志铭并序》(《滋溪文稿》卷十三)。今人韦玮撰有《宋褧年谱简编》①。中国台湾学者杨育镁《元儒宋褧略考》对宋褧行谊事迹亦有考察。②

宋褧为元中期诗坛名家,擢第前已有诗名,后与兄本先后入馆阁,并有文集行世,时人以"大宋""小宋"拟之。欧阳玄称其诗云:"读尽卷,求一言之陈无有也,虽大堤之谣、出塞之曲,时或驰骋乎江文通、刘越石诸贤之间,而燕人凌云不羁之气、慷慨赴节之音,一转而为清新秀伟之作,吾知齐鲁老生之不能及是也。"苏天爵称其诗"清新飘逸,间出奇古",并赞其人"卓然能有所见,毅然能有所守"。危素云:"公之于诗,精深幽丽,而长于讽谕,其文温润而完结,固足以成一家之言。"至正八年(1348)御史台咨文称其诗文"或严谨,或纯正,或瑰玮雄赡,或清婉富丽"③。可见为时人所推崇。

《燕石集》是宋褧分体编排的文集,分赋、诗、词、表、祝、记、序、传、跋、碑志、行状、祭文、上梁文、杂著等。共十五卷,卷一至卷十为诗词,卷十一至卷十五为文。又附录一卷,载他人所撰祭文、墓志及挽诗。"燕石"典出《后汉书·应劭传》④,应氏用宋愚夫以燕石为宝之事表自谦,宋褧援引此意。而据《燕石集》卷首的吕思诚跋可知,宋褧又自名此编曰"苦心"⑤,可以想见宋氏于诗文创作上所下的精力及对此集的珍视。《燕石集》是宋褧仅存的著述,是今人研究宋褧及其文学成就的重要资料。作为一部完整流传下来的元人文集,其为研究元代的文学、历史、政治、社会风俗提供了丰富材料,故对《燕石集》的版本进行梳理是十分必要的。目前,对《燕石集》的版本进行系统考订的仅见韦玮《宋褧及其〈燕石集〉研究》。韦氏通过参阅目录著录,结合目验部分版本,大致勾勒了《燕石集》版本情况,但其相关结论有待商榷。笔者在目验重要版本的基础上,通过查考文献、版本比勘,重新梳理了《燕石集》的版本源流,敬请方家批评指正。

---

①见其硕士学位论文《宋褧及其〈燕石集〉研究》附录。
②杨育镁:《元儒宋褧略考》,《淡江史学》2010年第22期。
③均载《燕石集》卷首。
④《后汉书·应劭传》"宋愚夫亦宝燕石"唐李贤注引《阙子》:"宋之愚人得燕石梧台之东,归而藏之,以为大宝。周客闻而观之,主人父斋七日,端冕之衣,峚之以特牲,革匮十重,缇巾十袭。客见之,俛而掩口卢胡而笑曰:'此燕石也,与瓦甓不殊。'主人父怒曰:'商贾之言,竖匠之心!'藏之愈固,守之弥坚。"
⑤吕氏跋曰:"显夫之子籲持君平日所作求序,曰此先人手泽也,自名其编曰燕石,又曰苦心。"

二 版本源流考

(一) 版本存世及历代流传情况

《燕石集》初为宋褧自编,并请欧阳玄作序。玄序作于顺帝至正元年(1341),有云:"宋君显夫眎予诗若干首",又云:"奈何犹以'燕石'自名其集耶?"则此书于宋褧生前已有相当规模,至少诗的部分如此,且集名已定。十五卷本编成于宋褧卒后,由其侄太常奉礼郎宋彏与其子宋籲编次、危素校正。籲又请苏天爵、许有壬、吕思诚、危素作序。至正六年(1346)许有壬序称:"集凡若干卷,文若干首,诗、乐府若干首。自名燕石,然世皆信其为玉也。"至正七年(1347)危素序称:"宋公既卒且葬,其犹子奉礼郎彏状公之行,又与公子籲编次遗文十有五,属素校其脱误而并序其后。"可见至晚于至正七年(1347),《燕石集》已成定本。而据《燕石集》卷首所载至正八年(1348)御史台咨江浙等处行中书省于各路有钱粮学校内刊印咨文可知,是书于此年官为刊行。这是《燕石集》的首次刊刻。① 宋褧之子宋俊民②曾得一浙西学官刊本,并抄录之。明洪武间,宋俊民以此抄本示武义何之权、永康吕荧,两人作跋于书末。吕荧又抄录了宋俊民抄本并藏于永康学官。卷末附有何、吕二跋的本子,是《燕石集》版本系统中极为重要的一个本子,后世十五卷本均出自此本。

元刊本在元明时流传不广,吕跋有"此集刊临安学官久矣……惜此集流布未远,而学者传诵者尚少"语,而宋俊民亦是颇费周折才得一刊本。③ 韦氏版本考据何跋所言"右《燕石集》十五卷,近刊于浙西学官",提出《燕石集》有一"洪武重刊本",但目前既无实物依据,又无文献记载佐证,且何、吕两跋中无有关重刊的明确信息,"近刊于浙西学官"亦可理解为元至正八年(1348)的官方刊刻。④ 对此"洪武重刊本"的存在,笔者持怀疑态度。目前《燕石集》明确可考的刻本仅至正八年(1348)官刊本,惜已不存。

---

①《燕石集》卷首许有壬序曰:"籲甫襄事,即谋刻父文,宋之后其益昌矣哉。"许序作于至正六年十一月,宋褧卒于该年三月,则宋籲在此期间已经有刊刻父亲遗作的打算。但据至正七年七月危素序未提及家刻一事,亦未见他处有相关刊刻记载及宋俊民难得刊本推断,宋籲当未付诸行动。
② 按,宋褧两子:一名籲,另一名頵。籲参与了《燕石集》的整理、编次。不知俊民为两者中谁。
③ 何之权跋曰:"初,此集刊于浙,俊民在燕,隔阔数千里,求之而弗得,会调官之浙东,道由乎其间,又以应期不果,比以捧表回,自京师始得焉。"
④《燕石集》自元至正八年(1348)官为刊行至明洪武四年(1371)何之权作跋间隔22年,但洪武十一年(1378)吕荧跋亦有云"盖此集刊临安学官久矣"。何跋是何之权为宋褧之子追怀其父所作,"近刊"一句正处篇首,笔者认为此句理解为恭维和追述更为恰当,有提起话头、拉近距离之用,非时间上实指。

查考明清两代目录书籍，《燕石集》在明代基本以十五卷本形式流传，至清代出现十卷本形式的抄本及节选本，且终清一代是书仅有抄本流传。乾隆年间编修《四库全书》，江苏巡抚采进的十五卷本《燕石集》被收录其中。

《燕石集》仅存多部清抄本，主要有：宋宾王校本、吕无欲抄本、璜川吴氏藏本、徐时栋校本、方兰荪校本、吴翌凤抄本、鲍廷博抄校本、四库诸阁本、静嘉堂本。此外，还有三种选本存世：缪荃孙《宋金元明人词》收《燕石集近体乐府》一卷；朱祖谋《彊村丛书》收《燕石近体乐府》一卷；顾嗣立《元诗选》二集戊集收其诗165首。

（二）版本考述

《燕石集》传世版本分为两个系统，一为十五卷本（附录一卷）系统，二为十卷本系统。两者在卷数、序跋数、编次上存在差异。卷末附有洪武何、吕两跋的宋俊民抄本是十五卷本系统的祖本，澹生堂抄本、宋宾王校本、四库诸阁本均出自此本。存世的十卷本系统的《燕石集》较少，仅有吴翌凤抄本、鲍廷博抄校本，系出金侃抄本。

1. 十五卷本系统

十五卷本系统的特征是带有附录一卷，且卷末有何之权跋、吕荧跋。其系统内部又存在差异，澹生堂抄本在目录、编排、卷端题语等方面不同于宋宾王校本、四库诸阁本。

（1）澹生堂抄本系列

明祁承㸁（1563—1628）《澹生堂藏书目》有："燕石集十五卷。四册。附录一卷。宋褧。"①此澹生堂抄本是《燕石集》流传过程中一个极为重要的本子，多个清抄本均源出此本，主要有：吕无欲抄本、方兰荪校本、徐时栋校本。祁氏抄本今已不存。

源出澹生堂的本子在卷末吕荧跋后均有一段叙述版本源流的文字：

> 此系澹生堂抄本，有好书之名，实少校雠之功。其中舛误脱落异常，改正者十之一二，而缺疑者十之七八也。戊寅九月苦次录毕并识之。

国家图书馆所藏82800和南京图书馆所藏GJ/EB/111552均为吕无欲抄本，两书在此段述明源出澹生堂本跋文的次行有"南阳吕无欲手抄"七字。此吕无欲当是吕宏中，吕宏中是吕留良（1629—1683）第三子，字无欲。南阳为其郡望。初澹生堂藏书散出，部分

---

① （明）祁承㸁：《澹生堂藏书目》，《宋元明清书目题跋丛刊》册5，中华书局2006年版，第268页。

为吕留良于1666年购得。祁氏抄本当为吕氏所得。"戊寅"则为1698年。吕无欲抄本是已知的现存最早的版本。方兰荪校本、徐时栋校本内容、编排同吕无欲抄本，仅跋文后未署吕无欲之名，可能是抄者遗漏，亦可能是为避政治之祸而故意删去。①

国家图书馆所藏抄本，四册。半页十行，行二十一字。无格。书前有至正八年（1348）咨文及欧阳玄、苏天爵、许有壬、吕思诚、危素序。危序后有一目录，标明每卷收录的文体类别并详列各篇篇名。② 卷一首叶第一行题"燕石集卷第一"，次行题"元广阳宋褧显夫著"，三行题"应奉翰林文字危素校正"，四行题"姪太常奉礼郎彊编次"。卷末有何之权、吕荧跋及述明版本源流的跋文。钤有"古书流通处"朱文长方印、"陈立炎"朱文长方印、"立炎"朱文椭圆印、"海昌陈琰"朱文方印、"拾遗补缺"朱文长方印。按：陈琰，字立炎，海昌（今浙江海宁）人，1920年前后设立古书流通处。本文简称此本为国图藏吕无欲抄本。

南京图书馆所藏抄本，四册。半页九行，行二十一字。无格。为杭州丁氏旧藏。其封页题："宋翰林《燕石集》，八千卷楼藏"。卷首有丁丙（1832—1899）跋及四库馆臣所撰《燕石集》提要。丁丙跋曰："《燕石集》十五卷，附录一卷，旧钞本。两般秋雨庵梁氏藏书……此旧钞本从澹生堂出也。有两般秋庵一印。"③此本文字内容、编排体例均同国图藏吕无欲抄本。本文简称此本为南图藏吕无欲抄本。韦氏未发现吕无欲抄本在版本时间次序上的重大价值。

方兰荪校本，六册。今藏上海图书馆（353716—21）。半页九行二十一字。无格，夹注双行，字数同。此本为方兰荪朱笔批校本，然仅校前十卷。卷十末有方氏跋云：

> 光绪乙酉夏由上海购得知不足斋校藏《燕石集》，全部均经通介老人手校，惜止十卷，爰取旧藏此册互校。鲍本亦间有误字，愈知校书难，非可轻易从事也。七月初五日兰荪志。

按：光绪乙酉为1885年。通介老人为鲍廷博之号。据跋文可知，方兰荪曾以鲍廷博抄校本校勘此本。卷端有"云轮阁"及"荃孙"朱文长方印、"巴陵方氏功惠柳桥甫印"白文方印、"方家书库"朱文方印。卷中有"方功惠藏书印"朱文方印。卷末有"巴陵方氏碧琳琅馆珍藏秘笈"朱文方印。方兰荪校本编排、体例、著录篇目同吕无欲抄本，仅于上述

---

① 清雍正十年（1732），吕留良被定"大逆"之罪。
② 目录中部分篇目之名异于正文中题名，或为篇名缩称，或为内容概括。附录部分的目录，仅标明文体类别，未详列篇名，亦未标明篇数。
③ 此跋被收入《善本书室藏书志》。

标明版本来源的跋文后无"南阳吕无欲手抄"七字。① 韦氏版本考未指出方本亦属澹生堂抄本系列。另,北京大学图书馆藏有一索书号为 LSB/4543 李滂抄录方兰荪校本《燕石集》,正文用墨笔,方跋及校文用淡于正文墨色的墨笔。是本为张金吾(1787—1829)、冯云濠(1800—?)、李盛铎(1858—1937)旧藏。共十册。半页九行,行二十一字,无格。卷端有"爱日精庐藏书""张月霄""秘册""李盛铎家藏印""木犀轩藏书"印,卷末有"五桥珍藏""慈溪冯氏醉经阁图籍""少微""菉微手录"印。卷十末方跋后有:"甲子十月廿六日录巴陵方氏藏校抄本,李滂"。按:李滂为李盛铎之子,字少微。李氏藏书后为北京大学购藏。"甲子"则为1924年。

徐时栋校本为残本,仅存五至十五卷及附录卷。共三册。今藏上海图书馆(796593—95)。半页九行,行二十一字。天头时有徐时栋批校。书前有徐时栋跋曰:

> 《燕石集》十五卷,附录一卷,今脱去四卷(夹行小注:一之四),存十一卷并附录卷,三本。同治三年(1864)甲子十二月二十七日城西草堂徐氏收藏。五年丙寅重修订。宋文清尝来四明,集中《庆元书事》②诗何以权跋称题湖心寺壁间,以权见而和之。又有《东冈崇恩寺》③诗,皆来游时所作者。卷末又有无名氏跋,称系澹生堂抄本,其中舛误脱落异常,改正者什之一二,缺疑者十之七八云云。今此本又从祁本录出,错误更不胜记。前余系以《滋溪文集》校此集附录卷中墓志,一篇之中脱讹倒衍至三十七字之多,馀可知已。无名氏跋又称祁氏有好书之名,实少校雠之功。噫!此古今通病,岂独澹生哉!八年己巳七月二十一夕录入书目。徐时栋记。

按:徐时栋(1814—1873),字定宇,一字同叔,号柳泉,鄞县(今浙江宁波)人。城西草堂为其藏书楼。据此跋可知徐氏初得即为残本。另,宋褧墓志为苏天爵所撰,收入其《滋溪文稿》,故徐氏取作校书之用。卷端有"柳泉""柳泉书画""徐时栋印"三枚朱文方印。是书卷末吕跋后亦有述明源出澹生堂抄本的跋文,而无"南阳吕无欲手抄"七字。

(2)宋宾王校本

宋宾王校本,三册。今藏国家图书馆(A01084)。半页十一行,行二十二字。无格。

---

① 方兰荪批校本书前六篇序文次序略不同于吕无欲抄本,至正八年咨文在危素序后,位置由第一篇变为最后一篇。
② 载《燕石集》卷七。
③ 即《燕石集》卷七《东冈崇恩寺晚酌其僧一峰求诗》。

书前有至正八年(1348)咨文及欧阳玄、苏天爵、许有壬、吕思诚、危素序,卷末有何之权跋、吕荥跋。天头时有校勘文字。危序后的目录是异于澹生堂抄本的简目,仅标明每卷收录的文体类别及篇数,如"第五卷律诗 五言六十八首 绝句 五言十五首"。① 卷端题语较宋本少一行"广阳宋褧显夫著",即第一行题"燕石集卷第一",次行题"姪太常奉礼郎彇编次",三行题"应奉翰林文字危素校正"。此本编排亦异于澹生堂抄本,于澹生堂抄本中位于卷二的"古诗 四言 一首"被编入卷一。封页题有:"宋蔚如先生手校书钞阁秘藏",书末有:"康熙辛丑初夏全钱方蔚、汪天立校阅。娄水宾王记。"按:宋宾王,清雍正间娄县(今上海松江)人,原名定国,以字行,号蔚如。康熙辛丑是1721年,即宋本的年代是1721年。宋本收录篇目同澹生堂本,但存在文字上的差异。《北京图书馆古籍珍本丛刊》所收《燕石集》即为此本。②

国家图书馆另藏有一索书号为00926的《燕石集》抄本,六册。半页十行,行二十四字。首页钤有"璜川吴氏藏本"方印,为吴铨家旧藏。吴铨,字容斋,号璜川。雍正中为吉安知府。本文简称此本为"璜川吴氏藏本"。著录、编排、体例同宋本,文字形态亦相近。当与宋宾王本关系密切。韦氏未将此本纳入考察之列。

(3)四库诸阁本

《四库全书》收有《燕石集》。《四库全书总目》云:"褧集……凡诗十卷文五卷。首载至正八年御史台咨浙江行中书省刊行咨呈一道,欧阳元、苏天爵、许有壬、吕思诚、危素五序,末附谥议、墓志、祭文、挽诗。又有洪武中何之权、吕荥二跋。盖犹旧本。"③则四库底本有附录一卷及何、吕二跋,故《四库全书》所收《燕石集》亦为宋俊民抄本一系。各阁本内部亦有差异,就笔者目验的文渊阁本、文津阁本来说,文渊阁本较文津阁本多目录及欧阳玄、苏天爵、许有壬序,文津阁本较文渊阁本多附录一卷。④《四库全书》所收为浙江巡抚采进本,不知所自。又因四库馆臣对序跋、卷端题语的删减,难以判断四库阁本与宋宾王校本、澹生堂抄本的具体关系。但就体例、编次而言,四库本(文渊阁本)更近宋本,两者都是仅

---

① 附录部分的目录,仅标明文体类别,未标明篇数。
② 傅增湘《藏园群书经眼录》亦著录一宋宾王校本,曰:"旧写本,十行二十二字……此帙为宋宾王所校,后有'康熙辛亥初夏全钱方蔚、汪天立校阅 娄水宾王记'二行。其吕荥跋后七行亦宾王所手写也。卷中亦时见补钞之叶。至校订之字,宾王用墨笔,别有朱笔,当是汪、钱二人也。旧藏周季贶书钞阁,书衣有题字。今归萧山朱幼平。"其版本特征异于国图藏本,当为另一传抄本。"吕荥跋后七行"不见于国图藏本。
③(清)永瑢等:《四库全书总目》,中华书局2013年版,第1445页。
④ 文渊阁四库全书本《燕石集》卷首仅欧阳玄、苏天爵、许有壬三序,无附录及何、吕两跋,但收录篇目同于宋宾王本、澹生堂本。

标篇数的简目,"古诗〔四言 一首〕"均编入卷一。但四库本与宋本存在文字上的稍许差异。

（4）静嘉堂文库本

《静嘉堂文库汉籍分类目录》载:"燕石集,十五卷附一卷,元宋褧撰。写。/2 册,一五函,三零架。十。"①此本为陆心源十万卷楼旧藏。其《十万卷楼书目》有:"宋褧《燕石集》抄本,二册。"此本非源出皕宋楼,且上文两目录均未对其版本性质下论断,当为一普通抄本。② 从《燕石集》存世版本整体情况看,十五卷本均带有何、吕两跋,出自宋俊民所抄官刻本后,姑且将静嘉堂文库本系属宋俊民抄本下,待查。

2. 十卷本系统

十卷本系统的特征是仅存前十卷,且无目录。其卷端题语仅两行:卷一首叶第一行题"燕石集卷第一",次行题"蓟门宋褧显夫"。编排亦异于十五卷本:于十五卷本中位于卷五的"绝句〔五言十五首〕"、位于卷十的"绝句〔六言 十首〕"编入卷八。"古诗〔四言 一首〕"编入卷一,同宋宾王校本。

清吴焯(1676—1733)《绣谷亭熏习录》载:"《燕石集》十五卷。元集贤侍读学士谥文清蓟门宋褧显夫著……汤阴许有壬、长沙欧阳元、赵郡苏天爵、太原吕思诚并序,危素后序。又有武义何之权、永康吕荧二跋,盖刊行后置永康学时所题也。余得金侃手录原本,仅诗十卷。后又得五卷,遂成足本。侃字亦陶,江左依园七子之一也。"③按:据提要,金侃手抄本《燕石集》仅前十卷。④ 这是目录书中首次明确著录十卷本的《燕石集》,此本是《燕石集》十卷本系统的重要一环,吴翌凤所录十卷本即自此本而来。但金侃十卷抄本是其自创还是有上源版本依据,就目前掌握资料来说尚不可考。《燕石集》前十卷为诗,后五卷为文,文体界限分明,可能因此仅抄录了前十卷,使得《燕石集》分出一个十卷本系统。金侃抄十卷本今已不存。

吴翌凤抄本,四册,今藏首都图书馆（甲四/575）。半页十一行,行二十一字。无格。

---

①日本静嘉堂文库编:《静嘉堂文库汉籍分类目录》,东京静嘉堂文库昭和五年(1930)铅印本,第698页。

②陆心源《皕宋楼藏书志》又载一十五卷影写元刊本《燕石集》:"《燕石集》十五卷,影写元刊本。元宋褧撰。"(《宋元明清书目题跋丛刊》册8,中华书局2006年版,第1152页）按:可能并不存在所谓"影写元刊本",陆氏"影写元刊本"未见实物,又不见于他本记载,且陆氏有夸大藏书版本价值之例,此本姑且存疑。

③(清)吴焯:《绣谷亭熏习录》,载《清人书目题跋丛刊(十)》,中华书局1995年版,第588页。

④据吴跋,其所得为"金侃手录原本",则此金本当为完成本,"后又得五卷"当与金本无涉。这也合理解释了吴翌凤本的出现。笔者认为吴焯藏本为一拼配而成的本子,是金本与吴焯后得的一部十五卷本《燕石集》的后五卷合成的。

有"翙凤之印""枚庵""每爱奇书手自抄""吴翌凤家藏文苑"四印。此本无校改痕迹。于第四册书末有朱笔跋文：

> 是书诸簿录家不载，惟焦氏《经籍志》有之，系秘本可贵。丁酉七月，得本于海虞友人。明年秋日，鲍君以文就余传钞。既还，漫志于后。古欢堂主人翌凤书。

按：吴翌凤生卒年为1742—1819，则丁酉为1777年。即吴本的年代是1777年。"鲍君以文就余传钞"，"以文"为鲍廷博（1728—1814）之字，则鲍氏曾抄录过吴本。北京大学图书馆藏"大仓文库"藏书收有一鲍廷博抄校本《燕石集》。《北京大学图书馆藏"大仓文库"书志》云：

> 燕石集十卷（清乾隆鲍氏知不足斋钞本 DC0295 一函二册）
>
> 书高28.4厘米、宽17.3厘米、版框高18.1厘米，宽12.5厘米。每半页十行，行二十一字。上下黑口，双黑鱼尾。上鱼尾下方记"燕石集"及卷次，下鱼尾上方记叶次，版心下口正面记"知不足斋正本"。
>
> 卷一首叶第一行题"燕石集卷第一"，第二行题"蓟门宋褧显夫"，第三行起正文。
>
> 书首有至顺元年欧阳玄"宋翰林燕石集序"，至正六年苏天爵序，至正六年许有壬序、吕思诚序。书末有丁酉吴翌凤题记，乾隆辛丑（1781）、辛亥（1791）鲍廷博校记二条，光绪戊申（1908）吴昌绶题记、钤"伯宛审定"朱印。鲍廷博依胡氏钞本①钞补至正八年咨，咨后有乾隆五十六年鲍廷博题记。
>
> 书中有朱笔、墨笔、蓝笔校。
>
> 书根墨题"燕石集"及册次。书中钤"歙鲍氏知不足斋藏书"、"知不足斋藏书"、"毗陵董氏诵芬室收藏旧天壑精钞书籍之印"、"广川书库"、"大仓文化财团藏书"朱印。

严绍璗《日藏汉籍善本书录》亦著录了此大仓文库藏本《燕石集》，曰："卷中有清乾隆四十二年（1777）吴翌凤据常熟韩本所作朱笔校并墨笔识文。又有乾隆四十六年（1781）鲍廷博校书朱笔跋文，及乾隆五十六年（1791）据长水胡抄重校墨笔跋文，并有朱

---

① 鲍廷博乾隆辛亥跋曰："越十年辛亥八月二十五日，从长水胡鹤溪抄本重校于杨树滨寓庐。胡本少近体乐府一卷，谬误尤多，彼此互校，改正百余字耳。"按：近体乐府收于第十卷末，推断胡鹤溪抄本可能为一十卷本。胡本不见著录及实物。胡鹤溪生平不详。

笔补录。又有吴昌绶及董康校并手识文。① 结合以上两提要及《北京大学图书馆藏"大仓文库"善本图录》所收《燕石集》书影，可窥见此本概貌：鲍本编排同吴本，"绝句 五言十五首""绝句 六言 十首"被编入卷八，"古诗 四言 一首"被编入卷一。卷端题语同。卷首仅欧阳玄、苏天爵、许有壬、吕思诚四序，且无目录。其卷末亦有吴翌凤跋文，内容与吴本相近："是书诸簿录家不载，惟焦氏《经籍志》有。宋褧《燕石集》十五卷，今止十卷。丁酉七月，借常熟韩段②本阅竟，因识而归之。枚庵漫士吴翌凤记。"可确认，鲍本出自吴本。③

另，顾嗣立（1669—1722）《元诗选》中收有《燕石集》。其《寒厅诗话》云："文与也（自注：点）、金亦陶皆名家子，善书画，以诗名，时号'文金'。与也隐居竹坞。亦陶居吴城霜林巷，无子，性好抄书，元人文集，抄至百种。余《元诗选》所收，半其藏本也。"④按：金侃（1634—1703），字亦陶，吴县（今江苏苏州）人。据此，顾氏遴选《燕石集》中诗作时所据可能为金侃抄本。《元诗选》是按照《燕石集》卷次顺序挑选的篇目，经比对，《元诗选》所据《燕石集》本子的"绝句 五言十五首"位于卷八，这与十卷的吴翌凤抄本的编排相合。⑤《绣谷亭熏习录》有"《燕石集》十五卷，元集贤侍读学士谥文清蓟门宋褧显夫著"。"蓟门宋褧显夫"恰为吴本卷端题语，这从侧面印证了《元诗选》所据底本为金侃抄本，也证实了金本与吴本的关系。韦氏版本考判定吴翌凤抄本为残本。但鲍廷博抄校本书尾吴翌凤跋

―――――――――

①严绍璗：《日藏汉籍善本书录（下册）：集部索引》，中华书局2007年版，第1624页。严氏将大仓文库藏本《燕石集》著录为"鲍廷博知不足斋据元至正八年江浙行中书省刊本摹写本"，即上文提及的所谓"影写元刊本"。然而，如果真的存在所谓"影写元刊本"，据《皕宋楼藏书志》著录，也应为十五卷本，而非十卷本。"大仓文库"藏书后为北京大学图书馆所得，其《北京大学图书馆藏"大仓文库"书志》将此本著录为"清乾隆鲍氏知不足斋钞本"，否认了严氏的说法。且上文已考证，此鲍本源自金侃抄本。韦氏版本考仅据严氏所言，认定《燕石集》存有知不足斋摹写元刊本，吴翌凤抄本即出自此摹写本，误判了版本性质，颠倒了版本先后顺序。

②笔者识读为"段"，存疑。常熟韩段不知何人，俟考。

③北京大学图书馆编《北京大学图书馆藏"大仓文库"善本图录》收有《燕石集》书影十一张。在大仓文库尚未对外开放的情况下，对了解此鲍氏抄本提供了重要材料。据图录，其卷八绝句五言第一首天头题有"五言绝句祁本附卷五五言律诗后"，卷八绝句六言第一首天头题有"六言绝句祁本附卷十近体乐府前"。则此本"绝句 五言十五首"、"绝句 六言 十首"被编入卷八，同吴翌凤抄本。

④顾嗣立：《寒厅诗话》，载《清诗话》，上海古籍出版社1978年版，第96页。

⑤十五卷本的卷五为"律诗 五言 六十八首 绝句 五言 十五首"，卷十为"绝句 六言 十首 近体乐府 四十首"。十卷本将"绝句 五言十五首"、"绝句 六言 十首"编入了卷八。《元诗选》选收《燕石集》卷五"律诗 五言六十八首"的作品后，紧接着是《燕石集》卷六"律诗 七言六十五首"中的篇目，跳过了"绝句 五言十五首"。而是书所收《送王彬叔赴西书吏》一篇出自卷七，其后的《子昂风竹横披》、《公安早行》两首出自"绝句 五言十五首"，《公安早行》后篇目又出自卷八。可见，《元诗选》所据《燕石集》本子的"绝句 五言十五首"位于卷八。《燕石集》卷十"绝句 六言 十首"未有一首入选。

明言"宋褧《燕石集》十五卷,今止十卷",可知吴本抄毕就为十卷,非流传中残缺。且吴本源自金侃抄本,本为十卷。又因《元诗选》本文字形态与宋宾王校本相近,韦氏将宋本系于金侃抄本下,但两者本身就存在卷数、编排、内容上的差异。吴焯《绣谷亭熏习录》称:"得金侃手录原本,仅诗十卷。后又得五卷,遂成足本。"吴氏这一合成足本才可能与宋本存在关联。韦氏直接以《元诗选》本《燕石集》文字与宋本进行比勘,忽略了之间还存在一个金侃抄本的过渡,且不排除顾嗣立可能借鉴他本《燕石集》进行过校勘。就传承自金本的吴翌凤抄本来说,其文字与宋本是存在不小差异的。今金本不存,又无明确记载可证实金本、宋本关系,难下论断。

3. 选本

(1)清顾嗣立《元诗选》二集戊集选收《燕石集》诗 165 首。此本当出自金侃抄本。上文已有考订。

(2)清缪荃孙(1844—1919)《宋金元明人词十七种》有《燕石集近体乐府》一卷。收词四十首。按:缪氏《艺风藏书记》载:"燕石集十五卷。传抄校本。方氏碧琳琅馆藏书。"①方兰荪本卷端有"云轮阁"及"荃孙"朱文长方印,卷末有"巴陵方氏碧琳琅馆珍藏秘笈"朱文方印。此本当与方兰荪校本有关。云轮阁为缪荃孙室名。《燕石集》卷十收"近体乐府"(词)四十首,缪荃孙、朱祖谋所编选《燕石近体乐府》即出自此。

(3)清朱祖谋《彊村丛书》收《燕石近体乐府》一卷。四十首。朱祖谋称此本为覆刻梁氏两般秋雨庵《燕石集》本。按:丁丙《善本书室藏书志》:"燕石集……此旧钞本从澹生堂出也。有'两般秋雨庵'一印。"②此本亦当归于澹生堂抄本系统。

三 结语

通过对照版本特征、文字比勘,现存诸本《燕石集》除文字和编排上的细微差异外,各本间差异并不大。各本所收篇目相同(十卷本与十五卷本前十卷也是相同的)。③ 其中吕无欲抄本是现存最早的版本,鲍廷博抄校本、方兰荪校本曾以多本校对,质量较佳,是很有校勘价值的本子。

《燕石集》是一部很重要的元人文集,但目前尚无整理本问世。不管是便利学术研究

---

① 缪荃孙:《艺风藏书记》,载《中国历代书目题跋丛书》,上海古籍出版社 2007 年版,第 171 页。
② 丁丙:《善本书室藏书志》,载《宋元明清书目题跋丛刊》册 9,中华书局 2006 年版,第 813 页。
③ 十卷本卷七少《台州郡治后山亭留饮席上走笔》一篇,可能为漏抄。

还是推广元代文献阅读，都需要有一部高质量的整理本。综合《燕石集》历代著录、版本源流及存本现状，笔者认为《燕石集》的整理点校可以以吕无欲抄本为底本，以宋宾王校本、鲍廷博抄校本为校本，以文渊阁四库全书本、方兰荪校本为参校本。吕无欲抄本是十五卷本的重要代表，其年代最早、内容收录全面且易得，故选为底本。吴翌凤抄本是十卷本的重要代表，时代较早，且文字与宋本、澹生堂本差异较大。除异体字、同义词（如：贺新郎、贺新凉；口号、口占）外，尚有多处仅见于此本的异文，如"赵侯发白返黑"，众本皆作"赵"，唯此本作"夏"；"琉璃井"，众本皆作"琉璃"，唯此本作"珠瑀"。有提供异文的重要价值。而鲍廷博抄录此本后又以胡鹤溪抄本、澹生堂抄本等加以校勘，更具价值。故选择鲍廷博抄校本为校本。但鲍本仅十卷，故又选择宋宾王校本为补充。宋本年代仅次于吕无欲抄本，是十五卷本的重要分支，在编排、文字上与吕本存在差异，且经过宋氏的校勘，版本价值高，故选为校本。方兰荪校本是一种重要的澹生堂抄本，以鲍廷博本、元诗选本等加以校勘，价值较高，但澹生堂抄本系列内部文字差异相对不大，故作为参校本。文渊阁四库全书本亦是十五卷本的重要分支，但无附录部分，故作为参校本。

【作者简介】 翟丹（1992—），女，山东聊城人，北京师范大学古籍与传统文化研究院硕士生。

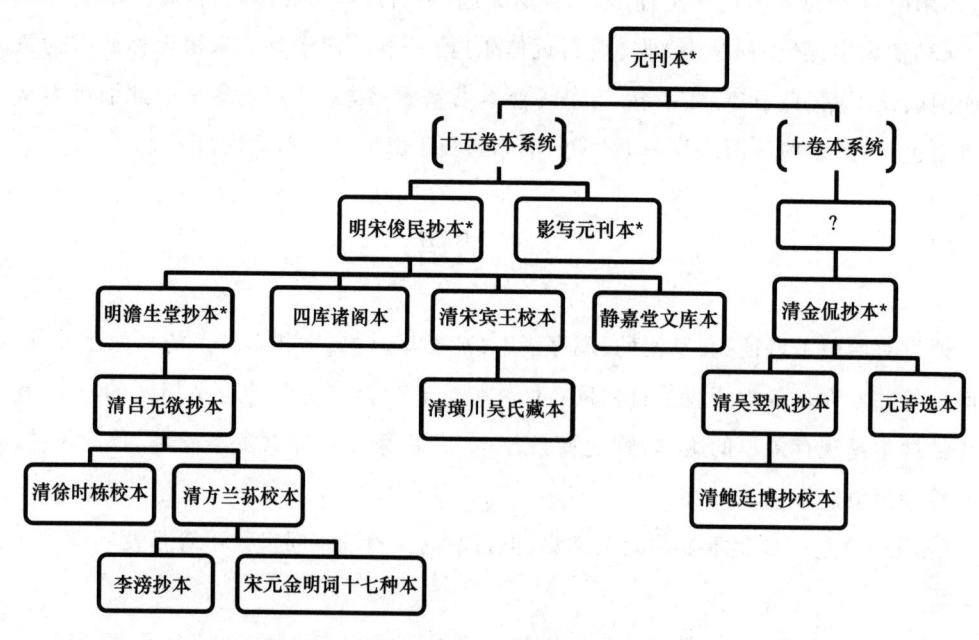

《燕石集》版本源流略图

* 表示亡佚

谢应芳著述编纂考

花 兴

【提要】 谢应芳是元末明初重要诗人,根据现有文献考订其著作编刻情况如下:《辨惑编》由董尚、陈泳、尹克昌于洪武五年(1372)刊刻;《思贤录》成书于至正十五年(1355)左右,后卷数屡有变化;《怀古录》初成于至正二十六年(1366),入明后又有修补;《龟巢稿》洪武五年(1372)已初步编订,谢应芳晚年曾自己编集,并请姜天定为之分类抄写,从现有文献看,十七卷本更接近原貌。

【关键词】 谢应芳;《辨惑编》;《思贤录》;《怀古录》;《龟巢稿》

谢应芳(1296—1392),字子兰,江苏武进人,号龟巢老人。至正初,江浙行省荐为三衢清献书院山长,阻于兵未能赴任。元末大乱,流寓吴地,与顾瑛、袁华等人唱和。洪武初返回常州,有司以修郡志征召,事成身退,日与友人诗酒唱和,终老武进横山。有《龟巢稿》二十卷、《思贤录》六卷、《辨惑编》四卷、《怀古录》三卷等著作传世,入《明史·儒林传》。关于谢应芳的著述问题,谷春侠《谢应芳匡俗卫道事迹与著述考》及《谢应芳入明后的行迹与心态》已有相当论述,今在此基础上,进一步确定《辨惑编》的序跋变化及具体刊刻者及刊刻时间、《思贤录》的成书时间与卷数分合、《怀古录》的初次刊刻及《龟巢稿》的成书等问题。

一 《辨惑编》

(一) 关于王馀庆序

《辨惑编》除俞希鲁、李桓二人之序外,还有王馀庆序,《龟巢稿》卷二有《王长史代祀天妃回,偶留常州,为予作辨惑编序,驿亭饮别,以诗谢之》,题下小注云:"长史名馀字叔善,巙巙平章馆客也。"①按,此王长史即王馀庆,金华人,原书"馀"字下脱"庆"字,则除俞希鲁、李桓二人外,还有王馀庆序,《谢应芳匡俗卫道事迹及著述考》仅云今传本无,实际上初次刊刻时已无王序。明虞士常跋《辨惑编》云:

> 延陵谢子兰先生《辨惑编》,京口用中俞公、建业晋仲李公序之。噫! 南方士林多宗二公为师表,诸省大比,往往先期币起二公典文衡,交恐不逮。今词翰怆然犹在,谆谆恳恳,为世道人心幸,则吾谢先生操心之正,积学之博,与夫人品高第,有不待历览编中已较然知其非好辨者矣。后二十五年,武进邑大夫董友善、陈汉广、尹明善翕然为捐俸镂板以广其传,盖以邪说滔滔,将藉此为中流砥柱耳。予以寝疾不能从诸贤后,然而谢先生为忘年交,且尝游二公之门。反复是编,不胜起敬,亦重起夫乡邦耆旧寥寥之思也。金坛虞士常拜手敬跋。②

则谢应芳晚年刊刻《辨惑编》时已无王序。

(二)《辨惑编》首次刊刻的刊刻者与时间

如前引虞士常跋文所说,《辨惑编》的刊刻者除《谢应芳匡俗卫道事迹及著述考》提到之陈泳外,还有董尚、尹明善二人,而通过此三人任职状况可进一步确定《辨惑编》的成书时间。据前引虞士常跋文,《辨惑编》在成书二十五年之后由董友善、陈汉广、尹明善三人出资刊刻。据《(道光)武进阳湖县合志》:"太祖洪武:知武进县:董尚字友善,临川人。四年任,有传;县丞:陈泳字德广,江阴人,四年与知县董尚同建学;主簿:尹克昌,胶水人,四年任,有传。"③此条陈某字德广,尹某则未言其字。又据谢应芳《代董知县送同僚尹主簿序》:"洪武四年冬,余备员为武进令,与县丞陈德广相继而至,时山东尹公明善为簿数月……六年冬,明善以铨考增秩,余与丞及其代官张奉先祖帐而别。"④尹明善确定为尹克昌,而如引文所言,直到洪武六年(1373)尹明善"铨考增秩"转任他官之前,县丞一直是陈德广,又谢应芳有《与陈德广书》云:"缀辨惑一编,曩幸公为邑丞偫工板刻。"⑤则此陈德广即参与刻书之陈汉广,又《龟巢稿》卷五有《江阴陈汉广为北平府指挥使司知事随例免

---

① (元)谢应芳:《龟巢稿》卷2,清文渊阁《四库全书》本。
② (元)谢应芳:《辨惑编》书末,清文渊阁《四库全书》本。
③ (清)孙琬等修纂:《(道光)武进阳湖县合志》卷15,清道光三十年刻本。
④ 《龟巢稿》卷9。
⑤ 《龟巢稿》卷11。

官》一诗,此诗作于其任武进县职之后,则陈泳有可能先字德广,后改为汉广。综上,《辨惑编》首次刊刻的刊刻人为董尚、陈泳、尹克昌三人。

至于刊刻时间,据前引《代董知县送同僚尹主簿序》可知,尹明善在洪武六年(1373)冬转官他任,则《辨惑编》的刊刻时间应在洪武四年(1371)冬至洪武六年(1373)冬这段时间之内。又虞士常跋称"后二十五年"《辨惑编》才开始刊刻,如以洪武六年(1373)论,则二十五年前为至正九年(1349),而俞希鲁序写于至正八年(1348),实不可能。如以洪武五年(1372)论,前二十五年正好俞希鲁作序之至正八年(1348),故可知虞士常所言"后二十五年"实际上是针对俞希鲁序所言,可据此推断《辨惑编》首刻在洪武五年(1372)。

又《与陈德广书》云:

> 于是掇拾古圣贤遗训,缀辨惑一编。曩幸公为邑丞僝工板刻,今增前元赵学士昞所著葬图。其说本乎《周官》,义理昭著,良可为法。但欠知本官封谥,乃有缺文。欲得《元史》考究,三四年来尝于江阴无锡丹阳三县学干借,俱云无之。干诸士夫相识者亦然,愚恐溘先朝露,贻误后人。用敢再渎望于宜兴县藏书之家,特为转借赵公本传一抄,明说老夫好古之痴如嗜土炭。人所不堪,自以为乐。有能使之厌饫,其为欣幸,死而不忘。①

则谢应芳晚年曾欲增补《辨惑编》,查清文渊阁四库本《辨惑编》,赵昞有关内容已补入,则表示谢应芳完成了此次修补,故四库本《辨惑编》的源头并非《辨惑编》初刻,乃是谢应芳晚年修补之本,查《中国古籍总目》,今存最早《辨惑编》刻本是上海图书馆所藏明成化十年(1474)刻本,不知此修补本在谢应芳生前刊刻与否。

二 《思贤录》

(一)成书时间

关于《思贤录》的成书,四库馆臣认为:"正录成于至正十五年。"②大概是根据杨维桢

---

① 《龟巢稿》卷11。
② (清)永瑢等:《四库全书总目》卷60,清乾隆武英殿刻本。

撰写序言的时间,杨维桢序成于"至正十六年三月三日"①,谷春侠也据此认为"正编至至正十六年之前已经完成"②。但咏梅轩刻本杨维桢序却署为至正十二年(1352)三月三日,谢应芳有《杨铁崖先生既为应芳叙思贤录,又以应芳上书丞相府,不报。作长诗赠行,是用感激赋此留别兼谢》一诗,诗中称:"觅得骊珠三百颗,横山归卧旧田庐。"③横山在谢应芳老家武进,则作此诗时谢应芳仍然住在常州。谢应芳《龟巢记》云:"至正丙申(至正十六年,1356),予辟地滆上,依见识里翁刘氏家筑室一区栖妇子,差可容膝。"④滆湖就在武进,又《龟巢后记》云:"是岁八月之初,天兵自西州来者火四郊而食其人,吾之龟巢与先旧宅俱烬矣。予乃船妻子间行而东过横山窜无锡。"⑤则至正十六年(1356)八月之前谢应芳一直住在武进。《思贤录》卷三收有写于至正十二年(1352)四月的谢应芳《上监郡请修道乡书院》等文章,则至正十二年(1352)三月时纪念邹浩的活动尚未完结,也就是说《思贤录》还未成书,故杨序不可能作于至正十二年(1352)。如此,则《思贤录》的首次成书应在至正十三年(1353)至至正十六年(1356)之间。元末江南大乱,所以《思贤录》成书后并未立即刊刻。明初,谢应芳又增补了入明后诸人凭吊邹浩的文字,直到明洪武十五年(1382),"洪武壬戌夏四月访昆山诸故人,因举似王克明仲昭。蒙欣然命工刻梓,盖以乃翁均盛甫平昔好义,仲昭能以其亲之心为心,所谓有是父有是子也"⑥,才在昆山王克明的帮助下得以刊刻。

(二)《思贤录》的分卷变化

谢氏原本今不存,今存诸本皆是谢氏原书与后人增补的合编本,且其入明后的部分分卷屡有变更。根据《四库存目标注》,已知《思贤录》大致有四库采集之五卷本、四库采集之范氏天一阁藏六卷本,道光二十九年(1849)咏梅轩刻本及清光绪十一年(1885)活字八卷本这几种。五卷本应为《思贤录》原刻,谢兰生《思贤录序》云:"嘉靖间宁都簿邹骙以伊祖友桐所辑后来修墓奠咏各类增列一卷,统计六卷。前五卷为明洪武间昆山王仲昭所刻,《续录》一卷为道乡裔邹骙所刻……谨照忠公裔邹润庵家藏本,复节去已刻《龟巢

---

① (清)卢文弨:《常州八郡艺文志》卷5上,清光绪十六年刻本。
② 谷春侠:《谢应芳匡俗卫道事迹与著述考》,《文艺评论》2011年第6期。
③《龟巢稿》卷2。
④《龟巢稿》卷6。
⑤ 同上。
⑥ (元)谢应芳:《思贤录》卷4,清华大学图书馆藏清咏梅轩刻本。

集》诗若干首。"①则《思贤录》初刻为五卷,《浙江采集遗书总录》记载有五卷本一部,"《思贤录》五卷,刊本,右纪宋赠宝文阁学士晋陵邹忠公浩事及其遗文,明谢应芳所辑"②。可知,在邹骥将其增补的明代部分作为卷六与《思贤录》合刻之后才有六卷本,故此五卷本应是王克明所刻之本。

关于四库采集之六卷本,据《四库全书总目》所述,"《思贤录》五卷《续录》一卷,浙江范懋柱家天一阁藏本……又载有洪武十三年以后祭文碑记诸,篇迄于正统十年,则后人所附入也"③。也就是说四库馆臣所见此本收文的下限在明正统十年(1445)。《浙江省采集遗书总录》仅记载《思贤录》五卷,范氏《天一阁书目》也仅云:"思贤录五卷。"④则此本应即前五卷本,至于四库馆臣所云后人所附之正统十年(1445)前的内容乃是指《续录》而言。《续思贤录》是单行于世的,明叶盛《菉竹堂稿》云:"《思贤录》五卷,又有《续思贤录》。"⑤邹量《续思贤录识》也说:"成化壬辰秋……复求翰林学士郡人王公廷贵所藏道乡集稿,暨《续思贤录》并为一编,以寿诸梓,以广其传……成化丁酉秋八月廿八日十四世孙量谨识。"⑥则《续思贤录》不仅曾单行,邹量还曾将其附在邹浩文集之后。所以谢兰生说明代部分为邹骥所辑实际上并不准确,在邹骥之前已经有人编纂了《续思贤录》。邹骥所编应为正统十年(1445)之后至嘉靖之前的内容。

至于清光绪十一年(1885)所刻的八卷本,应是清人又有增补。

清道光二十九年(1849)咏梅轩刻本六卷,收入齐鲁书社出版之《四库存目丛书》,是现在最容易看到的本子,编者为谢兰生,卷一为"忠公事实",是邹浩的传记资料;卷二为"忠公祠墓",收邹浩夫人及其同时人的吊墓之作;卷三为"祠墓废兴",收元代诸人修墓、祭祀之文;卷四为"古今题咏",收宋元两代吊墓之诗。这四卷是《思贤录》首次成书的内容,再加上第五卷中明洪武十五年(1385)之前的文章,是王克明所刻之原本。卷五除去王克明原刻内容外为洪武十五年(1385)以后至明成化十三年(1477)之前的内容,卷末有邹量成化十三年(1477)所作之题识;卷六为成化之后的内容,卷末有邹骥嘉靖庚戌跋及谢兰生侄谢昌霖跋。

---

① 《思贤录》卷首。
② (清)沈初等:《浙江采集遗书总录》,杜泽逊、何灿点校,上海古籍出版社2010年版,第243页。
③ 《四库全书总目》卷60。
④ (清)范邦甸:《天一阁书目》卷1,清嘉庆文轩楼刻本。
⑤ (明)叶盛:《菉竹堂稿》卷8,清初抄本。
⑥ 《思贤录》卷5。

三 《怀古录》

(一)《怀古录》的成书

《怀古录》为凭吊纪念晋名臣顾荣而作,谢应芳云:"至正甲辰(至正二十四年,1364)秋,应芳避兵东吴。闻郡城之东地方五六里名顾荣墓,即晋骠骑将军佳城也。因往吊之,观夫垄地侵削,祠庙荒废,且有土地神夫妇之像与将军并坐而居右焉。询之村老,则曰土地祠初在他处,泰定间屋坏,里人移置此耳。余于是太息而归。明年春具呈长洲县,幸而县令周君是予言,撤去妖像,命有力者修饬庙貌。事毕,予常欲后之人知所向慕,嗣而茸之,故述其始末,笔之左方。"①顾荣墓在长洲,无人祭祀,坟墓倾塌,时谢应芳流寓在此,见吴人祭祀神鬼而不顾忠臣,故上书当时的长洲县尹周舜臣请修墓并祭祀,《怀古录》便是对此事始末及诸人凭吊的记载。《怀古录》收录谢应芳等人文章的上限便是至正二十五年(1365)。《干陈学士作〈怀古录〉序启》云:"谨奉启并《怀古录》一帙躬诣阶墀以闻。伏惟台慈鉴察,不宣。谨启,至正二十六年八月。"②则至正二十六年(1366)时《怀古录》已然成书。又《与孙彦民书》云:"伏览题顾元公祠堂诗,语皆事实,且以辨斥淫祠表而出之,非苟作也。笔之《怀古录》中,叹赏未已。忽州人抄示吏部移文,行乎有司禁止淫祀,且令勘取忠臣烈士之属载诸祀典者,皆奉制集议而行,实为圣朝更化之盛举……又恐革命以来……"③从"圣朝更化"和"革命以来"看,此时已入明,而谢应芳将孙某题顾荣祠堂之诗编入《怀古录》,则在入明以后谢应芳对《怀古录》仍有增补。今《怀古录》卷三有孙彦民之诗,则卷三中的部分诗歌应是入明之后的作品。

(二)《怀古录》的首次刊刻

不同于《思贤录》与《辨惑编》,《龟巢稿》中并无《怀古录》刊刻的信息,明朱存理(1444—1513)《跋怀古录》云:"存理近得此编于其墓所村校中,字多舛讹,卷帙失次,因为校写一过,然不敢有损益其间,恐失谢公纂集之意也。盖其墓乃晋故将军佳城,间尝往

---

① (元)谢应芳:《怀古录》卷2,《酌古准今》本。
② 同上。
③ 《龟巢稿》卷11。

吊之,拓周左丞碑刻归,较集中小异,遂依刻文书之。"①则明时长洲顾荣墓地所在乡校中有《怀古录》,但未言是刻本还是抄本。程敏政(1446—1499)《书怀古录后》云:"《怀古录》一编,毗陵谢应芳子兰之所辑也……吴人朱性甫将校刻之,稍加厘正,间奉以视予。"②则朱存理曾欲刻此书,但前引朱跋中仅云校写一过,未言刊刻之事。清光绪十二年(1886)毗陵谢氏瑞云堂刻酌古准今丛书本卷首有程敏政之跋,但其卷首之谢湛恩跋语云:"从祖龟巢先生居横山……著《怀古录》三卷,先大夫聘授郑州牧时得公后裔紫庭抄本录之,知是书未进《四库》,向无刻本。"③谢应芳之子谢林曾任官新郑,故郑州有此书并不奇怪,如此则程跋应是清代谢氏后裔刻书时所加。《怀古录》除《千顷堂书目》外,仅《澹生堂书目》和《宝文堂书目》著录,但此二者均著录于子部杂家类,宋陈谟之子部著作亦名《怀古录》,如此则仅有《千顷堂书目》著录,但其亦未言刻本抄本,则明代刊刻此书的可能性不大。

《怀古录》较常见的是酌古准今本,此本前有陈基序、程敏政跋、谢湛恩跋及清道光二十一年(1841)谢兰生序。在酌古准今本之前,有清道光二十六年(1846)刻谢龟巢全集本,藏天津图书馆,此全集除谢应芳《龟巢稿》《怀古录》等著作外,还收录谢兰生撰《景贤录》二卷,应是谢兰生所编刻;此外还有,谢兰生刻谢氏丛书本,《清续文献通考》云:"武进谢氏丛书十二种三十四卷,谢兰生编……是编于同治辛未刊于寿安堂,皆谢氏一家言。"④如此则《怀古录》的初刻应在清道光二十六年(1846)。酌古准今本《怀古录》卷三有谢兰生追和吊墓诗,丛书中还收有谢兰生《谢氏源流》等著作,皆是武进谢氏所刻,行款著录与道光本相同,则酌古准今本可能亦从道光本而来。

四 《龟巢稿》的成书与刊刻

关于《龟巢稿》的成书与刊刻,查洪德、李军、王树林三位编纂的《中国古代诗文名著提要(金元卷)》有相当准确的考订,认为"应芳生前曾手编成集,此由卷一七《寄熊元修》诗'鸥社诗千首,《龟巢稿》一编'可知"⑤。的确,张绅所作之序云:"壬子冬(洪武五年,

---

① (明)朱存理:《楼居杂著》,清文渊阁《四库全书》本。
② (明)程敏政:《篁墩集》卷36,明正德二年刻本。
③ 《怀古录》卷首。
④ (清)刘锦藻:《清续文献通考》卷272,民国景《十通》本。
⑤ 查洪德、李军、王树林:《中国古代诗文名著提要(金元卷)》,河北教育出版社2009年版,第273页。

1372)余来娄上,径山释颜师年八十五矣。间以先生所著诸书示余……至其吟咏性情见之于诗,论叙事理笔之于文,典正雅丽,足以黼黻乎皇猷;敷陈辨驳,足以宣明乎至治,则又有所谓《龟巢稿》者若干卷。"①也就是说,洪武五年(1372)时谢应芳诗文集的名称已定为《龟巢稿》,故洪武十二年(1379)时所刻之诗选集名为《龟巢摘稿》,则洪武五年(1372)时《龟巢稿》已初步编定。此外,谢应芳《与姜天定书》云:"就烦删择旧稿,类抄别帙。盖年来两目昏盲,誊录者字多差误。得是正之,庶免贻后人之笑耳。"②可知谢应芳晚年确实曾自己编集,还请姜天定为之校订,分类抄写。

　　至于卷数,今存《龟巢稿》主要有十七卷和二十卷两个系统,十七卷系统以四库本为代表,二十卷系统则以四部丛刊本、常州先哲遗书后编本为代表。然考察三者篇目,虽四部丛刊本与常州先哲遗书后编本多出三卷,但正文所收篇目大抵相同,诗、词、文三部分中,文四库本较其他两本多收一篇,词三本所收相同,四库本诗与常州先哲遗书后编本所收数目基本相同,四部丛刊本较其他两本诗多出九篇,多出三卷乃是分卷不同所致,四库本诗分六卷,四部丛刊本诗分九卷,故为二十卷,常州先哲遗书后编本诗分八卷,但将祭文分成两卷以成二十卷之数。可以说,虽然二十卷本多出三卷,但主要是分卷的差别。因此,十七卷本亦是全本,并非残本。那么到底哪个本子的分卷更接近其成书之初呢?《中国古代诗文名著提要(金元卷)》云:"《千顷堂书目》亦著录《龟巢稿》二十卷,则二十卷当为原本卷数。此本未刊,清朱彝尊《静志居诗话》曾言:'《龟巢集》未镂板,予得其手抄本一十八册,大半应酬之作。'"③其根据《千顷堂书目》的著录认为原书二十卷,明万历年间张师绎与谢应芳同乡,其《谢龟巢传》云:"所著《思贤录》五卷、《辨惑编》二卷、《毗陵先贤续志》十卷、《龟巢稿》二十卷。"④则至少万历年间《龟巢稿》卷数已定为二十卷。仅从著录上来说,二十卷本更早。对于十七卷本,四库馆臣云:"集一卷为赋,二卷至五卷为诗,六卷至十一卷为杂文,十二卷为诗余,十三卷至十五卷又为杂文,十六卷十七卷又为诗。编次颇为无绪,疑后人传写乱其旧第。抑或本为《前集》十二卷,《后集》五卷。一则先诗而后文,一则先文而后诗,传写误并为一集,故参错如是也。"⑤如四库馆臣所说,此本编排错乱,有可能是抄写时失误。但细查其稿,诗题、诗序带有"至正"的诗作全部在前五卷,而带有"洪武"的则全部在后两卷,如此则应如四库馆臣所说,《龟巢稿》本有《前集》

---

①《龟巢稿》卷首。
②《龟巢稿》卷11。
③《中国古代诗文名著提要(金元卷)》,第273页。
④(明)张师绎:《月鹿堂文集》卷4,清道光六年蝶花楼刻本。
⑤《四库全书总目》卷168。

《后集》之分。但可能并非像四库馆臣所说,一本先诗后文,一本先文后世,如前所云,谢应芳生前曾请姜天定为之分类编订,而卷十三至卷十五之杂文文体与卷六至卷十一之文体并无重复,因此,可能所谓的《后集》仅仅包括卷十六、卷十七两卷之诗。也就是说,很可能前十五卷为《龟巢稿》原本,谢应芳死后编者又将其晚年所作之诗附于后,而二十卷本各体诗文排列有序,显然已经重新加工,则十七卷本很可能早于二十卷本。

  谢应芳生前刊刻之著作皆刻于明初,但如《思贤录》《辨惑编》那样仅仅几卷的著作,其刊刻尚大费周章,《龟巢稿》这样篇幅较大的刊刻更为困难,所以仅刻了《龟巢摘稿》。查《龟巢稿》所收文章可考者最早为《四灵赋》,题下小字注云"江浙乡试",文中有"圣王御极,至治惟新"。① 应作于至治年间谢应芳参加科举之时②。最迟者为《二周诗》小序署洪武二十四年(1391)十二月朔日,谢应芳卒于明洪武二十五年(1392),则谢应芳生前的确并未刊刻《龟巢稿》,其最终成书应在谢应芳死后。如《中国古代诗文名著提要(金元卷)》所说,《龟巢稿》在明代并未刊刻,《怀古录》之谢湛恩跋云:"出吾族中诒燕堂抄本《龟巢诗文全稿》。"③谢湛恩为谢应芳后人,此时《龟巢稿》尚未刊刻,谢氏族中也仅有抄本。清代道光二十六年(1846),谢兰生以其所得季沧苇抄本校以谢氏家藏抄本,成《龟巢稿》十卷《补遗》一卷,将词列在全书之末,此是《龟巢稿》的首次刊刻。

【作者简介】 花兴(1986—),河北兴隆人,内蒙古民族大学文学院讲师。

---

  ①《龟巢稿》卷1。
  ②按,入明后朱元璋定都应天,则江浙两地已然分开,不应称"江浙乡试",朱文霆《四灵赋》云"谅至治而始有兮"(《元赋青云梯》卷上,《宛委别藏》本),林同生《四灵赋》有"无为而化,至治惟馨",(《历代赋汇》卷55,清文渊阁《四库全书》本),则此赋应作于元英宗至治年间。
  ③《怀古录》卷首。

《全元文》所辑柳贯佚文重出误收考

钟彦飞

【提要】《全元文》所收柳贯文章集外辑佚文中,六篇为重出误收之作。本文一一加以具体辨证,考订其真正作者及《全元文》致误原因,还其本貌,以济日后修订之需。

【关键词】《全元文》;柳贯;辑佚;重出误收

柳贯(1270—1342),字道传,号乌蜀山人,又号静俭翁。婺州浦江(今属浙江)人。大德四年(1300)用察举为江山县学教谕,其后历迁国子助教、太常博士,泰定三年(1326)出为江西儒学提举,秩满归。至正元年(1341)起为翰林待制兼国史院编修,任七月而卒,年七十三。门人私谥文肃。其人一生转益多师,先后游学于金履祥、方凤、吴思齐、谢翱、方回、龚开、仇远、戴表元、胡之纯、胡长孺、牟应龙等南宋遗民大老。为人博学多识,经史、百氏、数术、方技、释道之书,无不贯通,实为一代儒家宗师,士类咸乐归之,与虞集、揭傒斯、黄溍并称"儒林四杰",后世目之为"理学一灯"。"为文章有奇气,春容纡徐,如老将统百万雄兵,虽旗帜鲜明,戈甲焜煌,不见有喑呜叱咤之声。"[1]于时影响广泛,至于"识与不识,咸能道其姓字,虽武夫俗吏不通文义者,亦争得先生之文以为荣"[2]。且工于书法,精于鉴赏古物书画。一生著述丰富,据《元史》本传载:"有文集四十卷、《字系》二卷、《近思录广辑》三卷、《金石竹帛遗文》十卷[3]"。今有《柳待制文集》二十卷传世。

柳贯文集整理本现今有李修生先生主编、江苏古籍出版社 2001 年出版之《全元文》第 25 册,仅收文;嗣后有柳氏后裔柳遵杰点校、浙江古籍出版社 2004 年出版之《柳贯诗

---

[1] (明)宋濂:《柳先生行状》,《四部丛刊》本《柳待制文集》附录。
[2] (元)戴良:《墓表碑阴记》,《四部丛刊》本《柳待制文集》附录。
[3] (明)宋濂等:《元史》卷181,中华书局1975年版,第4189页。

文集》，诗文皆收。《全元文》于集外从各类地方志、总集、书画录中辑得佚文31篇，《柳贯诗文集》予以全部收录。笔者在整理柳贯佚文过程中，发现其中《申屠将军庙记》《荥阳族系记》为《四部丛刊》本卷十五标目存而阙之文，《申屠将军庙记》题名当以标目中《蒋氏怀思庵地主申屠将军祠记》为正。另所辑佚文中有五篇文《宋高节书院刘山长序》《经世大典序录》《〈书经·周书注〉叙》《道》《释教》并非柳贯所作，为误收之作，《全元文》第51册所收柳赟《故唐律疏议》为重出之作。兹对此五篇文字加以辨证，考订其原始作者及《全元文》重出误收原因，还其本貌，以济日后修订之需。

一 《送高节书院刘山长序》

此文见《全元文》第25册第129页，据点校者标记，辑自"乾隆四十六年《余姚志》卷三十七"。核查国家图书馆所藏唐若瀛、邵晋涵纂《余姚志》（地240.49\34），此文见该卷叶二十四至二十六，作者题名确为柳贯。然检之《全元文》，此文又见第29册第51页，作者题名黄溍，字句相同。二文重出，必有一误，而从文字信息不能判断何人所作。查国家图书馆现藏元至正年间四十三卷刻本《金华黄先生文集》（06655），卷十六《续稿》十三收录此文，《四部丛刊》影元钞本同。另，此文又见于《（雍正）浙江通志》卷二六三，亦题名黄溍。文献来源均较乾隆《余姚志》为早，题名柳贯为孤证，故此文实为黄溍所撰，《全元文》作柳贯为误题。盖柳贯与黄溍同为婺州人氏，生前交往密切，柳氏墓志即为黄溍所撰，二人学术源流相似，同列名"儒林四杰"，又俱以文章名世，生前即有齐名之誉，明人杜桓即曾编纂二人诗集为《柳黄同声集》。故清代唐若瀛、邵晋涵等修纂《余姚志》时，或因此而致混淆。而《全元文》辑录佚文未加考辨，沿用其误，应予订正。

二 《经世大典序录》（附《道》《释教》）

此文见《全元文》第25册第159页。据点校者标记，辑自"宣统刻本吴曾祺《涵芬楼古今文钞》卷二十《序跋类》"。核查原书，此文见于该卷叶二十六至二十七，题名柳贯，而未标明文献辑录来源。检之《全元文》，此文又两见，一见第21册第686页，篇名同，作者题名赵世延；一见第26册第65页，篇名作《经世大典序录应制》，作者题名虞集。一文三出，文字有稍许差异，《全元文》断句亦有不同，作者又题名三人，更有考辨勘定之必要。题名赵世延者，亦为辑佚文章，据点校者言，辑自《国朝文类》卷四十，此文下又收《治典总序》《赋典总序》《礼典总序》《政典总序》《宪典总序》《工典总序》，辑自《国朝文类》卷四十、卷

四一、卷四二。查《四部丛刊》影元至正西湖书院刻本《国朝文类》,此数篇均无作者题名。题名虞集者,此文源出《道园学古录》卷五,据点校者言,该书以《四部丛刊》影明景泰翻元小字本为底本,核之原书,此文篇目亦题作《经世大典序录》,不知《全元文》何以据而易名为《经世大典序录应制》。三篇文,唯有题名虞集者有明确文献出处,清初孙承泽《元朝典故编年考》卷七"《经世大典》"条亦收此文,并明确作"学士虞集《经世大典序》云"。

通读全文,三篇文均有"臣集等皆以空疏之学,谬叨委属之隆,才识既凡,见识非广"等文字,故此当为虞集任《经世大典》总纂修官时以其名义所上序文,《道园学古录》系之名下,实至名归。而第21册系于赵世延名下七篇文字,大概辑录者因赵世延亦为《经世大典》总纂修官①,并此文中有"至于执笔纂修,则命奎章阁大学士中书平章政事臣赵世延,而贰以臣虞集,与学士院艺文官属分局修撰"字句,据此似乎赵世延为纂修首脑人物,而点校者又或未见虞集《道园学古录》已加收录,故以此序可能以赵世延为首所上,遂系于其名下,情有可原。而这些赵世延"佚文"与《经世大典序录》为一体之文,除《序录》可归于虞集外,其余当成于众手,具体作者不能遽下判断。中国台湾学者苏振申《元政书经世大典之研究》言:"《序录》系虞集或其属下之笔。"②实为执中之论。

而题柳贯者,则仅见于宣统二年(1910)商务印书馆刊吴曾祺《涵芬楼古今文钞》卷二十,最为晚出。是书皇皇一百册,类目庞多,辑录文章近九千篇,甫问世,学界即有"病其卷帙太繁,汗漫不能卒业者"之批评③,后吴曾祺又删汰十之七八,成《涵芬楼古今文钞简编》二十册重新刊出,这篇《经世大典序录》亦被删去。这种一人之力所录大型总集,存在错收情况应予理解。此文可能亦辑自《国朝文类》卷四十,而《国朝文类》此文无题名,前一篇恰为题名柳贯的《题郎中苏公墓志铭后》,目录相近,吴氏或因此而致误,《全元文》点校者对此类晚出总集佚文来源未加考察,沿用其误。

《道》《释教》二文见《全元文》第25册第454页。分别辑自《古籍图书集成》卷五〇七、中华书局影印《古今图书集成》第495册第39页。核之原书,确题名"元柳贯"。按,此二文俱见《国朝文类》卷四一,后有"右《礼典》下篇凡二目"。可知其为《经世大典·礼典》下篇的两个类目小序,而柳贯与《经世大典》之关系见上考述。故知此二文亦非柳贯所作,为《古今图书集成》误题,《全元文》沿其误者。

---

①《元史》卷180《赵世延传》:"至顺元年,诏世延与虞集等纂修《皇朝经世大典》。"中华书局1975年版,第4166页。

②《元政书经世大典之研究》第四章《经世大典原文辑考》第一节《元文类中之大典原文》,台湾中国文化大学出版部,1983年,第33页。

③吴曾祺:《涵芬楼古今文钞简编序》,商务印书馆1933年版。

三 《〈书经·周书注〉叙》

此文见《全元文》第 25 册第 163 页,据点校者言,辑自清瞿氏钞本《周书金氏注》卷首。核对国家图书馆所藏原书(4196),落款确为"浦江道传柳贯序"。该书为铁琴铜剑楼主人瞿绍基恬裕斋藏钞本,六卷,为金履祥所著《尚书》注疏类著作。

在此我们可以先梳理一下金履祥《尚书》注疏类著作存世情况,金氏此类著作,历代著录仅有《尚书表注》一书,渊源有自。到得清代,渐有不同新出之本。其一题名《尚书注》。《铁琴铜剑楼藏书目录》经部尚书类有金履祥《尚书注》六卷旧钞残本一部,存卷七至末,此本又有同源传钞本为张金吾、陆心源收藏①。陆氏又有秦文恭(蕙田)钞本《尚书注》十二卷,并据以于《十万卷楼丛书》中重刊②。无论瞿氏、张氏所藏六卷残本还是后来陆氏的十二卷钞本、刊本,皆为后出之新书,前人从无著录,十分可疑,《铁琴铜剑楼藏书目录》著录时已疑其伪。当代台湾学者蔡根祥《金履祥〈尚书注〉十二卷考异》一文进一步对这几个本子从文献和文意上作了对比分析,得出现存《书经注》是一本抄自金氏《通鉴前编》的伪书这一结论③,考论翔实,兹不复赘。另有一本《金氏尚书注》十二卷存世,与《尚书注》内容不同,收录于宣统元年(1909)方功惠汇刻《碧琳琅馆丛书》及民国二十四年(1935)黄肇沂(咏雩)汇刻《芋园丛书》中,此书根据国家图书馆所藏钞本《金氏尚书注》(13674)所刻,笔者核查后,发现此本亦为明显伪书,作伪情况已有许育龙、蔡根祥二位分别作文考察,亦不重考④。

---

①《铁琴铜剑楼藏书目录》卷二经部作"《尚书注》六卷,旧钞残本";《爱日精庐藏书志》卷二经部作"《尚书金氏注》残本六卷";《皕宋楼藏书志》卷四经部作"《尚书金氏注》残本六卷,张月霄旧藏"。三书均为卷六至末残本,所录跋语相同,当为同一书。

②《皕宋楼藏书志》卷四经部著录有"《尚书注》十二卷,旧抄本,秦文恭旧藏。宋金履祥撰。是书已刊入《十万卷楼丛书》"。检《十万卷楼丛书》本《尚书注》,前有陆心源《重刊金仁山先生尚书注序》,言"同治十年,被命赴闽,公余之暇,与祥符周季贶太守搜访遗书,乃从福州陈氏得之,卷中有'秦蕙田印',知即秦氏旧藏也"。此本当即《北京图书馆古籍善本书目·经部·书类》所著录之"《书经金氏注》十二卷,宋金履祥撰,清抄本,陆心源、周星诒跋,六册,十行十八字无格"。(第 3795 页)知钞本原作《书经金氏注》,而陆氏刊本改名《尚书注》。

③蔡氏文见《中国经学》(第五辑),广西师范大学出版社 2009 年版,第 83—108 页。

④对于《金氏尚书注》作伪情况见许育龙《〈碧琳琅馆丛书〉本〈金氏尚书注〉著者考疑》(《台湾大学中文学报》2011 年第 6 期),得出此书为清代中叶之后人据元陈师凯《书蔡传旁通》而作伪;蔡根祥《〈碧琳琅馆丛书〉本〈金氏尚书注〉十二卷伪作补考》则以为方功惠本人作伪嫌疑最大。二人均未见国图藏钞本《金氏尚书注》,笔者核对此钞本后,确定其为方氏所藏汇刻底本,方氏间有批语。方氏于题名"宝祐乙卯重阳日兰溪吉父金仁山书"《金尚书注跋》伪文上有手批"下有脱文。此跋无他本可校,也可不刻"。可见方氏得自旧本,并非亲自拼接伪书。故笔者以为,许氏结论更近真相。

既然金履祥《尚书》注疏类著作作伪现象如此严重,我们也有理由怀疑瞿氏所藏六卷本《周书金氏注》这一"孤本"有伪书之嫌,此篇题名柳贯的序文也存在作伪可能,且落款为"至正戊子七月既望浦江道传柳贯序",查至正戊子为公元1348年,而柳贯卒于至正二年即1342年,最为可疑。故检索文献,发现朱彝尊《经义考》卷八六收此文,为元代刘景文为王充耘《书义主意》所作序,文字差异不大。又以之为线索检之《全元文》,此文见于第58册第498页,题名《序王充耘书义主意》,作者为刘景文,辑录自《古今图书集成》卷一一五"理学编·经籍典·书经部",文字基本同《经义考》,可见《古今图书集成》亦从《经义考》所出,皆非录自原始文献。查王充耘《书义主意》现存有毛氏汲古阁影元写本(台湾故宫博物院藏)、道光间《粤雅堂丛书》三编影元刊本,《四库未收书辑刊》第10辑第1册据以影印,甚为易得,使我们得见这本书的原貌。此书前有手写上板两序,一为"时至正七年孟秋之月前进士旴江南窗谢升孙子顺父序",一为"时至正戊子七月既望建安书林刘锦文叔简谨识",并钤印"日新堂""刘氏叔简"。均为《全元文》漏收之文。而刘锦文序字句恰与柳贯佚文《〈书经·周书注〉序》、刘景文《序王充耘书义主意》基本相同。彭元瑞《知圣道斋读书跋》卷一《书义主意》跋语:"此与《书义矜式》命题略同,而简陋殊甚。或仅破题数语,盖刘氏书林所辑行卷,非耕野意也。末附《群英书义》,诸作者皆建昌府人,乃吾乡前辈一典实,存质亦可宝。"著录与刊本同,可知作者、序者俱为南昌人。刘氏日新堂为元代著名坊刻机构,刻书众多,多有传世留存,颇多事迹可考。①《全元文》第58册从《经义考》《古今图书集成》之讹而作刘景文,以致小传不详,当予以改订。

由上,此柳贯《〈书经·周书注〉叙》佚文可基本断定为伪作。核对二文可见,伪作割裂拼接痕迹明显,如原文作"王君与耕",伪作作"仁山先生与耕",按,王充耘字与耕,一字耕野②。作伪者甚至不知将此剜去,而置之金履祥名下,实为拙劣。又原序作"购求得其《经义主意》",伪作作"购求得其《周书金氏注》",且"是编辑作义要诀于其前,附群英书于其后"乃王氏书体例,金氏未有。最后此文将"柳贯"署名于其去世六年后的"至正戊子七月既望",自然也是一以贯之的风格了。至此,可坐实柳贯此篇佚文为彻头彻尾的伪作,瞿氏所藏《周书金氏注》亦为伪书。笔者以此钞本对比《十万卷楼丛书》本《尚书

---

① 关于刘氏日新堂的研究,可参见顾永新《元代坊刻与学术的互动关系初探——以刘叔简日新堂为中心》一文,载北京大学国学研究院中国传统文化研究中心编《国学研究》(第18卷),第379—397页。
② 黄虞稷《千顷堂书目》卷一、康熙《江西通志》卷七六均作"与耕",邵远平《元史类编》卷三四、《宋元学案》卷六八作"耕野"。《四库全书总目提要》卷一二经部《读书管见》条:"元王充耘撰,黄虞稷《千顷堂书目》称充耘字与耕,而原序及梅鹗跋并称耕野,疑虞稷误也。"今存元至正五年刻本《世医得效方》前即有"后至元四年八月承事郎同知永新州事王充耘与耕书"序,可知"与耕"更为通行。

注》发现,其内容与卷七《秦誓中》以下完全相同,由此可知,此书并非孤本,实为瞿绍基据所藏《尚书注》六卷残本誊抄之书,于卷首添加题名柳贯的伪文,其后所抄录张云章及无名氏跋语,则完全与爱日精庐及十万卷楼藏本相同①。又将书名改为《周书金氏注》,与他本均不同,以致有孤本之感,是应加以辨别的。

四 《唐律疏议序》

此文见《全元文》第25册第161页柳贯名下,辑自清宣统刻本《涵芬楼古今文钞》卷一六,而于《全元文》第51册第44页"柳赟"名下重出,作《故唐律疏议序》,辑自抄本《故唐律疏议》卷首,二文内容完全一样,柳赟小传云"泰定时为江西等处儒学提举",履历信息与柳贯同。按,此文又见于元至正本苏天爵《国朝文类》卷三六,署名柳贯,则作者为柳贯无疑。《全元文》题名"柳赟",盖因"柳贯"名字原为"柳贅",与"柳赟"形近,抄写者或点校者释读失察而致此误。

通过对上述柳贯佚文重出误收的考订,我们可以了解到辑佚工作的不易,应对《全元文》点校者们辛勤爬梳文献予以致敬。同时也应从中总结辑佚易出现错误的原因,大致可得出以下三方面经验:第一,地方志存世数量庞大,所录艺文不啻辑佚渊薮,但同时成于众手,迭经转录,质量不一,尤其仅存之文应予以核对考辨。第二,对于总集的利用也应有所筛选,尤其后出晚出之大型总集,除非纂集者刻意搜集佚文,其文献来源基本出自存世文集,故对于所录集外文章应予以核实。第三,伪书的出现也会扰乱辑佚者的视线,对于某些仅存之孤本或有明显伪书嫌疑的辑佚来源,更需谨慎对待,这需要我们具有一定的辨伪学知识,从文本信息中发现问题,从而去伪存真。

【作者简介】 钟彦飞(1989—),河南周口人,河南财经政法大学文化传播学院讲师。研究方向:元明清文学文献,古籍目录学。

---

①无名氏跋语尤其是"嘉靖戊午仲冬录完"与《爱日精庐藏书志》卷二著录完全相同,可知同出一源,陆氏则为收自张氏旧藏。

《莲堂诗话》成书时代考辨

薛子平

【提要】《莲堂诗话》,以往诸多书录皆将之著录为元代著作。细考此著作,其上卷内容与《明一统志》等著作有重合,下卷内容则全部涵括于《菊坡丛话》中。对《莲堂诗话》的体例、行文、按语加以分析,可知其内容实是出自《明一统志》与《菊坡丛话》。其成书时间当在成化元年(1465)至嘉靖三十一年(1552)之间,故不当列入元代著作的范畴。

【关键词】《莲堂诗话》;《明一统志》;《菊坡丛话》

《莲堂诗话》,祝诚辑。祝诚,生平未详,唯由署名知其为海昌(今浙江海盐)人。此书内容多涉唐宋之人事。其内容则先以小标题冠于前,下列诗话,每则诗话记人记事而有诗句关联之,部分诗话与词、偈语、铭、赞、祭文、谏文、表文等相关联。上卷一百零八则诗话分属一百零八则标题下;下卷体例略异于上卷,往往数则诗话分属一标题,一百一十六则诗话分属八十四则标题下,故其下卷内容颇能以类相从。此书上卷多不标注出处(注明出处者仅一则),下卷标明出处者较多。

关于撰者所处时代,张金吾《爱日精庐藏书志》言道:"诚仕履未详,卷下'题卖坟墙壁'条有云'至元丁丑以来',则诚为元人。可知《读书敏求记》列之《优古堂诗话》前或误以为宋人欤。"①而丁丙《善本书室藏书志》引劳季言之语言道:"'寿诗'条称'余近观元人寿诗却多佳者',祝果元人?似本朝诸老,不应目为元人。"②则劳季言以祝诚为明人,是又为一说。

---

① (清)张金吾:《爱日精庐藏书志》卷36集部,清光绪十三年吴县灵芬阁集字版校印本。
② (清)丁丙:《善本书室藏书志》卷39,清光绪刻本。

《八千卷楼书目》《清续文献通考》《中国古籍善本书目》皆将《莲堂诗话》著录为元代著作，《辽金元诗话全编》亦将之收录，而《莲堂诗话》是否真的编辑于元代，则有待商榷。

《莲堂诗话》诸多内容又见于其他著作，借助这些著作正可对《莲堂诗话》成书的真实年代作一探究。

一 莲堂诗话下卷与《菊坡丛话》的比对

通过考察可发现，《莲堂诗话》下卷的内容涵括于明代单宇编撰的《菊坡丛话》中，以下就二书相关内容作一比对①：

《莲堂诗话》"弃官归隐"至"寿诗"二十二则诗话，又见于《菊坡丛话》卷十二"致政耆寿类"。②《莲堂诗话》"谑语的对"至"题甘露寺"十五则诗话，又见于《菊坡丛话》卷十三"释梵类"。《莲堂诗话》"赠道者"至"毁元祐碑"十三则诗话，又见于《菊坡丛话》卷十四"仙逸类"。《莲堂诗话》"哭张横渠"至"神宗俭孝"七则诗话，又见于《菊坡丛话》卷十五"哀谥类"。《莲堂诗话》"省试题"至"奉同年等第"十八则诗话，又见于《菊坡丛话》卷十六"科举类"。《莲堂诗话》"论兵（含三则）""貂蝉兜鍪"二则标题下共四则诗话，又见于《菊坡丛话》卷十七"兵戎类"。《莲堂诗话》"过孔宁极处士山居""谢范纯夫"二则诗话，又见于《菊坡丛话》卷十八"送赠类"。《莲堂诗话》"戏谑"标题下含十九则诗话，又见于《菊坡丛话》卷十九"戏谑类"。《莲堂诗话》"添丁"至"足疾"十八则诗话，又见于《菊坡丛话》卷二十"身体类"。③ 由此可见，此二书之间关系密切。

推敲二书之关系与先后，可从以下几方面加以对比考论。

（一）从二书内容体系来看，《菊坡丛话》优于《莲堂诗话》

《菊坡丛话》体系完整，内容编排自有法度，二十六卷中前二十四卷每卷按内容题材

---

①按《菊坡丛话》每则诗话并无标题统领，下文所提及的标题皆出于《莲堂诗话》，《莲堂诗话》下卷每则标题下的具体诗话皆有《菊坡丛话》比照，故为引述方便，亦用之指代《菊坡丛话》中的相应诗话。

②《菊坡丛话》卷十二原有四十则诗话（不含辑者于卷后的按语。此按语为五则元人所撰寿诗）。《莲堂诗话》二十二则诗话共十二则标题，"生日"一则标题下含两则诗话，"寿词"一则标题下含三则"诗话"，其中第一则诗话在《菊坡丛话》中为两则。"寿诗"一则标题含七则，其中前两则在《菊坡丛话》中相对独立，其余五则统归于《菊坡丛话》此卷末的按语。

③以上《菊坡丛话》每一卷所含的实际诗话数量都要超过此一部分对应的《莲堂诗话》的诗话数量。且两者在内在次序上是一致的。除最后一部分外，相较《菊坡丛话》，《莲堂诗话》中"和杜正献公"与"落中言怀"两则诗话位置有所变动。

皆可视为相对独立的"一类"(后两卷为"四六类"与"乐府类",不属于按内容题材所分的类),整部书内容结构浑然一体。《莲堂诗话》下卷,内容尽包含于《菊坡丛话》第十三卷至第二十卷,其内容虽涉及科举、兵戎、送赠等方面,但总体上来说包蕴性不足,诸如天时类、地理类、时令类、花木类等内容的相关诗话则未见辑录,从这一方面看,《莲堂诗话》下卷的内容算不上体系完整。若假设《莲堂诗话》在前,《菊坡丛话》是在保持《莲堂诗话》现有内容的基础上加以扩充与完善,未免不近情理;若《菊坡丛话》在《莲堂诗话》之前,《莲堂诗话》下卷乃是删减《菊坡丛话》而成,则较为顺理成章。

(二)从诗话出处的标明数量来看,《菊坡丛话》多于《莲堂诗话》

两部著作重合的诗话中,《菊坡丛话》标明出处的多于《莲堂诗话》,如"贵寿"一则诗话,《菊坡丛话》见于卷十二,标明出于《青缃杂记》,《莲堂诗话》未标;又如"渔家傲词"一则诗话,《菊坡丛话》见于卷十二,标明出于《栾城遗言》,《莲堂诗话》未标;再如"九僧诗"一则诗话,《菊坡丛话》见于卷十三,标明出于《六一诗话》,《莲堂诗话》亦未标,此种情况多至四十六处,不一一列举。

值得注意的是,"题僧寺"一则诗话,二书标示出处皆为"同上",《莲堂诗话》"同上"乃是《诗林》,《菊坡丛话》"同上"乃是《玉台新话》。《诗林》即是蔡正孙《诗林广记》,确收有上一则诗话,而未收"题僧寺"一则诗话。今虽不见《玉台新话》,但"同上"同的是《玉台新话》,则似乎更为可信。

综合以上情况来看,似乎《菊坡丛话》在前,而《莲堂诗话》下卷在后。①

(三)从内容编排来看,若二书确有渊源,则由《菊坡丛话》
至《莲堂诗话》下卷具有不可逆性

《莲堂诗话》"生日"一则标题下含两则诗话,第一则诗话末相较《菊坡丛话》少"封人祝尧能如许乎"一句。此种情况多有。又如《莲堂诗话》"戏谑"标题下含有此一则诗话:

---

① 然实际情况尚有几处例外,如"僧如璧"标题下前两则诗话(见《菊坡丛话》第十三卷),《莲堂诗话》第一则标明出自《艇斋诗话》,第二则标为"同上",《菊坡丛话》相应内容未标出处,然第二则原文开头为"曾艇斋云",似已交代出处。此外,"何斯举"(见《菊坡丛话》第十三卷),《莲堂诗话》标其出处为《道清诗话》;"神仙晏颖"(见《菊坡丛话》第十四卷),《莲堂诗话》标其出自《道山清话》;"对御歌"(见《菊坡丛话》第二十卷),《莲堂诗话》标其出自《诗林》,此三处,《菊坡丛话》亦未标出处。另外,"圆梦"(见《菊坡丛话》第十三卷),《莲堂诗话》标其出处为《温公诗话》,《菊坡丛话》标其出处为《春明退朝录》。《春明退朝录》未见此则诗话,《菊坡丛话》误。

"僧惠崇能诗,有其弟子犯师兄之嘲。然杜工部有'峡束沧江起,岩排石树圆'。顷苏子美遂用'峡束沧江'、'岩排石树'作七字句。子美岂窃诗者?大抵讽古人诗多,则往往为己得也。"关于"僧惠崇能诗,有其弟子犯师兄之嘲",《莲堂诗话》编者辑录时有省略。《菊坡丛话》卷十九"戏谑类"标明此诗话出于《贡父诗话》①,引文如下:

> 僧惠崇能诗,有句云:"河分冈势断,春入烧痕青。"然是唐人旧句。而崇之弟子以为诗,吟赠其师诗曰:"河分冈势司空曙,春入烧痕刘长卿。不是师偷古人句,古人诗句似师兄。"杜工部有"峡束苍江起,岩排石树圆",顷苏子美遂用"峡束苍江,岩排石树"作七字句。子美岂窃诗者,大抵讽古人诗多,则往往为己得也。②

后者引文完整,且有出处,亦交代了"有其弟子犯师兄之嘲"的详细情形,较前者内容完备。

此外,对于辑录的诗话,《菊坡丛话》保持其原貌,《莲堂诗话》则时加改动。如《莲堂诗话》"僧如璧"一则标题下,含有三则条目,前两则保持原貌,第三则辑自《彦周诗话》,略有改动,《彦周诗话》此一则开头原文为"饶德操为僧,号倚松道人"③。《莲堂诗话》因将三则关于饶德操的诗话归于一则标题下,故对内容有所统筹,第一则已言"饶节德操,抚州人,祝发名如璧,号倚松道人",第三则对其生平从略,未录"饶德操为僧,号倚松道人"。由此种情况,亦可见《莲堂诗话》下卷当较《菊坡丛话》后出。④

(四)从文中出现的编者按语来看,《菊坡丛话》较《莲堂诗话》显得自然合理

在《菊坡丛话》卷十三卷末有这样一段辑者按语:"余观方万里选诗有云:如生日诗多谀词,不如人意,故皆略之。余近观元人寿诗,却多佳者,今录数首于右,以备采览云。"⑤然后引述七首元人寿诗。《莲堂诗话》全书他处无编者按语,唯于"寿诗"后有之,且未标明此段按语是录自前人还是出自祝诚,显得较为突兀。此段按语中,《莲堂诗话》着重于

---

① 原文为"同上",指《贡父诗话》。
② (明)单宇:《菊坡丛话》卷19,明成化刻本。
③ (清)何文焕编:《历代诗话》,中华书局2011年版,第397页。
④ 然此种情况亦有例外,如《莲堂诗话》"洛社耆英会"所录诗话下比《菊坡丛话》(卷十一)多"皆年七十八,各赋诗一首"十字,"真率会"所录诗话亦比《菊坡丛话》(卷十一)多"元丰十年"四字。与上述推论不协调。
⑤ (明)单宇:《菊坡丛话》卷13,明成化刻本。

录诗，而论诗之语较少。而《菊坡丛话》不仅录诗，还加以评析，内容繁于《莲堂诗话》。从对此段按语的编排来看，《菊坡丛话》较《莲堂诗话》显得自然合理。

（五）从版本来看，《莲堂诗话》现存最早版本晚于《菊坡丛话》成书年代

《莲堂诗话》现存版本有明嘉靖三十一年（1552）连阳精舍抄本，藏于国家图书馆；又有清刻本，藏于南京图书馆和北京大学图书馆；又有清咸丰三年（1853）胡珽活字印琳琅秘室丛书本《莲堂诗话二卷校讹一卷》，胡珽校讹、佚名录、劳格校、丁丙跋，藏于南京图书馆；又有清吴兴沈氏报经楼抄本《莲堂诗话二卷校讹一卷续校一卷》，胡珽校讹，董金鉴续校，藏于上海图书馆。此外尚有《丛书集成初编》本（此版本根据《琳琅秘室丛书》本排印）。日本有静嘉文库藏本，为明嘉靖三十一年（1552）连阳精舍写本，共一册。①

其中，现存最早版本为明嘉靖三十一年（1552）连阳精舍抄本。日本静嘉文库藏本，亦为明嘉靖三十一年（1552）连阳精舍写本。而《菊坡丛话》现存有成化元年（1465）抄本、成化九年（1473）刻本，藏于国家图书馆，前有"成化九年岁癸巳夏五月重午登仕佐郎苏州府儒学教授致仕邑人黎扩序"、"成化九年岁癸巳春正月人日文林郎河南沁阳县知县临川黎近书"序及"成化元年岁在乙酉春正月之望临川单宇时泰书于菊坡之草堂"辑者自序。则《菊坡丛话》成化元年（1465）已成书，成化九年（1473）已刊刻。《莲堂诗话》现存最早版本晚于《菊坡丛话》成书年代，这与《莲堂诗话》下卷辑自《菊坡丛话》的假设并不矛盾。

从以上五个方面综合来看，虽稍有龃龉，但大体可判断《莲堂诗话》下卷是辑自《菊坡丛话》卷十二至卷二十的部分内容的。

《莲堂诗话》下卷若是辑自《菊坡丛话》，则其整本书的性质或有以下两种情况：一是上卷与下卷皆是祝诚所辑，成于明代；二是下卷乃后人羼入，并不能以之为依据判断上卷成书时间。故为探明《莲堂诗话》上卷性质，在此以第二种假设为前提，对其材料来源作一辨析。

二 《莲堂诗话》上卷与《明一统志》等书的比对

上卷的条目来源较下卷复杂，大体出自《明一统志》（对于此，以下将有所讨论）、《山谷内集诗注》、《山谷外集诗注》、《山谷外集》等。《山谷内集诗注》乃黄庭坚撰、宋任渊

---

① 据《中国古籍善本书目》《中国古籍总目》《日藏汉籍善本书目》等。

注,《山谷外集诗注》为黄庭坚撰、宋史容注,《山谷外集》黄庭坚撰,此三者皆出于宋,《莲堂诗话》对之有参考自无不妥。但其前七十一则诗话行文与《明一统志》几乎相同,故二者之间当有关联。

《明一统志》采辑前人材料,对《舆地纪胜》《方舆胜览》皆有所吸收,但其行文有所变化,而《莲堂诗话》行文却与之极为相似,如以《莲堂诗话》"续雁诗"一则诗话为例,看四部著作相关内容:

  续雁诗
  宋赣县人王奇,少为县吏,令题雁诗于屏云:"只只衔芦背晓霜,尽随鸳鹭立寒塘。"奇密续之曰:"晚来鱼棹惊飞去,书破遥天字一行。"令奇之,因激使学。后游京师,真宗偶见其作,召见赐第。奇作诗云:"不拜春官为座主,亲逢天子作门生。"官至殿中侍御史。①(《莲堂诗话》)
  王奇。赣县人,为县小吏。令题雁诗一联于屏上云:"只只含芦背晓霜,尽随鸳鹭立寒塘。"奇密续成之曰:"晚来渔棹惊飞去,书破遥天字一行。"令因激使学。因游京师,真宗见其诗云:"雁声不到歌楼上,秋色偏欺客路中。"召见赐第。又诗云:"不拜春官为座主,亲逢天子作门生。"后为御史。②(宋王象之《舆地纪胜》卷第三十二《赣州·人物》)
  王奇。赣县人,为县小吏。令题雁诗一联于屏上云:"只只含芦背晓霜,尽随鸳鹭立寒塘。"奇密续成之曰:"晚来渔棹惊飞去,书破遥天字一行。"令因激赏,使游学京师。真宗见其诗云:"雁飞不到歌楼上,秋色偏欺客路中。"召见赐第。又诗云:"不拜春官为座主,亲逢天子作门生。"后为御史。③(宋祝穆《方舆胜览》卷二十《赣州·人物》)
  王奇。赣县人,少为县吏。令题雁诗于屏云:"只只衔芦背晓霜,尽随鸳鹭立寒塘。"奇密续曰:"晚来渔棹惊飞去,书破遥天字一行。"令奇之,因激使学。后游京师。真宗偶见其所作诗,召见赐第。奇作诗云:"不拜春官为座主,亲逢天子作门生。"官至殿中侍御史。④(明李贤《明一统志》卷五十八《赣州府·人物》)

---

① (元)祝诚:《莲堂诗话》卷上,明嘉靖三十一年(1552)连阳精舍抄本。
② (宋)王象之:《舆地纪胜》卷32,明成化刻本。
③ (宋)祝穆:《方舆胜览》卷20,清文渊阁四库全书本。
④ (明)李贤:《明一统志》卷58,清文渊阁四库全书本。

相比其他相关著作,《莲堂诗话》与《明一统志》行文更为接近。又如"宫亭湖神女"一则,各书如此行文(《方舆胜览》无相关内容):

  宫亭湖神女

  宋宫亭湖神能分风送客,秦观一夕宿湖傍借竹轩中,梦神女赠一诗云:"不知水宿分风浦,何事秋眠借竹轩。闻道文章妙天下,庐山对面可无言?"①(《莲堂诗话》)

  宫亭湖。《寰宇记》云:在州北三百四十里有宫亭神,能分风上下。刘删诗云:"回流乘孤水,举帆逐分风。"秦少游宿于湖边,梦神女遗之以诗,曰:"闻道文章妙天下,庐山对面可无言。"②(宋王象之《舆地纪胜》卷第二十六《隆兴府·景物》)

  宫亭湖。在府城东南九十里,一名彭蠡湖。《十道志》云:"湖神能分风上下。"宋秦观宿湖边惜竹轩,梦神女赠诗曰:"不知水宿分风浦,何似秋眠惜竹轩。闻道文章妙天下,庐山对面可无言。"③(明李贤《明一统志》卷五十二《九江府·人物》)

更可见《莲堂诗话》与《明一统志》行文的相似性。

《莲堂诗话》上卷前七十一则诗话在《明一统志》中皆有对应的内容,而在《舆地纪胜》与《方舆胜览》中则未能如此。有时,虽涉及同一话题,但《莲堂诗话》与《舆地纪胜》《方舆胜览》二书相比较,具体行文差别较大。这说明《莲堂诗话》与《舆地纪胜》《方舆胜览》二者的关系不如与《明一统志》的关系密切。

将《莲堂诗话》上卷前七十一则诗话与《明一统志》中的相关内容比对,可得具体情况如下:《莲堂诗话》前二十二则相对杂乱,后四十九则比较规则,依次出现于《明一统志》卷六十二至卷八十五,仅"复州作"与"唐明皇续薛令之诗"位次稍有移动。《明一统志》全书体例统一,内容有其内在次序。若《莲堂诗话》与《明一统志》真有渊源关系,《莲堂诗话》相关诗话当出自《明一统志》,而非《明一统志》录自《莲堂诗话》。

此外,还存在一种可能,即是两书相关内容同源自《元一统志》,这亦需考求。《元一统志》内容亡失者较多,然仍可从现存资料中探寻究竟。对于《莲堂诗话》《明一统志》《元一统志》具体行文的差别,可从以下比对略窥一二:

  楚江渔者

---

① (元)祝诚:《莲堂诗话》卷上,明嘉靖三十一年(1552)连阳精舍抄本。
② (宋)王象之:《舆地纪胜》卷26,明成化刻本。
③ (明)李贤:《明一统志》卷52,清文渊阁四库全书本。

> 唐楚江渔者以鱼换酒,辄自歌舞,不言姓名。江陵守崔铉见而问之曰:"君之渔,隐者之渔邪?渔者之渔邪?"渔者曰:"昔姜子牙、严子陵皆以为隐者之渔邪,殊不知不钓其鱼,钓其名耳。"①(《莲堂诗话》)
>
> 《潇湘录》载楚江边有渔者以鱼换酒,辄自歌舞,不言姓氏。江陵守崔铉见而问之曰:"君之渔,隐人之渔邪?渔人之渔邪?"渔者曰:"昔姜子牙、严子陵皆以为隐者之渔也。殊不知不钓其鱼,钓其名耶?"②(《元一统志·江陵路·人物》)
>
> 楚江有渔者以鱼换酒,辄自歌舞,不言姓名。江陵守崔铉见而问之曰:"君之渔,隐者之渔邪?渔者之渔邪?"渔者曰:"昔姜子牙、严子陵皆以为隐者之渔也,殊不知不钓其鱼,钓其名耳。"③(《明一统志》卷六十二《荆州府·人物》)

"不言姓名""钓其名耳"两处,《莲堂诗话》同于《明一统志》,而有别于《元一统志》的"不言姓氏""钓其名耶"。④

《莲堂诗话》此则诗话开头即有"唐"之一字,自是以楚江渔者为唐人。《元一统志》将楚江渔者置于乐京、毕渐二人中间,乐、毕二人皆宋人,则《元一统志》将楚江渔者视为宋人,而《明一统志》将楚江渔者置于唐人中,与《莲堂诗话》相同。至少从此则诗话看来,《莲堂诗话》与《明一统志》的关联比其与《元一统志》的关联密切。此外,从《元一统志》现存内容来看,能与《莲堂诗话》文字上有对应的内容颇为有限。这也说明,即使《元一统志》内容俱全,亦未必能与《莲堂诗话》上卷前七十一则诗话一一对应。

故综合以上推论可知,《莲堂诗话》乃是明人辑录的诗话,上卷出自《明一统志》《山谷内集诗注》《山谷外集诗注》《山谷外集》等,下卷出自《菊坡丛话》。其成书的年代当在成化元年(1465)至嘉靖三十一年(1552)之间。故《莲堂诗话》不当列入元代著作的范畴。

【作者简介】 薛子平(1987—),男,山东日照人,北京师范大学古籍与传统文化研究院博士生,研究方向:元代文学与文献。

---

① (元)祝诚:《莲堂诗话》卷上,明嘉靖三十一年(1552)连阳精舍抄本。
② (元)孛兰肹等撰,赵万里校辑:《元一统志》,中华书局1966年版,第350页。
③ (明)李贤:《明一统志》卷62,清文渊阁四库全书本。
④ 《莲堂诗话》"昔姜子牙、严子陵皆以为隐者之渔邪"一句,在《元一统志》《明一统志》中"邪"字皆作"也"字,故无法比对。

危素综考

王若明

【提要】 危素乃元末朝中重臣,于文学、理学、史学等领域均有不俗的造诣,他熟知宋元历史掌故,又交游广阔,颇具研究价值。然而,目前关于他生平的许多细节仍然未能厘清,若不及时定论,将会影响对其研究的准确性。本文从危素生年及入经筵年份、家世、子嗣、入明著述等几个方面进行考证,以期有所助益。

【关键词】 危素;生年;家世;子嗣;入明著述

危素(1303—1372),字太朴,号云林,江西金溪人。身为南人,顺帝朝以荐举入仕,参与了《宋史》的编修,后于礼部、工部、兵部之间辗转,官位最高至从一品,成为元末朝中地位显赫的人物。元亡后官仕明朝,先荣后辱,洪武三年(1370)被免职,出居和州守元忠臣余阙墓,在极端羞辱中抑郁而终。危素在文学、理学、史学、文献学、教育学、书法等领域均有不俗的成就,他熟知宋元历史掌故,又交游广阔,和元代许多俊彦硕儒有过交往,颇有研究价值。随着元代文学研究的深入,学界开始重视危素,取得了一些研究成果,然而他生平许多细节仍然存在一些争议,若不及时定论,将会影响相关研究的准确性,而他的家世等问题也值得作深入探究。

一 危素生年及入经筵年份考

对危素生年的记录,各书有所不同,主要有两种观点:一为1303年,相关记载有邹树荣的《危太朴年谱》《辞海》和《中国历代人名大辞典》等;二为1295年,《中国古代名人生卒年谱历史大事》《中国历史大事年表·古代》《中国文学家大辞典》《全明文》《金溪县志》均以此年为是。

宋濂《故翰林侍讲学士中顺大夫知制诰同修国史危公新墓碑铭》①（后文简称《碑铭》）载："呜呼！翰林侍讲学士中顺大夫知制诰同修国史危公,享年七十,以洪武五年春正月二十三日,卒于和州含山县之寓舍。"由此推知,危素当生于1303年。宋濂为危素故友,入明后又为同僚,此碑铭是宋濂据危素之子危忎所作两万言行状而写,卒年信息应该是准确的。

另有其文章可为佐证：一为《云林图记》②："至正十年十有二月辛卯,寄居城南头陀寺。雪下盈尺,道无行人,夜展图玩之,忽忆去家十有四年,左亲戚,弃坟墓,竟何为哉？在令式,中岁之后,亦许致仕,予明年四十有九,距纳禄之年固非远矣,幸而清朝从其早退,归与樵夫野叟嬉游山间,上下云月,歌诸公之诗,亦足以自乐也。"从中可知,至正十年(1350)危素为四十八岁,推知当生于1303年,与宋濂记载相符。二为《江州路玄妙观碑》③："至正十一年七月戊申朔,皇帝降玺书赐江州路玄妙观。观之学者王崇大虔奉之以还,而来属素著其事于碑。素惟昔唐翰林供奉李公及宋苏文忠公、黄文节公皆以年四十有九过斯观赋诗,传之后世。素虽藐然晚出,于三君子无能为役,而其行年适同,殆非偶然者……素既叙而铭之。"从中可知,至正十一年(1351)危素四十九岁,其生年当为1303年。

危素生于1295年之说,清吴修在《续疑年录》④中考证："危太朴(七十八)素,生元元贞元年乙未,以宋文宪集'至元元年⑤荐经筵检讨年四十一'推知之,洪武三年出居和州,再岁而卒。"吴修以危素于至元元年(1335)荐经筵检讨,推知其生于1295年,卒年七十八。翻检未见吴修所引《宋文宪集》版本,或是将"至正"误作"至元"。因为据朱彝尊《曝书亭集》中《跋危氏云林集》载,危素的《云林集》发雕于后至元三年(1337)⑥,也就是说危素在后至元三年(1337)才带着自己的诗集出游金陵,寻求引荐,后至元元年(1335)是不可能入经筵的。冯先恕在《疑年录释疑》⑦中根据危素入经筵时的年龄考证了其生年：

---

①宋濂《危公新墓碑铭》各版本多有异文,本文据黄灵庚编辑校点《宋濂全集》（人民文学出版社2014年版,第1268页）,该本所用底本以取最早且讹误最少为原则,参校十多种版本,其中以明建文三年(1401)郑氏书塾刊本的《宋学士文粹》（今藏台湾"国家"图书馆）为主,该本由方孝孺选定,与刘刚、林静等人亲自缮写。
②《全元文》第48册,凤凰出版社2004年版（下同）,第310页。
③同上书,第473页。
④（清）吴修：《续疑年录》卷3,清嘉庆刻本。
⑤此处应指元顺帝后至元元年,即1335年。
⑥（清）朱彝尊：《曝书亭集》卷52,四部丛刊景清康熙本。
⑦辅仁大学《辅仁学志》第十一卷第一第二合期抽印本,第193页。

"按宋濂《宋学士文集》(正德刊本)五九,《宋文宪公全集》(嘉庆十五年吴县严荣校刊本)二七,《明文衡》八十,《翰林侍讲学士中顺大夫知制诰同修国史危公新墓碑铭》云:'公自至正二年(1342)入经筵为检讨,公年已四十矣。'"非吴修所引之"至元元年""年四十一"。将之同证《碑铭》中的记载,推出危素当生于1303年。又《明史》危素本传中载:"居一岁(当指洪武三年,即1370年),复故官,兼弘文馆学士,赐小车,免朝谒。尝偕诸学士赐宴,屡遣内官劝之酒,御制诗一章,以示恩宠,命各以诗进,素诗最后成,帝独览而善之曰:'素老成,有先忧之意。'时素已七十余矣。"①此中"七十余矣"或为虚指,或为误记,不能当作危素生于1295年的证据。冯先恕猜测吴修为牵合本传"七十余"之数,而以《碑铭》之"至正"为"至元"之误。

关于危素何年入经筵为检讨,各个版本的《碑铭》多有异文。《丛书集成初编》本、文渊阁《四库全书》本《宋学士全集·危公新墓碑铭》均记载:"公自至正元年用大臣交荐,入经筵为检讨,公年已四十一矣。"危素本传也持同一说法:"危素,字太仆,金溪人,唐抚州刺史全讽之后。少通《五经》,游吴澄、范梈门。至正元年用大臣荐授经筵检讨。"②而《四部丛刊》本《宋学士全集·危公新墓碑铭》记载:"公自至正二年用大臣交荐,入经筵为检讨,公年已四十矣。"考宋濂文集的版本源流,《四部丛刊》本《宋学士文集》(七十五卷)乃据明正德九年(1514)张缙刻本影印,此集为宋濂入明后所作,为宋濂生前亲手编定,命子宋璲缮录精整,后为张缙所得,于正德九年(1514)按本翻刻录入。冯先恕先生也考证出正德刊本的《宋学士文集》当为初刻全本。《丛书集成初编》本《宋学士全集》(三十三卷)乃据《金华丛书》排印,《金华丛书》中的《宋学士全集》实来自明嘉靖三十年(1551)韩叔阳刻本。文渊阁《四库全书》本《文宪集》三十二卷,体例与韩本同,亦出自韩叔阳刻本。比较而言,《四部丛刊》本《宋学士文集》可信度较高,而以危素生于1303年也可知其当于至正二年(1342)入经筵。

二 危素家世考

考危素家世依据的文献有危素《先大父行状》③《临川危氏家谱序》④《危氏历代世系

---

① 《明史》列传第一百七十三《文苑一》,中国文史出版社2003年版,第1544页。
② 同上。
③ 《全元文》第48册,第415页。
④ 同上书,第183页。

序》①《元续修族谱序》②《黄氏族谱序》③《金溪黄氏墓记》④和黄溍《赠太常博士危府君墓志铭》⑤等。危氏本始姬姓,其祖可追溯到周朝。泰定二年(1325),危素作《临川危氏家谱序》谈到危氏起源说:"危氏之始莫可稽,或谓周武王之妃感异梦而生,有文在手,似迂诞而难信,然疑若未可以遽削也。"而至正二十三年(1363)作《危氏历代世系序》时似乎得到更多证据,确定了其祖先是周武王庶子,因出生手中有异纹,被赐姓危,封于新,称为新公。之后四十余代,去古邈远,难以追述。至晋永嘉中,其祖京公,避石勒乱,南渡至闽,为建州刺史。之后数代,危素本人也难以厘清。至正三年(1343)应友危德华之约作《元续修族谱序》和至正二十三年(1363)作《危氏历代世系序》两序中,京公之后数代祖先名讳、辈分及兄弟排行各不相同,综合考察相一致的信息,可知:唐时,其祖灵公,官至散骑常侍,并迁居至江西建昌南城双溪⑥。灵公长子真公,亦仕唐,为监察御史。真公子危凝⑦为唐泉州录事参军、真生殿中侍御史内供奉、睦王府咨议参军,宋累赠太师。凝公长子危亘任洪州别驾、银青光禄大夫、检校刑部尚书、江西推官,宋赠太师。

危亘之子危全讽,字忠谏⑧,临川南城人,会昌二年(842)进士⑨。乾符末年,南城盗起,于是纠集民兵及同县少年,以居所为军营,护卫乡井,安南都护谢肇闻而嘉奖其为讨捕将。后又平黄天感、朱从立乱。中和二年⑩(882),黄巢余党柳彦章攻破临川,逐走郡

---

① 危流渊编纂:《危氏通考》,载《危氏宗谱》,岳麓书社2011年版,第33页。
② 同上。
③ 《全元文》第48册,第208页。
④ 同上书,第335页。
⑤ 《全元文》第30册,第380页。
⑥ 《危氏历代世系序》:"一祖灵公,仕唐,官至散骑常侍,迁于建昌南城双溪居焉。"《元续修族谱序》中没有提及灵公。
⑦ 两序中凝公的排行和名字都不相同。《危氏历代世系序》:"真公生四子:次曰凝然,入睦王府咨议参军。"《元续修族谱序》:"真公生四子:曰忠、曰通、曰乃、曰凝。凝公为咨议参军。"考危素《先大父行状》(《全元文》第48册,第415页):"唐泉州录事参军、真生殿中侍御史内供奉、睦王府咨议参军,宋累赠太师。凝有子曰亘,银青光禄大夫、检校刑部尚书、江西推官,宋赠太师。"可知其名为凝,《元续修族谱序》中记载更为可信。
⑧ (明)夏良胜:《(正德)建昌府志》卷16,明正德刻本。
⑨ 《光泽县志·宦绩》,清康熙二十二年刻版。
⑩ 《新唐书》(清乾隆武英殿刻本)卷9本纪第九,及《资治通鉴》(《四部丛刊》景宋刻本)卷255唐纪七十一、《光泽县志》(清康熙二十二年刻版)"宦绩"皆载中和二年危全讽据抚州,《九国志》中危全讽传载其中和五年为抚州刺史。据释澄玉《疏山白云禅院记》(《全唐文》卷920)载:"至中和三年,方开巴山白云禅院。檀越朱公为遏边使。师又告曰:'山深地冷,时植不收。僧众渐多,难为供馈。'遂出山见太守危公。"可知中和三年,危全讽已为太守,故从正史说。

守掠夺而去,危全讽遂入抚州,朝廷下诏任其为抚州刺史。其后平叛乱,抚士民,修筑州衙、城墙,可谓是抚州城的开拓者①。危全讽注重文化建设,发展教育和宗教事业,天复二年(902)他在抚州设立文庙②,兴儒学,设立州文学、助教等职官,各县设县学,掌教育之事③。他大力倡导佛学,邀请多位禅师来抚州传经说法。中国禅宗五大流派之一——曹洞宗的发展与危全讽的大力支持密不可分。大顺元年(890),曹洞宗开山之祖良价的法嗣匡仁(避宋太祖讳又作光仁)禅师因白云禅院所在地巴山山深地冷,时植不收,出山谒见危全讽,危全讽鼎力扶持,派都押衙驰马巡视选址,最后选定书山(937年更名为疏山)为禅院新址④,使疏山寺成为曹洞宗的一大传教基地。光化二年(899),危全讽又上奏朝廷,称曹山峰顶有梵僧群集,唐昭宗下诏在曹山建荷玉禅寺⑤。抚州地区最早的书院——湖山书院和三湾书院,也是在他的影响下创建的⑥。开平三年(909)六月,危全讽为了收复被淮南节度使杨渥占据的洪州,与杨渥部将周本在象牙潭对战,战败被擒获,押至广陵(今江苏扬州),因曾救过杨渥之父,被释放,闲居广陵,卒,追封为南庭王。

据危素《先大父行状》和黄溍《赠太常博士危府君墓志铭》可知,危全讽的六世孙为怦,怦之五世孙光大之子为危素祖父的高祖。可推知危全讽为危素的十五世祖。

危全讽后数代,危素在《危氏历代世系序》和《元续修族谱序》中的记述有很大差异,尤其是涉及十五岁就以一首《题初月》⑦诗闻名于世的宋代诗人危拱辰。危拱辰,字辉卿⑧,南城人,淳化间举进士,累官至光禄卿⑨。《元续修族谱序》中记载,危拱辰是危全讽的曾孙,而据《危氏历代世系序》,危拱辰却是危全讽的孙子。考《全宋诗》,危拱辰于淳化三年(992)举进士。而危全讽于天祐六年(909)辞世,从两者时间差距推断,危拱辰为

---

① (宋)路振:《九国志》卷2《危全讽传》,清守山阁丛书。
② (清)谢旻:《(康熙)江西通志》卷17《抚州儒学记》,清文渊阁四库全书本。
③ 王建成:《"南庭王"危全讽》,载中国人民政治协商会议福建省光泽县委员会文史资料委员会编《光泽文史资料》第25辑,2008年。
④ 见(唐)释澄玉《疏山白云禅院记》,《全唐文》卷920。
⑤ 见《佛祖统纪》卷42,《大正藏》册49,第390页。
⑥ 见杨忠民、段绍镒主编《抚州人物》,方志出版社2002年版,第12页。
⑦ 诗名多有不同,(清)历鹗《宋诗纪事》(文渊阁四库全书)卷5诗名作《题初月》,《全宋诗》(傅璇琮等主编,北京大学出版社1998年版)册72卷96诗名作《新月》,(明)李贤《明一统志》(文渊阁四库全书本)卷53云:"(危拱辰)十四、五代父为吏题《初月诗》,令尹异之。"
⑧ 危拱辰的字多有异文:(清)谢旻《(康熙)江西通志》卷160载:危拱辰,字耀卿。同书卷83载:危拱辰,字辉卿。(清)曾燠《江西诗征》(清嘉庆九年刻本)卷5载:拱辰,字辉卿。(明)凌迪知《万姓统谱》(文渊阁四库全书本)卷4载:宋危拱辰,字辉邦。从《全宋诗》说。
⑨ 见(明)凌迪知《万姓统谱》卷4、(明)李贤《明一统志》卷53。

危全讽的曾孙更为合理。危拱辰之子危祐，字梦弼，天禧年间进士，曾出知邵州、廉州，后迁太学博士，为官体恤民情，直言无忌①，是著名的清官。危祐子之危邵，曾任承务郎。至危之邵子危怦，即危素十一世祖时，危氏由南城徙至金溪。其后有危怦五世孙危光大，其子危鼎臣，生平均不详。

危素高祖危时发，宋赠承事郎，危素在《黄氏族谱序》②中述其原为唐江西兵马节度使黄表之后，盖过继于危氏。危素从高祖危国材，宋端平二年（1235）进士③，据危素《故宋秘书监毛公墓表》曾任监中门官、誉录官、大理寺丞④。黄溍《赠太常博士危府君墓志铭》记："怦五世孙光大，有子曰鼎臣，府君（危素父危永吉）之高祖也。"按《危氏历代世系序》中所记，危怦五世孙只提及光邦，当和危光大为同辈弟兄。而危光大的儿子危鼎臣是危素父亲危永吉的高祖，即危素的五世祖。危光邦的孙子危国材曾任大理寺丞。危素在《故宋秘书监毛公墓表》中提到的其从高祖大理府君当指危国材。

曾祖危炎震，为景定三年（1262）进士，与宋谏议大夫毛沆同年进士，曾任吉州司理参军，治狱明允，文天祥与之交好，曾为其司理署题名"种德堂"。闻贾似道有意荐擢，年未六十，请致仕，后知临安府仁和县事，赐绯衣银鱼。⑤ 从曾祖危浩，曾修家谱，朝请大夫周方为作序。⑥

祖父危龙友，又名埴，字致尧，本五代十国时期闽国谏议大夫黄光之后，乃过继于危氏⑦。生于淳祐七年（1247）七月，好读书，胆气过人。深得从姑父参知政事曾渊子爱重，曾渊之携之以游诸名人巨公间，龙友学问益广。南宋末，元军南下，以曾渊子命至潮州，厓山海战败，遍游南粤，为潮州小江等处盐司提举，后弃官，江西平章政事史弼欲授之南

---

①见（明）凌迪知《万姓统谱》卷4、（明）李贤《明一统志》卷53。
②《全元文》第48册，第208页。
③《临川县志》页727宋代进士名录中载。（杨佐经主编，临川县志编纂委员会编：《临川县志》，新华出版社1993年版）
④危素《故宋秘书监毛公墓表》(《全元文》第48册，第497页)："南恩公举进士时，素之从高祖大理府君为监中门官，曾祖仁和府君与公同年进士，而大理府君又为誉录官。德调官京师，诘及其故，素追念世契，为表其墓，使得与《宋史》参观焉。"
⑤危素《先大父行状》(《全元文》第48册，第415页)："父讳炎震，景定三年进士，为□州司理参军，治狱有阴德。丞相文天祥雅相知，题司理之署曰'种德堂'。临安府辟充激赏赡军酒库瓶场提干，贾丞相似道欲致之，年才五十有六，力请致仕，乃授通直郎、知临安府仁和县事，赐绯衣银鱼。"
⑥危素《临川危氏家谱序》(《全元文》第48册，第183页)："从曾祖讳浩又修谱，朝请大夫南城周公方序之，当宋末，未克成编。"
⑦宋濂《危公新墓碑铭》："公生四岁，其大父即使公读书，大父本黄氏子，来继于危，知公能亢危氏宗，督历之尤切。"

康路白鹿洞书院山长,不就,游于鄱阳湖、庐山之间,作诗自娱。①

父危永吉,字德祥,生于元至元八年(1271),卒于致和元年(1328)夏四月。雅好读书,工于诗文,事亲至孝。徙居云林山,躬耕田亩,虽贫仍赈济乡人。曾经训诫危素曰:"世有学,未充而已。为利禄计者,既得之,又恐失之,竟何为哉?汝其求师取友,痛自修饬,期无愧于古人。贫贱乃士之常,不足念也。"善医学,有《医说》一卷传世。晚年有终于庐山之志,患疾不起未得。娶同里忠义社统领邓克志孙女,后封宜人,再娶建昌奉训大夫、瑞州路总管府判官黄顺翁之女。②

仲父危有成,尝客京师,求袁桷为其家谱作序。袁桷作《临川危氏族谱序》叙述了危袁两家渊源,祖上曾同为淳熙进士,同为洪迈门人③。叔父危功远,少从先天观曾贯翁尊师学,元明善与之为莫逆之交,曾盛赞其文④。范梈为之诗曰:"玉堂学士危与吴",将其与玄教第二代掌教吴全节并论。袁桷与之交往甚密,曾为之作《祭危功远》《题危功远山水》《危功远道士》《送危功远》等,吴澄为之作《虚室记后铭》,赵孟頫作《挽道士危功远》,贡奎作《扬州赠危功远》。

外祖父黄顺翁(1242—1314),字济川,世居建昌(今江西东部,属抚州),生于南城。为人有胆识且不慕富贵。延祐元年(1314),任奉训大夫、瑞州路总管府判官。病卒于江州,享年七十二岁。延祐四年(1317)葬于南城乡之南原村,友吴澄为之题墓。有《朴斋集》三十卷藏于家。⑤

危素继室赵氏之父赵嗣椿(1277—1344),一名宏道,字良夫,号一中子,宋魏悼王廷美之十一世孙。泰定二年(1325),调将仕郎、漳州路总管府知事,范梈颇为器重,为其署"衡平"作记。⑥

综上,考危素家世可知,其祖上多有举进士者,体现出其家族深厚的文化素养,一脉

---

① 见危素《先大父行状》。
② 见黄溍《赠太常博士危府君墓志铭》(《全元文》第30册,第380页)。
③ 袁桷《临川危氏族谱序》(《全元文》第23册,第249页):"危氏之盛,循环无穷,于是乎有考焉,是矣!维漳州大夫,于桷曾大父枢密越公,同淳熙进士,同乙科,同著作,同为番阳文敏公之门人。"此处漳州大夫,未能详细考证。
④ 危素《先天观诗序》(《全元文》第48册,第224页):"素之叔父功远甫少从尊师学,在京师,以观之图及四明戴先生所为记求题咏于朝之名卿大夫。清河元文敏公与先叔父为莫逆交,得记文,手书一通,南望再拜曰:'江左之文章犹有斯人乎!'太史临江范公德机之诗曰:'玉堂学士危与吴',谓先叔父及玄教宗师鄱阳吴公也。"
⑤ 见危素《元故奉训大夫瑞州路总管府判官黄公行状》(《全元文》第48册,第407页)。
⑥ 见危素《故将仕郎漳州路总管府知事赵府君墓铭》(《全元文》第48册,第543页)。

相承的家学深刻地影响了危素。其祖上为官者,多有胆识,能力突出,直言无讳,成为危素从政的榜样。其父亲、祖父、外祖父皆为不慕富贵之人,生于这样的家庭,耳濡目染,危素应不是贪图权贵之人,认为危素官仕明朝为追逐名利之说值得商榷。想要对危素其人做出客观公允的评价,需从其家世背景入手细心考察。另外,其家族交游广阔,与元代文坛名流多有交往,对危素求学及交游也产生了很大的影响。

三 危素子嗣考

据《碑铭》,危素有二子、六女、二孙。①

长子危玖②,字於軮③,至正二十年(1360)以明经擢进士第,官承直郎、检讨奉常,至正二十五年(1365),迁大都路同知蓟州事。④ 入明后,危玖于洪武二年(1369)以儒生身份奉命分行燕南北,搜集元顺帝时诏令章疏及野史碑碣。⑤ 又贝琼《送危於軮赴安庆教授序》⑥:"未几而公(危素)卒。越三年,复见其子於軮,粹然天球之不琢,故知其有后也。且将从而求公所著大篇短章合于经世者,遍观为快。而於軮又有司教安庆之命,来求一言以行,故述江西人物之盛,前后相望,今有萃于危氏一门如此。"危素卒于洪武五年(1372),越三年,即洪武八年(1375),可知危玖于此年任安庆府儒学教授。

危素次子危斿,曾任登仕郎、大都路儒学提举。至正年间任京学提举,奉制加封朱熹齐国公,颁上酝、少牢致祭。明代诗人蓝智曾为之作诗《送京学危提举奉旨代祀文公祠墓

---

① "子男子二人:玖中至正二十年进士第,累官承直郎、大都路同知蓟州事,今为安庆府儒学教授;游,登仕郎、大都路儒学提举,亦前年卒。女六人:一适同邑曾伉,坚之子也;馀皆夭。孙二人:长太平,夭;次德童。"

② "玖"有的版本作"於",黄灵庚《宋濂全集·危公新墓碑铭》后《校勘记》云《宋学士文粹》本作"玖",又黄溍《赠太常博士危府君墓志铭》:"孙男二人:玖、斿。女一人。"

③ 危玖的字,多有争议,据宋濂《题危云林训子诗后》(《宋学士文集》卷第二十六《翰苑续集》卷之六,《四部丛刊》景明正德本):"云林先生危公冢子,字於軮,自检讨奉常迁佐蓟州,先生时辞岭北行省左丞,独居房山。"

④ 宋濂《题危云林训子诗后》(《宋学士文集》卷第二十六《翰苑续集》卷之六,《四部丛刊》景明正德本):"云林先生危公冢子,字於軮,自检讨奉常迁佐蓟州,先生时辞岭北行省左丞,独居房山。"危素于至正二十五年(1365)辞官,居房山,可知危玖最早于此年迁佐蓟州。

⑤ 据(清)凌扬藻《蠡勺编》卷15《元史》(《岭南遗书》本)载:"明年(洪武二年,1369)二月丙寅,开局天界寺,秋八月癸酉书成,纪三十七、志五十三、表六、传六十三,惟顺帝三十六年事迹无实录可征,复诏仪曹遣吕复、欧阳佑等十二人周行天下,凡涉史事者悉送上官,复至北平遣儒生危於軮等分行燕南北,凡诏令章疏及野史碑碣有涉蒙古书者。译而成文,畀至行中书,请官印封识达京师。"

⑥ 《全元文》第44册,第250页。

加封齐国公》。宋濂《碑铭》中提到危矸："游,登仕郎、大都路儒学提举,亦前年卒。"《碑铭》中宋濂自述该文作于洪武十年(1377),那么危矸当卒于洪武八年(1375)。

清吴升《大观录·明贤诗翰姓氏》①提到明代有"危太学进:公名进,字伯明,太朴子。诗列《光岳英华》三体诗中,其七言律音响琅琅,书有父风"。此危进又为何人?通过分析一些与他相关的诗歌,可探知大概信息。王翊《喜危伯明教授上京回诗以奉柬》:

> 大兄甲子甫周圆,又捧除书下日边。太守正悬高士榻,诸生竞设广文毡。池芹时雨添新墨,坛杏薰风拂旧弦。老病客窗依泮水,愿分馀润及同年。②

该诗作者王翊生卒年不详,《元诗选》中注:王翊,字伯良,为至正进士。诗中提到王翊与危进为同年,而危矾为至正二十年(1360)进士,危矸未中进士,又早卒,因此,或许可以推断危进就是危矾,入明后因为某种原因而改名。

四　危素入明著述考

长期以来,因危素官仕明朝,遭到不少文人学士的嘲讽,影响了人们对他著作的关注,以致散佚严重。其文集《说学斋稿》及诗集《云林集》皆为元时所作,文集明初就已散佚,明嘉靖三十八年(1559)归有光从吴氏借抄危素文稿,才得以保存其中一部分。一般认为,危素入明后著作保留下来的极少,笔者在阅读过程中发现六篇危素文章,当为其入明后著述,考证如下:

（一）约于洪武初作《云阳集序》

序云:"君之于文,卫道甚严,书事有法,有纡徐开朗之气,无钩棘骫骸之态,流布于四方者不少,夺攘毁弃,仅存什一于千百。其孤位衔哀邻境,衷辑成编,然多避地所作。新安俞君子懋来镇永新,将刻而传之,属张、揭两公薨逝已久,不及观君之晚节而一览斯文,非可叹哉?"③《云阳集》提要云:"《云阳集》十卷,元李祁撰。祁,字一初,别号希蘧,茶陵人。元统元年进士,除应奉翰林文字,改授婺源州同知,迁江浙儒学副提举,以母忧解职。会天下已乱,遂隐永新山中。元亡,自称不二心老人,年七十馀乃卒……初,明兵至永新,

---

① (清)吴升:《大观录·明贤诗翰姓氏》卷10,民国九年武进李氏圣译廎本。
② (清)顾嗣立、(清)席世臣编:《元诗选 癸集》下,中华书局2001年版,第1168页。
③ 《全元文》第48册,第258页。

祁中刃僵道,左千户李子茂①询知为祁,舁归,礼待之。虽幸不死,然洪武中征召旧儒,祁独力拒不起,子茂重其为人,祁殁之后,子茂为刻其遗集十卷。"②又《元书》载:"……元亡,自称不二心老人。明初,以耆儒召,祁力拒不起,年七十余卒。"③又《永新县志》:"元李祁,字一初,茶陵人……洪武初年有云阳希蘧等集行世。"④李祁《云阳集》刻于其殁之后,那么此序当作于洪武初。

(二)约于洪武初作《西台恸哭记注跋》

跋云:"文丞相忠义明白,世多为之记载。礼部侍郎邓公光荐作《续宋书》最为详备,文公之将校名姓往往在焉。然不及于宾客,故谢皋羽先生几失其传。赖其遗文多传于学者,而《西台恸哭记》则有张丁为之注释,考订精密,儒林称之……前史官临川危素识。"⑤至元二十八年(1291),谢翱登浙江桐庐县西富春山之西台,悼念文天祥,作《西台恸哭记》,张丁为之作注。国图08266明抄本《登西台恸哭记注》有唐肃跋,署作于洪武四年(1371);胡翰序,署作于洪武二年(1369)。危素跋署"前史官临川危素",推知其跋亦作于明初。

(三)洪武二年作《送郑叔车还乡序》

序中云:"太常博士郑涛(字仲舒)因战乱十年不得闻于家。至正二十八年(洪武元年),明军破大都,郑涛扶病抵金陵,子郑枋(字叔车)自浦江沿途寻访,父子相聚于金陵。将还,能文者咸作诗以送别,危素作序。"⑥苏伯衡为张孟兼⑦《送郑叔车还乡》作序云:"浦江义门郑君仲舒北仕于燕,二十有余年,不闻问亦且十年,仲舒之子叔车居常皇皇如也。王师既下燕,叔车即告行于尊长,往迎方燕之下也。凡在仕籍者,徙而处之汴京者有之,徙而处之两淮者有之,挟而致之南京者有之,而踪迹仲舒之所之,言人人殊,或言南京,或言两淮,或言汴京,又或言于时仲舒已解官不在行间,仍留燕也。然言之南京者十五六,从者惑所之,叔车曰:'古人之寻其亲也,无方而获见焉者多矣,况我父有方乎!燕

---

①危素文及《永新县志》中皆为"俞子懋",此当四库本之误。
②《文渊阁四库全书》集部五·别集类四。
③(清)曾廉:《元书》卷91,清宣统三年刻本。
④(明)龚锡爵:《永新县志》,明万历六年刻本。
⑤《全元文》第48册,第265页。
⑥同上书,第181页。
⑦张丁,字孟兼,以字行。

也、汴也、淮也、南京也,吾无不之焉,则吾父当无不见焉,又奚惑?'乃行,行次京口,遣从者走南京访焉,比从者至于南京,则仲舒之于南京也二日矣,方卧病逆旅,从者以告叔车,叔车兼程而至,仲舒见而悲,悲而喜,喜而不知病之去体也……明年春,仲舒谋归拜其先人墓,勿克,命叔车代之,行,张孟兼氏与叔车居同邑且亲,喜其能子也,为诗以饯之,率诸缙绅和之而属余序之。"①从上可知,郑氏父子于至正二十八年(1368)相见于南京,次年还乡。另高启有诗《金华郑叔车父仲舒仕燕十年不得闻,元年,南北既通,叔车即往省,至京师遇焉,时仲舒方卧病,叔车侍养久之,仲舒命归祀先茔,将行,赋诗送之》为辅证,可知此文作于洪武二年(1369)。

(四)洪武三年作《济南府治记》

危素《济南府治记》曰:"天子即位之二年,敕海内郡县皆建公署,以骇众观,仍命中以图式示四方。事竣,俾刻石以纪岁月,并载什用之物……洪武三年正月,翰林侍讲学士临川危素记。"②可知此文作于洪武三年(1370)。

(五)约于洪武三年作《丹崖集序》

序云:"未几杨君物故,处敬亦来应聘,始相识。又得其文一卷,纡徐而辩博,征诸理无悖焉者,乃益信杨君之鉴裁,喜处敬之劬学……前太史临川危素秦淮旅舍书。"③文末危素署"前太史临川危素秦淮寓舍书",应为入明之后在南京所作,当在出居和州之前。又《明史·唐肃传》:"洪武三年用荐召修礼乐书,擢应奉翰林文字。"④文中"处敬亦来应聘"当指此事。

(六)洪武五年正月十日撰《炬法师塔铭》

(明)徐一夔《始丰稿》卷六:"宝石山苏师以临川危公所撰《炬法师塔铭》装潢成卷,持以示余曰:'此危公垂殁之笔也。'其文总若干字,而点窜又计若干字。字大如蝇头,而兼用行草。其孤於识其后曰:'此文洪武五年正月十日先君子所作,是月二十又五日,以疾终。今以此文寄其徒秋岩昆仲,用先君子之意。'於,今为安庆府教授;秋岩,则苏师字

---

① (明)张孟兼:《白石山房逸稿》卷上,文渊阁四库全书本。
② 《全元文》第48册,第371页。
③ 同上书,第259页。
④ 《明史》卷285,列传第一百七十三。

也。予以此本乃公未脱稿之文,行草兼用,且加点窜,读者难认。取今天界寺住持泐公所为行状,正其差讹,命诸生方质录于稿本之后,以便读者。且属苏师,请善书者登其文于石,而以稿本留于山中,使后人见公当垂殁之际,其文与字画不苟如此。公以文章翰墨名世,著作既稿,而楷、行、草三体并臻于妙。凡世臣大家,释老寺观,穹碑短碣,多出公手。至于遐方裔壤,得其片言只字,莫不宝以为玩。当时号称辞翰两绝。公凡为文,既脱稿,类皆楷书登石。此文如其弧所志,去捐馆之日十又五日尔,盖以病,仅克属稿,不及别书也。因识于卷末,以归苏师。八年十月。"[①]可知,此文为危素生前最后一篇文章。

以上对危素生平、家世、子嗣、入明著述作了综合考证,以期研究者对危素有更准确客观的了解。

【作者简介】 王若明(1979—),女,吉林敦化人,内蒙古民族大学文学院副教授、北京师范大学古籍与传统文化研究院博士生。

---

①清《武林往哲遗著》本。

•经学及理学研究

元人现存《易》学著作的文本考察*

韩格平

【提要】 现存元人《易》著与《易》序,是元代易学研究的主要文本。本文在核查海内外古籍目录著作相关著录、确认现存元人《易》学著作数量、查阅相关各书主要版本、收集现存《易》著序跋的基础上,着重介绍了现存元人《易》著的存世情况和元人《易》序的基本内容。本文有助于人们更好地利用现存元代《易》学文本,以及更为全面地了解元代《易》学著作的整体风貌。

【关键词】 元代;《易》学;版本;序跋

一 前言

元世祖忽必烈至元八年(1271)十一月颁布《建国号诏》曰:"可建国号曰大元,盖取《易经》'乾元'之意。"②有元一代,《易经》为朝野上下所重,君臣议政,士子撰文,多取《易》文为据,即如白珽皇庆元年(1312)所云"迩年以来,谈《易》者棼棼藉藉"③,研读《周易》成为一代时尚。亦如郑玉《周易大传附注自序》所云:"天地万物之理,古今万事之

---

*基金项目:本文为2012年国家社科基金重大项目"现存元人著作(汉文部分)总目提要"(项目号12ZD157)研究成果之一。
②(明)宋濂等:《元史》,中华书局1976年版,第138页。
③(元)白珽:《大易集说序》,引自李修生主编《全元文》第13册,凤凰出版社2004年版,第292页。

变,《易》无所不具;吉凶消长之故,进退存亡之几,《易》可前知。所以为洁净精微之教,而示人以'开物成务'之道也。《易》其可一日不讲乎!"①郑文作于至正十七年(1357)秋,元人重视《易》学可见一斑。元祚虽短,元人治《易》论著甚丰。时至今日,元人《易》学著作大多亡佚,然尚存者亦颇可观。本文参稽前贤诸说,核以所知所见,就现存元人《易》学著作略予介绍,期望有助于人们更为真切地了解元代《易》学风貌,以对当前日渐兴盛的元代《易》学研究略尽绵力。

二 现存元人《易》学著作文本简述

明修《元史》,未及编纂《艺文志》。黄虞稷《千顷堂书目》、倪灿、卢文弨《补辽金元艺文志》、金门诏《补三史艺文志》、钱大昕《补元史艺文志》等广为搜集元人著作,颇便学人。今人据以增删订补,渐趋完备。雒竹筠、李新乾《元史艺文志辑本》著录元人《易》学著作215种,其中存世38种;②黄沛荣《元代〈易〉学平议》著录元人《易》学著作240种,其中确有流传者57种;③陈宁宁、周铁强等编辑《易学专著总目》著录元人《易》学著作169种,其中存世40种。④ 今将所见34位作者的44种著作简述如下。前人归入子部诸书(如俞琰《易外别传》一卷、李道纯《周易尚占》三卷、刘因《椟蓍记》一卷、鲍云龙《天原发微》、陈致虚《周易参同契分章注》三卷等)未予收录;已知存世但未经核验者(如郑滁孙《大易法象通赞》七卷等)暂付阙如。

周易集说四十卷 俞琰撰

有《通志堂经解》本、《四库全书》(以下简称《四库》)本。卷首有元贞丙申(1296)五月俞氏自序、皇庆癸丑(1313)四月俞氏后序,后者谓"自至元甲申(1284)集诸说之善而为之说,凡四十卷,因名之曰《周易集说》云"。纳兰成德序谓俞氏《易图纂要》一卷、《易外别传》一卷附于本书,而今本无。朱彝尊《经义考》卷四十另有至大庚戌(1310)冬,资善大夫汉东孟淳能静序;有至大庚戌(1310)冬至,王都中序;有皇庆元年(1312)春,将仕

---

① 引自李修生主编《全元文》第46册,第322页。
② 雒竹筠遗稿,李新乾编补:《元史艺文志辑本》,燕山出版社1999年版,第1—21页。
③ 黄沛荣:《元代〈易〉学平议》,载《元代经学国际研讨会论文集》,台湾"中央"研究院中国文哲研究所,2002年,第159—194页。
④《中华易学大辞典》编辑委员会编:《中华易学大辞典》,上海古籍出版社2008年版,第1022—1028页。

郎、江浙等处儒学副提举白珽序；有皇庆二年（1313）七月，张瑛序；有至治壬戌（1322）春，中顺大夫、佥江南浙西道肃政察访司事李克宽书于吴江驿之序；有至治二年（1322）春，里人颜尧焕明可序；有至治壬戌（1322）冬，浦城杨载仲弘序；有泰定元年（1324）十月，黄溍序；①有至正六年（1346）七月，干文传寿道序。严绍璗《日藏汉籍善本书录》（以下简称《日藏汉籍》）谓静嘉堂文库藏元至正八年至十六年（1348—1356）存存斋刊本附有《易图纂要》一卷、《易外别传》一卷，有"嗣男仲温校正，命儿桢缮写，谨锓梓于家之读易楼。至正八年岁在戊子十二月廿五日谨志"等三条刊语。②《中国古籍善本书目》（以下简称《中善》）有元至正九年（1349）俞氏读易楼刻公文纸印本，残十一卷，藏国家图书馆；清钞本十五卷，藏中国社会科学院图书馆；清钞本，残十四卷，藏上海图书馆。又，台湾"国家"图书馆藏有至正十年（1350）俞氏读易楼刊本残一卷（象传卷上）。据版式及刊语，北京国家图书馆、台湾"国家"图书馆藏元刊残本与静嘉堂所藏当为同一版本。

读易举要四卷　俞琰撰

有《四库》本，为《永乐大典》辑本。《中善》有清钞本残二卷（《四库》底本），藏上海图书馆。《中国古籍总目》（以下简称《古总》）有清丁氏八千卷楼抄本，藏南京图书馆。

周易象义十二卷　丁易东撰

有《中华再造善本》影印国家图书馆藏元刻本。卷首有至元甲午（1294）春刘辰翁序、至元二十八年（1291）三月李珏序、至元年间章鉴序、丁易东柔兆阉茂（丙戌，至元二十三年，1286）蕤宾（五月）甲午自序及又序。书末有丁易东昭阳协洽（癸未，至元二十年，1283）候豫卦所作后序。有《四库》十六卷本，《四库全书总目》称其为《永乐大典》辑本。馆臣称："然世仅存十之二三，又非彝尊之所见。惟散见《永乐大典》中者，排比其文，仅缺豫、随、无妄、大壮、睽、蹇、中孚七卦及晋卦之后四爻，馀皆完具。与残本互相参补，遂还旧观。以篇页颇繁，谨析为一十六卷，以便循览。"③经馆臣"参补"，《四库》本尚缺豫、随、无妄三卦。国图素刻本与《四库》本基本内容相同，亦缺豫、随、无妄三卦，而文字稍有差异（如元刻本贞字缺末笔，书末丁氏后序署为"昭阳协洽候豫外武林丁易东后序"，《四

---

①按，《经义考新校》署为"嘉定元年十月"，校语云"文渊阁《四库》本误作泰定"。嘉定为宋宁宗年号，元年为 1208 年，其时俞琰尚未出生，故从《四库》本作"泰定"。
②严绍璗：《日藏汉籍善本书录》，中华书局 2007 年版，第 14—15 页。
③（清）永瑢等：《四库全书总目》，中华书局 1983 年版，第 21 页。

库》本侯作候、外作卦)。《中善》又著录有清张氏爱日精庐抄本十六卷,南京图书馆藏;清抄本十六卷,中山大学图书馆藏。《日藏汉籍》著录静嘉堂文库藏有文澜阁传写本十六卷。①

大衍索隐三卷　丁易东撰

有《四库》本,为《永乐大典》辑本,馆臣归入子部术数类。考大衍之义为《易》学重要命题,故从黄虞稷、倪灿、卢文弨、钱大昕、朱彝尊诸说归入经部易类。

易图通变五卷易筮通变三卷　雷思齐撰

有《四库》本。卷首有至元丙辰(按:至元无丙辰,当有字误)嗣天师简斋张宗演序、至顺三年(1332)三月揭傒斯序、至顺三年(1332)六月吴全节序、大德庚子(1300)雷思齐自序。有《通志堂经解》本,未收录《易筮通变》三卷。有《道藏》本。《中善》著录有明天一阁抄本五卷,藏上海图书馆;有明抄本五卷,藏北京大学图书馆。

读易私言一卷　许衡撰

有《通志堂经解》本、《学海类编》本、《四库》本等。又收录于元苏天爵《元文类》卷四十四。本文始收录于许衡《鲁斋遗书》卷六,后人辑出单行。《鲁斋遗书》卷六尚有《阴阳消长》《揲蓍说》二文,可参阅。

周易本义附录纂注十五卷　胡一桂撰

有《通志堂经解》本、《四库》本。有日本文化十一年(1814)江户昌平阪学问所据《通志堂经解》本重刊四册本,藏日本名古屋市蓬左文库、静嘉堂文库、东京都立中央特别买上文库、新潟大学、早稻田大学及我国台湾大学等处。《中善》著录元刻本残三卷,藏四川图书馆。《古总》有清抄本二卷,藏上海图书馆。另,名古屋市蓬左文库藏有胡一桂《周易筮义》一卷附《变卦》一卷,为室町中期钞墨界十行本,题骏河御让本,一册。考该书未见历代著录,待讨。

周易本义启蒙翼传四卷　胡一桂撰

有《中华再造善本》影印上海图书馆藏元刻本。卷首有"皇庆癸丑岁(1313)一阳来

---

①严绍璗:《日藏汉籍善本书录》,中华书局2007年版,第14页。

复之日新安后学胡一桂庭芳父序"。有《通志堂经解》本,题为《周易发明启蒙翼传》三卷《外篇》一卷。有《四库》本,题为《周易启蒙翼传》四卷,缺元刻本、《通志堂经解》本卷首目录。《中善》著录有元刻本残三卷,藏宁波天一阁;有明刻本,藏北京大学、清华大学、徐州市图书馆、安徽省博物馆等处。又,日本东京大学东文研藏有清嘉庆十七年(1812)胡氏庆馀堂刻本一帙八册。《日藏汉籍》著录内阁文库藏有元皇庆年间刊本两部。① 据其提要,该书与上海图书馆藏元刻本当为同一版本。

周易本义附录集注十一卷卷首一卷　张清子撰

有《日本宫内厅书陵部藏宋元版汉籍选刊》影印该处所藏元刊本。卷首有张氏自序,署为"大德癸卯(1303)冬至建安后学中溪张清子谨志"。详情可见顾永新撰该书《影印说明》。②《日藏汉籍》谓书陵部"此本系元代张氏刊本初印本,尤可珍秘"。同时,著录御茶之水图书馆藏有元张氏刊本后印本四册、静嘉堂文库藏周松霭影写元刊本四册。③ 按,张清子事迹仅见于朱彝尊《经义考》卷四十四。

易纂言十二卷卷首一卷　吴澄撰

有《通志堂经解》本。书末有"至治癸亥(1323)五月五日观生(按:疑为皮达观。吴澄《皮达观诗序》有言:'迩来太极先天之理融液于心,视故吾又有间矣。')谨志"之跋,称"先生著是书几四十年,其间稿成改易者凡数四。壬戌(1322)秋,书成,然未尝以示人。明年春,观生固请锓诸梓以惠学者,先生幸慨然许之⋯⋯"④有《四库》本。《中善》著录有明万历刻本,藏中国社科院历史所、山东省图书馆。⑤《总目》著录有清翻刻明本,藏上海图书馆;清初抄本不分卷,藏山东省图书馆。《日藏汉籍》著录日本尊经阁文库藏有明万历年间刊本七册,静嘉堂文库藏有明刊十卷本二册。⑥ 又,日本东北大学藏有市川匡标注,安永八年(1779)誊写市川鸣鹤稿本五册;日本早稻田大学藏有徂徕先生真迹跋本五册。

---

① 严绍璗:《日藏汉籍善本书录》,中华书局 2007 年版,第 15 页。
② 顾永新:《〈周易本义附录集注〉影印说明》,《日本宫内厅书陵部藏宋元版汉籍选刊·周易本义附录集注》,上海古籍出版社 2013 年版,第 1—7 页。
③ 严绍璗:《日藏汉籍善本书录》,中华书局 2007 年版,第 18—20 页。
④ (清)纳兰性德:《通志堂经解》第 3 册,广陵书社 2007 年版缩拼影印清刊本,第 114 页。
⑤ 据谢辉相告,范邦瑾《美国国会图书馆藏中文善本书续录》还著录有明万历刻本一部。
⑥ 严绍璗:《日藏汉籍善本书录》,中华书局 2007 年版,第 16 页。

易纂言外翼八卷　吴澄撰

有《中华再造善本》影印中国国家图书馆藏元刻本。卷首作者自序云"纂言者何？临川吴澄纂昔人今人之言以释羲文周孔之《易》也。外翼者何？言之夫备未明者。辑成类例，缀于所释经传之后，犹鸟翼之傅身外而为之左右也"，继而介绍本书十二篇篇旨。① 有《四库》本，《四库全书总目》称其为《永乐大典》辑本。馆臣称："此书则传本渐罕，近遂散佚无存……今缺卦变、变卦、互卦三篇，易流缺半篇，易原疑亦不完。"② 经与元刻本相校，《四库》本尚多有佚缺。《古总》著录有清道光十五年（1835）刻本，藏上海图书馆、山东省图书馆；《易纂言外翼》八卷《校勘记》一卷（魏元旷校勘），有《豫章丛书》本。《日藏汉籍》著录日本静嘉堂文库藏有文渊阁传写本二册。③ 又，日本东北大学亦藏有清道光十五年（1835）刻本五卷一册。

新刊周易纂言集注四卷首一卷　吴澄撰

有东北师范大学图书馆藏明嘉靖元年（1522）宗文书堂刻本。黑口，四周双边，双顺黑鱼尾。序文半页九行，行十七字；正文半页十行，行二十一字。卷首有《周易纂言集注序》，署为"成化三年丁亥（1467）正月己卯吉旦后学莆田翁世资序"。有跋文曰："《周易纂言》，是书出自元儒吴澄所著，至成化年间复出有京本。且书坊乃谓：古今书籍，积聚之、所求之易，无有也坊间。江湖逸士郑君伯刚者，因赴京华，得获是书。玩其词而味其意，乃倍其价而易之归。筵沧溪周先生点校明尽，命工不日刊刻完备。盖欲以广天下穷是经君子之意也，抑亦发挥吴先生著书之意灿然复明于世矣。咦！郑君用心之忠厚有如此夫。予固滥跋于是。嘉靖元年（1522）孟秋月宗文书堂刊行。"有"嘉靖元年孟秋宗文书堂刊行""宗文书堂谨依京本绣梓刊行""嘉靖元年孟秋宗文书堂新刊"牌记。正文题"新刊周易纂言集注卷之一"，署"后学临川草庐吴澄学著"。④ 台湾"中央"研究院傅斯年图书馆藏有明天顺年间（1457—1464）刊本八册，首有天顺年间□世资序，书末缺页。

周易系辞述二卷　保八撰

有《中华再造善本》影印中国国家图书馆藏元刻本（残）。前有残序两页（四面）。正

---

① （元）吴澄：《易纂言外翼》卷首，《中华再造善本》，北京图书馆出版社2004年版。
② （清）永瑢等：《四库全书总目》，中华书局1983年版，第23页。
③ 严绍璗：《日藏汉籍善本书录》，中华书局2007年版，第16页。
④ （元）吴澄：《新刊周易纂言集注》，东北师范大学图书馆藏明嘉靖元年（1522）宗文书堂刻本。

文始于《系辞》"是故君子所居而安者,易之序也;所乐而玩者,爻之辞也",句末有双行小字注释。止于《杂卦》"小畜,寡也。履,不处也"。①

易原奥义一卷周易原旨八卷　保八撰

有《四库》本。卷首有保八《进太子笺》。《总目》著录北京大学有清影抄元本《易原奥义》一卷;有清影抄元本《周易原旨》六卷、清乾隆四十七年(1782)后抄本《周易原旨》八卷。《经义考》卷四十五有任士林序与牟𪩘跋。②《日藏汉籍》著录日本静嘉堂文库藏有陆心源手识旧写本《周易原旨》六卷、《易原奥义》一卷,谓:"是书有任士林序,并牟𪩘跋。跋文后署'丙午明年(1307)春熟食日,年八十有一'。"③《易原奥义》又作《易源奥义》,保八又作保巴、宝巴。《易原奥义》《周易原旨》又统名《易体用》,任士林《易体用序》载其别集《松乡集》卷四。

读易考原一卷　萧汉中撰

有《四库》本。馆臣谓:"明初朱升作《周易旁注》,始采录其文,附于末卷。升自记称谨节缩为上下经二图于右,而录其原文于下,以广其传。则是书经升编辑,不尽汉中之旧。今升书残缺,而汉中书反附以得存,此本即从升书中录出别行者。"④另有朱升《萧汉中读易考原序》,其文曰:"《周易》卦序之义,自韩康伯、孔颖达以来,往往欲求之孔圣《序卦传》之外,程朱诸儒用意尤笃。至于临川吴先生《卦统》之序述,亦可谓求之至矣,而其中间精密比次之故,则犹有未当于人心者。愚求之半生,晚乃得豫章萧氏《读易考原》之书,以为二篇之卦,必先分而后序,闳奥精粹,贯通神圣,诚古今之绝学也。谨节缩为上下经二图于右,而录其全文于下,以广其传于不朽云。汉中字景元,吉之泰和人,其书成于泰定年间(1324—1327)。"⑤《古总》著录有清翻刻明成氏本,藏上海图书馆;清抄本,藏南京图书馆;有《读易考原》一卷(萧汉中)《校勘记》一卷(魏元旷),《豫章丛书》本。

易学启蒙通释二卷　胡方平撰

有《中华再造善本》影印中国国家图书馆藏元刻明修本。卷首为熊禾残跋,始于"不

---

① (元)保八:《周易系辞述》,《中华再造善本》,北京图书馆出版社2004年版。
② 林庆彰等主编:《经义考新校》第三册,上海古籍出版社2010年版,第819页。
③ 严绍璗:《日藏汉籍善本书录》,中华书局2007年版,第16页。
④ (清)永瑢等:《四库全书总目》,中华书局1983年版,第25—26页。
⑤ 引自李修生主编《全元文》第46册,凤凰出版社2004年版,第472页。

假安排,天地之间,开眼即见",署为"壬辰(1292)仲夏望日后学武夷熊禾跋";次为《启蒙所引姓氏》《通释所引姓氏》;次为《易学启蒙序》,署为"淳熙丙午(1186)莫春既望云台真逸手记(按:四库馆臣已辨此序署名有误)"。① 有《通志堂经解》本,卷首有《易学启蒙序》,亦署为"淳熙丙午莫春既望云台真逸手记";书末有刘泾跋,署为"至元壬辰(1292)季夏刘泾楫之谨跋",有熊禾跋。② 有《四库》本。又,胡次焱撰有《启蒙通释序》,载其别集《梅岩文集》卷三;《跋胡玉斋启蒙通释(至元壬辰七月)》,载其别集《梅岩文集》卷七。《中善》著录有明朱谧述解明刻本,藏南京图书馆;清嘉庆十五年(1835)庆馀堂刻本,藏杭州大学图书馆。《日藏汉籍》著录尊经阁文库藏元至元二十九年(1292)熊禾刊本二册,谓"首有跋文二则,题署'至元壬辰季夏朔云庄侈人刘泾楫之谨跋'及'壬辰仲夏望日后学武夷熊禾'";著录东京都立中央图书馆藏元致和元年(1328)环溪书院覆至元刊本二册,刘泾跋文改署为"致和戊辰季夏朔环溪书院重刊谨跋"。③

周易程朱传义折中三十三卷　赵采撰

有《四库》本。卷首有作者自序,署为"赵采德亮原序"。一九三一年《三台县志》、四库本《四川通志》载有赵采此序,后者署为"后学潼川赵采德亮谨序"。④《中善》著录有清陈氏运甓斋抄本,有陈跋,藏天一阁文物保管所。又,台湾"国家"图书馆藏有旧钞本八册,卷首自序题"后学潼川赵采德亮谨序",有"翰林院印"满汉朱文大方印。

周易衍义十六卷　胡震撰

有《四库》本。卷首有《周易衍义原序》,署为"大德乙巳(1305)良月将仕佐郎南康路儒学致仕教授深溪胡震序"。次为胡震之子光大附语,谓"先子生平嗜书,贯穿经史,暮年尤研心《周易》,述为《衍义》,几成书而下世……先子弃背殆将十载,甫克遂成先志,纂集成编。"《中善》著录有清抄本,不分卷,藏福建师范大学图书馆。谢辉称"除了较为通行的四库本外,目前所知《衍义》传世者尚有三个抄本,分藏福建师范大学图书馆、韩国延世大学图书馆与日本京都大学文学部图书馆",且对三个抄本均有详细介绍。⑤

---

①(元)胡方平:《易学启蒙通释》,《中华再造善本》,北京图书馆出版社2005年版。
②(元)胡方平:《易学启蒙通释》,《通志堂经解》,清康熙十九年(1680)通志堂刊本。
③严绍璗:《日藏汉籍善本书录》,中华书局2007年版,第10—11页。
④引自李修生主编《全元文》第59册,凤凰出版社2004年版,第347—349页。
⑤谢辉:《〈周易衍义〉与义理易学在元代的发展》,载《元代文献与文化研究》第三辑,中华书局2015年版。

大易辑说十卷　　王申子撰

有《通志堂经解》本。卷首有三序,分别署为"大德七年(1303)良月朔广平程文海书""大德辛丑(1301)日长至昌元王履序""延祐三年(1316)十一月望日前进士长沙李琳书"。又有《续刊大易辑说始末》,署为"延祐丙辰(1316)日长至承直郎前常德路总管府推官居延田泽拜首谨书"。《经义考》卷四十四有吴澄、邓从仕评语。① 有《四库》本。《中善》著录有清抄本,藏天津图书馆。王重民《中国善本书提要》著录北京图书馆藏有钞本(十二行二十二字)四册。按,该钞本后归台湾"国家"图书馆,现已移入台北故宫博物院图书馆。

周易本义集成十二卷　　熊良辅撰

有《中华再造善本》影印中国国家图书馆藏元刻明修本。卷首有序,署为"有宋元符二年己卯(1099)□□庚申河南桂颐序"。序文文字多有残缺,"河南桂颐"事迹无考,且本书成书于至治二年(1322),不应有二百余年前之序,故卷首序文待讨。② 次为正文《周易本义集成上经卷第一》,题为"南昌熊良辅编,泉峰龚焕校正"。龚焕字幼文,号泉峰,进贤(今属江西)人,事迹见《宋元学案》卷八三。有《通志堂经解》本。卷首有二序,分别署为"至治壬戌(1322)五月辛卯南昌后学乡贡进士熊良辅任重谨序""至治二年(1322)六月望日旰江陈桦孟实父书"。有《四库》本。《中善》著录有元刻明修本,藏国家图书馆、山东省图书馆(残)。台湾"国家"图书馆藏有清乾隆五十年(1785)内府刊本及清同治十二年(1873)粤东书局重刊本各一种。

周易本义通释十二卷辑录云峰文集易义一卷　　胡炳文撰

有《通志堂经解》本。卷首有作者自序,署为"延祐丙辰(1316)春新安后学胡炳文仲虎父序"。次为《周易总目》及《周易本义通释例》,次为《辑录云峰文集易义一卷》,前有九世孙胡珙识语。次为正文《周易本义通释卷一》,题为"新安云峰胡炳文通"。《四库全书》收录《周易本义通释》十二卷,缺卷首作者自序。《中善》著录有明胡珙辑嘉靖元年(1522)潘旦刻本,藏国家图书馆、常熟市图书馆、安徽省博物馆、南京图书馆。《古总》著录有清抄本,藏国家图书馆;有日本享和二年(1802)京都官版书籍发行所刊本,藏上海图

---

① 林庆彰等主编:《经义考新校》第三册,上海古籍出版社2010年版,第799页。
② 据谢辉相告,卷前序文非"河南桂颐",而是"程颐",此序即是《伊川易传》之序。

书馆、南京图书馆、山东省图书馆、北师大图书馆、日本国会图书馆。又,台湾"国家"图书馆藏有明嘉靖元年(1522)刻本、旧钞本四册、清乾隆五十年(1785)内府刊本、清同治十二年(1873)粤东书局重刊本;台大图书馆藏有日本享和二年(1802)刊本。《日藏汉籍》著录静嘉堂文库藏有明嘉靖年间(1522—1566)刊本十二册。① 又,日本多家图书馆藏有享和二年(1802)刊本。

大易象数钩深图三卷　张理撰

有《通志堂经解》本。有《四库》本。有《道藏》本。《中善》著录有明抄本,藏国家图书馆。《日藏汉籍》著录蓬左文库藏有明刊本三册(尾阳文库旧藏)。② 又,日本内阁文库、尊经阁文库、东洋文库等藏有明郭若维校《六经图》一卷本;静嘉堂文库藏有《大易图五种》本(十万卷楼旧藏)。又,台湾"国家"图书馆藏有清乾隆五十年(1785)内府刊本、清同治十二年(1873)粤东书局重刊本。③

易象图说内篇三卷外篇三卷　张理撰

有《通志堂经解》本。卷首有《易象图说序》,署为"至正丁酉(1357)秋七月昭武紫云山人黄镇成谨序";有作者自序,署为"至正二十有四年青龙甲辰(1364)三月上巳日清江后学张理书于三山之艮所"。另有贡师泰《易象图序》,其文略曰:"清江张理仲纯读《易》而有得焉,于朱子《本义》所列九图之外,复推演为图一十有二,以明阴阳、刚柔、奇偶之象,然后动静、阖辟、往来、交互、变易、纵横、上下坦然明著矣。"④另有蒋易《周易象数图说序》,其文略曰:"今仲纯乃复者,悟于《龙图》之数而得,又交十合二八摩荡之妙,作为图说,携以示予。为之反复探玩,而知其用意之所在。虽其说不本邵子,然象、数既陈而义理昭著,要不害为一家之言也。"⑤有《四库》本(入子部术数类)。有《道藏》本。又,静嘉堂文库藏有《大易图五种》本(十万卷楼旧藏)。又,台湾"国家"图书馆藏有清乾隆五十年(1785)内府刊本、清同治十二年(1873)粤东书局重刊本。

---

①严绍璗:《日藏汉籍善本书录》,中华书局2007年版,第16—17页。
②同上书,第20页。
③据谢辉相告,王铁《宋代易学》以为《大易象数钩深图》非张理所著,学界目前对此看法比较认可。
④引自李修生主编《全元文》第45册,凤凰出版社2004年版,第167页。
⑤引自李修生主编《全元文》第48册,凤凰出版社2004年版,第36页。

学易记九卷　李简撰

有《中华再造善本》影印中国国家图书馆、辽宁省图书馆藏元刻本。卷首有《学易记序》，署为"信都后学李简序"。有《通志堂经解》本。卷首有《学易记序》，署为"中统建元庚申（1260）秋七月望日信都李简序"。有《四库》本。《古总》著录有明配清抄本，藏南京图书馆。又，台北故宫博物院藏有乌丝栏钞本八册；台湾"国家"图书馆藏有清乾隆五十年（1785）内府刊本、清同治十二年（1873）粤东书局重刊本。

周易会通十四卷　董真卿撰

有《中华再造善本》影印中国国家图书馆藏元刻本。卷首有《周易经传集程朱解附录纂注序》，署为"天历初元苍龙戊辰（1328）天开之月阳复后十日庚辰后学鄱阳董真卿季真父自序于审安书室"。序后有其子董僎记语，署为"元统二年岁在甲戌（1334）九月朔旦男僎百拜专记"。有《通志堂经解》本，题为《周易经传集程朱解附录纂注》（一作《周易会通》）十四卷首一卷。有《四库》本。《中善》著录有元刻本，藏国家图书馆、中国历史博物馆（残）、中国社科院民族所、上海图书馆、吉林省图书馆（残）、曲阜文管会、中国社科院图书馆；明洪武二十一年（1388）建安务本堂刻本，藏上海图书馆；明刻本，藏山东图书馆（残）。《古总》著录有元刻本，藏北京市文物局；有明洪武二十一年（1388）建安务本堂刻本，藏日本国会图书馆；有元后至元二年（1336）翠岩精舍刻本，藏日本东洋文库。《日藏汉籍》著录东洋文库藏有元后至元二年（1336）翠岩精舍刻本十六册（岩崎久弥旧藏）；日本国会图书馆藏有明洪武二十一年（1388）覆元后至元二年（1336）翠岩精舍刊本十六册。① 又，台北故宫博物院藏有朝鲜旧刊本（存首五卷），元统二年（1334）董僎闽中刊本十六册，明洪武二十一年（1388）建安虞氏务本堂重刊本；台湾"国家"图书馆藏有清乾隆五十年（1785）内府刊本、清同治十二年（1873）粤东书局重刊本。

勿轩易学启蒙图传通义七卷　熊禾撰

有《续修四库》影印国家图书馆藏书钞阁影元钞本（即《中善》著录之清抄本）。卷首有《勿轩易学启蒙通义序》，署为"大元至正癸巳（1353）仲秋既望曾孙熊玩谨序"。次为正文《勿轩易学启蒙图传通义》卷之一，题为"建安后学鳌峰熊禾去非述"。卷一中《原易卦第二》，即熊氏《勿轩集》之《易卦说》。

---

① 严绍璗：《日藏汉籍善本书录》，中华书局 2007 年版，第 17—18 页。

易经训解四卷　熊禾撰

有《续修四库》影印复旦大学图书馆藏明崇祯十六年(1643)刻本(即《中善》著录之明崇祯十六年刻本)。卷首有残序,署为"大明崇祯癸未(1643)秋七云间后学陈子龙卧子题于岳襄堂"。次为程颐《周易序》,次为《易经训解总目》。次为《易经训解》正文,题为"宋先儒熊禾勿轩氏训解,明后学陈子龙卧子父订定"。

太易钩玄三卷　鲍恂撰

有《续修四库》影印国家图书馆藏清钞本(即《中善》著录之清钞本)。卷首有《太易钩玄序》,其文略曰:"然《易》之精者,独鲍氏得其所传之妙□,而勿行于世。先生崇德人,姓鲍名恂,字仲孚,元乙亥(1335)进士也。深得太易之旨,乃作是书,以宣太易之道,名曰《学易举偶》,而授之连山陈先生亮,亮授之建安赵先生志道,志道授之黄州程先生伯昌。先生名蕃,生于至元十七年(1280)丁酉。生而英爽超卓,颖悟且奇,贯通三氏之学,深得太易之旨,而合乎神明之德。出于人也,大不凡矣,可谓奇士也。于是重加订正,以明圣人作《易》之心。□十年间,屡欲刊行而事不果,□非造化之秘而不然乎?咦!然鲍氏之书,非先生不足以发其蕴;今先生之传,非予不足以光先生之旨。传于方舆,继于万世,使先生之德与是书同其耿光于无穷焉,其有功于《易》也大矣。惜乎!《易》之学者,不能造其阃域;得其传者,莫过经学之大□儒者之门庭耳。入室之言未闻一语,此朴子所谓'在纱幌之外,不能察轩房之内'者也。徒揣渊妙于不测,推神化于虚诞。今观是书,则造其阃域有是望矣。乃命寿诸梓以示后学,更其名曰《太易钩玄》。是岁旃蒙单阏(乙卯)月在修玄(丙戌)朔有二日涵虚子臞仙(明宁王朱权)书。"①次为正文《太易钩玄》卷之上,题为"崇德鲍恂仲孚撰,黄州程蕃伯昌校正"。书末有"孙壮藏书印""国立北平图书馆收藏"二印。《四库存目》著录有鲍恂《学易举偶》三卷,为浙江吴玉墀家藏本。馆臣提要称"是书本名《学易举偶》,权为刊板,始更名《大易钩玄》"②。

周易集传八卷　龙仁夫撰

有《四库》本。《中善》著录有清影元抄本,有盛百二跋,藏上海图书馆。《古总》另著

---

① (清)朱彝尊《经义考》卷49摘引此序,参见林庆彰等主编《经义考新校》第三册,上海古籍出版社2010年版,第876页。
② (清)永瑢等:《四库全书总目》,中华书局1965年版,第50页。

录有明影抄元本，藏日本静嘉堂文库；①清乾隆五十三年（1788）后抄本，藏北京大学图书馆；清蒋光熙辑《别下斋丛书》本，藏国家图书馆；②清光绪十七年（1891）龙文彬永怀堂刻本，藏北京大学图书馆、湖北省图书馆；清抄本，藏北京大学图书馆、中国人民大学图书馆。又，台湾大学图书馆藏有清同治七年（1868）永新尹氏鼎吉堂刻本，附有补遗一卷考证一卷校正一卷。又，日本京都大学文学研究科、京都大学人文科学研究所、东洋文库等藏有《别下斋丛书》本；京都大学人文科学研究所藏有清同治七年（1868）鼎吉堂刊本2册；日本东北大学图书馆藏有鼎吉堂刊本4册。又，韩国延世大学中央图书馆藏有《别下斋丛书》本。

易精蕴大义十二卷　　解蒙撰

有《四库》本。《总目》著录有清乾隆年间翰林院抄本（《四库》底本），藏北京大学图书馆。《古总》著录有《易经精义旁训》三卷，解蒙精义，明朱升旁训，清光绪九年（1883）四川新都魏氏古香阁刻本，藏上海图书馆、四川省图书馆。《日藏汉籍》著录静嘉堂文库藏有陆心源十万卷楼旧藏文澜阁写本4册。③

直音傍训周易句解十卷　　朱祖义撰

台湾"国家"图书馆藏有清康熙年间安乐斋乌丝栏钞本十卷4册。正文卷端题"直音傍训周易句解卷之一，庐陵朱祖义子由"。《古总》著录有元泰定三年（1326）敏德书堂刊本，藏日本内阁文库；有日本小出立庭点，新井登佑校，日本宽文十一年（1671）吉野屋惣兵卫刻本，藏日本国会图书馆。《日藏汉籍》著录内阁文库藏有原昌平阪学问所等旧藏元泰定三年（1326）敏德书堂刊本1册，且云"日本灵元天皇宽文十一年（1671）吉野屋惣兵卫刊《直音傍训周易句解》十卷，此本全仿元泰定刊本，由日人小出立庭点、新井登佑校。桃园天皇宝历九年（1759）大阪野田庄右卫门刊《直音傍训周易句解》十卷。此本系宽文本之覆刊。其后，此本有浅野弥兵卫重印本"④。按，日本静嘉堂文库藏有宽文年间刻本3册；日本名古屋蓬左文库、东北大学图书馆藏有浅野弥兵卫重印本，前者为5册，后者为3册。

---

①严绍璗《日藏汉籍善本书录》（中华书局2007年版）第18页亦有著录。
②收入邓瑞全主编《中国易学文献集成》，国家图书馆出版社2013年版，第64页。
③严绍璗：《日藏汉籍善本书录》，中华书局2007年版，第20页。
④同上书，第15—16页。

周易图说二卷　钱义方撰

有《四库》本。卷首有《周易图说原序》,署为"至正六年龙集丙戌(1346)夏四月甲子前进士吴兴钱义方子宜父序"。又,日本静嘉堂文库藏有十万卷楼旧藏文澜阁传抄本1册及《大易图五种》本钱义方《周易图》。

周易爻变易缊四卷　陈应润撰

有《四库》本。卷首有《周易爻变易缊原序》,署为"至正丙戌(1346)正月既望中顺大夫秘书少监致仕金华黄溍序";有《周易爻变易缊自序》,署为"至正丙戌(1346)春正月初吉天台陈应润序";有《图说》一篇。《中善》著录有清抄本,藏南京图书馆。《古总》著录有影抄元刻本,藏日本静嘉堂文库。《日藏汉籍》著录静嘉堂文库藏有汪启淑等旧藏旧抄影写元刊本4册,首有《图说》一篇,并引陆心源《仪顾堂续跋》卷一著录此本云:"首有《图说》……《提要》不言有《图说》,未知与此同否。"①

周易文铨四卷　赵汸撰

有《四库》本。《古总》著录有民国间庐江刘氏远碧楼抄本,藏上海图书馆。

周易正训童子便不分卷　赵汸撰

《中善》著录有清抄本,藏上海图书馆。按,此书未见前人著录,待讨。

周易经义三卷　涂溍生撰

有《中华再造善本》影印中国国家图书馆藏元刻本。卷首有《周易经义总目》,谓"卷之一,上下经,凡七篇。卷之二,系辞上,凡三十二篇。卷之三,系辞下,凡二十七篇;说卦,凡六篇"。次为正文《周易经义卷之一》,题为"进士临川涂溍生拟"。书末有朱笔跋文云:"按朱竹垞《经义考》载涂溍生《易主意》一卷,已佚,而无此书。又引杨士奇之言谓《易主意》'专为科举设,近年独广陵谢子方有之,以教学者,于是吾乡学《易》者皆资于此',不知即此书耶? 抑别有其书也。溍生字自昭,宜黄人。《江西通志》称其'邃于《易》,三上春官不第,为赣州濂溪书院山长,著有《四书断疑》《易义矜式》行于世'。己亥(1839)十月望日,得此册于鬻古书者。尝质诸朱文游丈(名奂),亦未之见也。延陵吴翌

---

① 严绍璗:《日藏汉籍善本书录》,中华书局2007年版,第18页。

凤伊仲记。"吴翌凤字伊仲,号枚庵,嘉庆时诸生。少好学,手抄书数千百卷,多藏书家所未见。

周易经疑三卷　涂溍生撰①

有《续修四库》影印《宛委别藏》本。卷首有《周易经疑目录》,题为"至正己丑(1349)三月印行",目录卷之一列有"问乾元亨利贞""答"、"问仁义礼知""答"等117篇篇名,卷之二列有"彖言天地万物之情""咸解取象于拇""咸艮取象于腓"等37篇篇名,卷之二列有"乾坤曰易曰简同异""刚柔变化变通之象""问无咎何咎何其咎无大咎""又问"等83篇篇名。次为正文《周易经疑卷之一》,题为"进士临川涂溍生易庵拟"。台北故宫博物院图书馆藏有清嘉庆年间阮元进呈影抄元刊本1册,名《周易经疑》。

易经旁训三卷　李恕撰

有《续修四库》影印南通市图书馆藏明万历二十四年(1596)陈大科刻本。另有李恕《周易旁训自序》,其文略曰:"恕伏读三十年,常疑学者谓程《传》专主义理,《本义》专主卜筮,乃取二先生之书,熟玩而参考之。每程《传》有未安,《本义》必推原经旨,期于允当而后已。至于程《传》之巍然炳然者,《本义》初未尝别出新意。乃知《本义》所以补程《传》之遗,而于占筮犹拳拳者,亦因程《传》所略而著之,而后圣人吉凶与民同患之意始尽。学者徒见其异,不知合异乃所以为同也。余不谅浅陋,辄合程朱二家之说,及《本义附录》、《何氏发挥》、《大易萃言》、《南轩解义》诸书,节而一之,以为《旁训》。"②《中善》著录有明万历二十三年(1595)郑汝璧、田畴等刻《五经旁训》本,清李承澍批点,章钰跋,藏天津图书馆;有清翁方纲圈点,徐同柏跋,藏浙江海宁市图书馆;明万历二十五年(1597)吴有川刻本,藏广东省社科院图书馆。《古总》著录有明天启王氏刻《五经旁训》本《易经旁训》四卷,藏中国人民大学图书馆。又,台湾"国家"图书馆藏有明刊《五经旁训》三卷本(缺卷一、卷二)。

易学滥觞一卷　黄泽撰

有《四库》本。卷首有《易学滥觞原序》,署为"延祐第七(1320)立秋之后四日临川吴澄书于《易学滥觞》《春秋指要》之卷端"。书末有作者后序,署为"延祐七年(1320)夏五

---

① 本书承蒙孙剑秋、谢辉提示。
② 引自李修生主编《全元文》第35册,凤凰出版社2004年版,第317—318页。

资中后学黄泽敬书"。《古总》著录有《经苑》本（道光咸丰刻、同治印、民国补刻）;《涉闻梓旧》本（咸丰刻、民国影印）;《小万卷楼丛书》本（咸丰刻、光绪刻）;《学易六种》本（抄本）;咸丰间沈氏抱经楼抄本,藏上海图书馆。又,台湾"国家"图书馆藏有清道光八年（1828）福建重刊本;台湾大学图书馆藏有清咸丰元年（1851）海昌蒋氏宜年堂刊本。

易学变通六卷　曾贯撰

有《四库》辑《永乐大典》本,缺豫、随等八卦。《中善》著录有清抄本,存卷三至卷六,藏湖南省图书馆。《古总》著录有清翻刻明成氏本,藏上海图书馆;有抄本,藏国家图书馆;有《豫章丛书》本,附魏元旷校勘记。又,日本静嘉堂文库藏有十万卷楼藏旧抄本1册。

周易参义十二卷　梁寅撰

有《通志堂经解》本。卷首有作者自序,署为"临江后进生梁寅叙";该序作于"至元六年（1340）岁名商横执徐（庚辰）月名毕聚（甲寅,正月）"。有《四库》本。《中善》著录有明初刻本,藏国家图书馆（残）、上海图书馆;有天一阁抄本,藏上海图书馆;有翁同批注并跋本,藏国家图书馆;有清初抄本,藏辽宁省图书馆。又,台北故宫博物院图书馆藏有元刊本1册,存卷三至卷十,该书由北平图书馆入台湾"国家"图书馆,再转入台北故宫博物院;台湾"国家"图书馆藏有清乾隆五十年（1785）内府刊本及清同治十二年（1873）粤东书局重刊本。

周易通义八卷发例二卷识蒙一卷或问三卷　黄超然撰

有《续修四库全书》影印上海图书馆藏明抄本。卷首有《周易通义叙》,署为"咸淳八年（1272）秋八月吉日天台黄超然立道谨序";有《通义叙》,署为"至顺改元庚午（1330）五月朔日孙饶州路初庵书院山长侃百拜书"。《发例》卷首有作者自序,署为"屠维单阏（己卯,1279）良月吉日书"。《识蒙》卷首云:"《易》之精蕴,圣人不尽言也。不尽言,故学者不尽知也。不尽知,则其于《易》也狭矣。玩辞之久,间得一二。附之《通义》则太繁,混之《发例》则无别,作《识蒙》。"《或问》卷首云:"《发例》,律也;《识蒙》,律意也;《或问》,通律与意之所不及也。或曰:'絜静精微,《易》教也',《易》岂如是费辞哉？曰:'君子所居而安者,《易》之序也;所乐而玩者,爻之辞也'。疑未释,虽玩而不乐;玩未乐,虽居而不安。《或问》之作,将以释疑也。若占则固絜静精微,一听之神明,无所庸吾力矣。然必平时学《易》,中无凝滞,《易》乃可占。作《或问》。"书末有作者所撰《周易先儒精义序》,云:

"《通义》《发例》《识蒙》《或问》既成,因思先儒之说……总为若干条,题曰《周易精义》,以为入《易》之门户,披道之堂奥焉。"

周易订疑十五卷首一卷　董养性撰

有《续修四库全书》影印南京图书馆藏清康熙年间正谊堂刻本。《四库存目》著录有《周易订疑》十五卷《序例》一卷《易学启蒙订疑》四卷《周易本义原本》十二卷,为山东巡抚采进本,馆臣提要云:"旧本题董养性撰,不著时代。考元末有董养性,字遇公,乐陵人。至正中尝官昭化令,摄剑州事。入明不仕,终于家。所著有《高闲云集》,或即其人欤?是书前有自序,谓用力三十余年乃成。其说皆以朱子为宗,不容一字之出入,盖亦胡一桂、陈栎之末派也。"[1]本书扉页抄录馆臣提要,文字略有出入。书前未见作者自序。有卷首一卷,收录《通论述古》《古今本辩》等九篇文章;次为正文《周易订疑卷之一》,题为"乐陵董养性遇公辑著,旌德门人杜名齐朋李校正"。书中多引述前人之说。如卷首引有汪深(字所性)《周易占例》自序及全文,朱彝尊《经义考》仅录其自序,而云其文"佚"。又卷一引有潘梦旗、郑孩如、杜光本、程敬承等人之说,亦为罕见。然而,卷首《易说纲领》中引有张溥(字天如)《易注疏大全序》,张溥为明崇祯年间进士;卷首《四明洪常初刻本义序》,署为"成化己丑(1469)冬十二月既望,四明后学洪常识";卷首《易学四同》二条,署为"明浙东季本著",季本为明正德年间进士。疑卷首中有后人增补。又,《四库全书存目丛书》亦影印本书,署董养性为清人;亦有学者称"此书作者董养性乃清康熙时人,四库馆臣误"[2],待讨。

周易注四卷　董中行撰

有《续修四库》影印国家图书馆分馆藏南海孔氏岳雪楼抄本。卷首为正文《周易上经》,题为"元董中行若水参著"。按,董中行其人其书未见前人记载。

三　现存元人《易》序概述

为了更好地介绍与传播《易》学著作,元代学者为自著《易》作或他人《易》作撰写了

---

[1] (清)永瑢等:《四库全书总目》,中华书局1965年版,第50页。
[2] 黄沛荣:《元代〈易〉学平议》,载《元代经学国际研讨会论文集》,台北辰益出版有限公司2002年版,第179页。

许多序文(含跋文)。这些序文一般具有两方面内容,其一,介绍该书作者及其撰著过程;其二,概括该书学术主张并且予以评价。其中,作者自序明了地表述其《易》著的撰写原委与学术创见,可以视为该书的重要组成部分;为他人所撰序文虽难免溢美之词,却亦从观者视角对该书有所介绍,且间有序文作者的《易》学观点。因此,元人《易》序亦是我们研究元代《易》学著作的可靠资料。据笔者不完全统计,现存元人《易》序近百篇,散见于现存《易》著或不同的别集、总集。

(一)《易》著作者自撰之序文

元代《易》著作者踵司马迁《太史公自序》后尘,著书时往往藉《自序》倾诉写作动机、撰著宗旨等,行文明晰,情感真挚,读来令人印象深刻。例如,郝经《周易外传序》略云:

夫《易》,圣人所以用道之书也。伏羲氏按图画卦以述道,造书契以开斯文之统。历数千百年,至于黄帝、尧、舜氏,而法制始备。又历夏、商千有余年,而文王受命作周,重伏羲之卦,系之辞,而命之为《易》。圣子周公心传口述,分其文而系之辞,以断其吉凶。复六百有余年,而孔子出焉,晚年读《易》,而韦编三绝,以求三圣之意。于是退而修经,推皇、帝、王、伯之世,而本乎伏羲,终于五霸,列为四经。而为《易》作传,尊之为经,以冠夫《书》、《诗》、《春秋》。使天下万世共享一道,举画前之固有、重后之逆数,造无穷之形器,坏无穷之形器,而一《易》之用不可胜穷矣。则伏羲氏述道,文王述伏羲,周公述文王,孔子述三圣。世代相去若此其甚远也,圣人之作若此其鲜也,以圣述圣若此其恭也。至孔子而仅为成书,犹以为书不尽言,言不尽意,加我数年,"五十以学《易》,可以无大过"。则《易》之大,不能一圣人当一世而为之,必数圣人数十百世而仅成……且自孔子没,曾子、子思、孟子得其传而著之书,虽皆《易》道,而不及《易》中一言。继而火于秦,虽幸而以卜筮之故,《易》之书独存,天下之人祇以卜筮视之,而其道不明也。汉兴,言《易》自田何,本其所自,谓孔子授之商瞿子木,而授受及何,何为传数篇而不传。自是学各专门,原远而末益分矣。扬雄之学最为深刻,准《易》作《玄》,而不述《易》道。东观学者虽盛,而只为传注之学,亦各专门自私,而明夫《易》道者亦鲜。魏正始间,王弼以二汉之学为之注,唐世以为至当,而孔颖达为之疏,学者至今宗之,亦殆专门之学也。寥寥千载,竟无圣人而述圣人,家异传,人异义,《易》道不可复闻矣。今王通谓"九师兴而《易》道微,三《传》作而《春秋》散",恶其私而专,专而分,分而异,卒使圣人之意不可得而见也。宋兴,大儒辈出,莫不以阐明《易》道为己任。于是华山陈抟肇开宗统,而濂溪周敦颐、西都邵雍远探羲文周孔之业,推演意言象数之本。至侍讲程颐,大变传注,为《易》作传,直造先秦,布武圣门。其诸师友,更唱迭和,《易》道几明。今二百有余年矣,学者复各擅其师传,立论驰说,求新角奇,诞夸而自圣,言义理者不及象数,言象数者不及义理,又往往杂入偏驳小数,异端曲学,周、邵、程氏之学复昧没而不明。其诮王弼,蔑《正义》,厚诬妄訾,悖理伤道者,不可胜纪,又甚于专门之弊矣。反复坏烂,遂至此极。世代如是之远,圣人不作如是之久,蠹食穿凿如是之众且多也,又岂一人之专见臆戾所能蔽之哉! 则圣人之意,终不可得而见矣。窃尝以为,后世虽无大圣人,兼综诸圣以述夫圣,如孔子之集大成,苟不以一人自私曲学自蔽,专门自圣,削去畦町,没夷滋蔓,排斥一我,开示公道,合汉魏唐宋诸儒之学,顺考其往,逆征其来,积数千百年之问学、数十百人之能事,契其所见,会其所得,合天下以一心,通天下以一理,贯古今以一《易》,圣一而后世百之,圣十而后世千之,溯流求原,问津以济乎道,则亦庶乎其可也。故不自揆,尝欲论次孔子以来述《易》而有合于圣人者,纂为一书,而未能也。中统元年(1260),诏经持节使宋。宋人馆于仪真,留而不遣,五六年间,颇得肆意经传。及被劫杀,出居别室,益旷寂无事,乃据所有书及故所记忆者,自孔子以来迄于今,凡训诂论说,诸所注释,核其至精,去其重复,义理象数,兼采并载,巨细不遗,不征其人,唯是是与,各以世代第其先后。凡诸经传子史百氏,《易》之自出而不谬圣人,必当关涉引用者,亦各依世次编入。其流入老、佛,异端曲说,非圣人意者,则尽刊黜。夫汉魏传注之学,则至于魏王氏;唐宋论议之学,则至于宋程氏,故备录二氏,以为诸家折衷。经有所见闻者,则弥缝其阙而要终之,且征之历代之得失,以为《易》之事业,穷原极委,致诸道、易、神之本然,以为一经之纲领。疑而不可固必者,则存而弗论,以俟能者。积成八十卷。又旁搜远蹈,创图立说,为《太极演》二十卷,申明列圣及诸儒馀意。共为一百卷。《易》之成,傲落周世,谓之《周易》。近世或单称《易》及《大易》等以为题,而不言周,有未当言者,故仍称《周易》。孔子为经作传,既谓之传矣,后之人复为传注,则皆传外之传也,故曰为《外传》,且示不敢自同于圣人之作也。然亦未敢自为成书,后来继今,或别有所得,当复增入云。九年春正月立春日,陵川郝经序。①

郝经(1223—1275)此序作于至元九年(1272),时已滞宋十二年。序文概述《易》学

---

① (元)郝经:《郝文忠公陵川文集》卷29,《北京图书馆古籍珍本丛刊》第91册,书目文献出版社1998年版,第730—732页。

发展进程,阐释纂著《周易外传》缘起。其中,作者客羁仪真,勤苦数年,"论次孔子以来述《易》而有合于圣人者,纂为一书",成此百卷巨作,实属不易;时朱熹去世已经七十余年,本书备录王弼、程颐二氏之说,未及朱熹,有别于其后的元人《易》著,不知是否与其"致诸道、易、神之本然"的学术追求有关,原因待讨。作者自称"创图立说,为《太极演》二十卷,申明列圣及诸儒馀意",具体做法是:"故取《太极》一章,以为学《易》之标准,类《系辞》、《文言》、《说卦》、《彖》、《象》之名义,探诸太极之前而演其隐,征诸太极之后而演其显,问津洙泗,以及河洛,遍参诸儒,庶几数年之后,可以学《易》,观道、易、神之髣髴,不失吾身之极焉。故取道、易、神等二十三条为一类,合为一图,以示其序,而各为之说,谓为'《易》道蕴极',演诸太极之前者也。其次取太极等六条为一类,合为一图,以示其序,而各为之说,谓为'《易》有太极',所以演太极也。其次取《易》、《书》、《诗》、《春秋》、《论语》、《大学》、《中庸》、《孟子》名义、人舆、皇极等,凡二十四条为一类,合为一图,以示其序,而各为之说,谓为'人道建极',合隐显而立极成《易》也。其次分《易》为四,为伏羲《易》、文王《易》、周公《易》、孔子《易》,合为《四圣易图》,以示其序,而各为之说,为之图,演太极之后所以成《易》者也。其次为《孔门言〈易〉》、《诸儒拟〈易〉》、《传注疏释》等类,以为《易》之支流余裔,见太极为《易》之用,极尽而无极,神而明之,存乎其人焉尔矣。凡十类,六十篇,总谓之《太极演》云。"①郝经《周易外传》现已不存,仅有《太极图说》《先天图说》等文章载其别集之中。不过,郝经集释《周易》,创图立说的做法,为其后的元人《易》著所借鉴。

元代《易》著作者重视为其著作撰写序文,有人甚至撰写多篇,为的是尽量把自己纂著该书的想法说清、说透。例如,俞琰为其所著《易外别传》撰有序与后序,为其所著《周易集说》亦撰有序与后序。而丁易东则为其所著《周易象义》撰有四篇序文,其中三篇见于今本《周易象义》卷首与卷尾,其序文一略云:

> 《易》有圣人之道四焉,象、辞、变、占而已矣。予少而学《易》,得王辅嗣之《注》焉,得子程子之《传》焉,得子朱子之《本义》焉。王氏、程子,明于辞者也;子朱子,明于变与占者也。独于象无所适从焉。逮壮游四方,旁搜传注,殆且百家,其间言理者不可缕数。若以象言,则得李鼎祚所集汉魏诸儒之说焉,朱子发所集古今诸儒之说焉,冯仪之所集近世诸儒之说焉;间言象者,则有康节邵氏之说焉,观物张氏之说焉,

---

① (元)郝经:《太极演总序》,《郝文忠公陵川文集》卷29,《北京图书馆古籍珍本丛刊》第91册,书目文献出版社1998年版,第729—730页。

少梅郑氏之说焉,吴兴沈氏之说焉,京口都氏之说焉,长乐林氏之说焉,恕斋赵氏之说焉,平庵项氏之说焉,节斋蔡氏之说焉,山斋易氏之说焉,朴卿吕氏之说焉,古为徐氏之说焉。是数家者,非不可观也。而邵氏、张氏则明《易》之数,本自著书,非专为卦爻设也;沈氏、都氏则明卦之变,赵氏、项氏、易氏、冯氏、徐氏则明卦之情,蔡氏、徐氏祖述《本义》,皆非专为观象设也。林氏之说则反复八卦,既为朱子所排;郑氏之说又别成一家,无所本祖。其专以《说卦》言象者,不过李氏鼎祚与朱氏子发耳。朱氏之说原于李氏,李氏之说原于汉儒者也。李氏所主者,康城之学,于虞翻、荀爽所取为多,其源流有自来矣。然汉儒之说于象虽详,不能不流于阴阳术数之陋;朱氏虽兼明乎义,而于象数纷然杂出,考之凡例,不知其几焉。良以统之无其宗,会之无其源也,予病此久矣。山林无事,即众说而折衷之。大抵《易》之取象虽多,不过三体,所谓本体、互体、伏体是也。然其为体也,有正有变,故有正中之本体,有正中之互体,有正中之伏体焉;有变中之本体,变中之互体,变中之伏体焉……其余凡例,固非一途,要所从来,皆由此三体推之耳。盖以正体取象者,不待变,而其象本具者也;以变体取象者,必待变,而其象始形者也。故自其以正体示人者观之,正而吉、而无咎者,变而凶,则悔吝也;正而凶、而悔吝者,变则吉,则无咎也。自其以变体示人者观之,变而吉、而无咎者,不变而凶,则悔吝也;变而凶、而悔吝者,不变则吉,则无咎也。兼正变而取象者,可以变,可以无变,惟时义所在也。是可但论其正,不论其变乎?夫《易》,变易也,先儒言理者皆知之矣。至于言象,乃止许以正体言,不许以变体言。凡以变言象,率疑其凿,是以《易》为不易之易,不知其为变易之易也。既不通之以变易之易,则毋怪以象为可忘之筌蹄也;既以象为可忘之筌蹄,毋怪以象变之说,率归于凿也。故善言《易》者,必错之以三体,而综之以正变,则统之有宗,会之有元,《易》之象可得而观矣。予于是窃有志焉。是编之述,因象以推义,即义以明象,固错之以三体,综之以正变,而必以正中之本体为先,而其余诸体则标于其后,又以示宾主之分也。至于言数,虽非专主,而间亦及之焉。盖将拾先儒之遗,补先儒之缺云尔。虽因辞明理不如程子之详,言变与占不如朱子之约,至尚论其象,自谓颇不失汉儒之旧,于李氏鼎祚、朱氏子发,未敢多逊焉。后之言象者,不易吾言矣。于是而玩索焉,上可以溯汉儒之传,亦可以免汉儒之凿,庶几君子居观之一助云,作《周易象义》。[1]

---

[1] (元)丁易东:《周易象义》卷首,《中华再造善本》,北京图书馆出版社2004年版。

丁易东为宋咸淳四年(1268)进士,入元不仕,潜心治《易》。序文概述此前学者研究《易》象情况,提出"大抵《易》之取象虽多,不过三体"的见解,进而阐明本书"因象以推义,即义以明象,固错之以三体,综错之以正变,而必以正中之本体为先,而其余诸体则标于其后"的编述原则。此序之后,丁氏又撰有序文云:"《易》之为书,自王辅嗣以前,汉儒专以象变明辞,固失之泥。及辅嗣以后,又止以清谈解义,于象数绝无取焉。伊川纯以义理发明,固为百世不刊之书。然于象数,则亦引而不发。康节虽言象数,然不专于《彖》《象》发明。朱子归之卜筮,谓邵传羲经,程演周易,得之矣。其于象数也,虽于《易学启蒙》述其大概,而《本义》一书,尚多阙疑。仆用功于此有年矣。窃谓泥象数而言《易》固不可,舍象数而论《易》亦不可。于是历览先儒之说,依《本义》体,分经与《彖》《象》,各为一编。大率以理为之经,象数为之纬,使理与象数并行不悖,庶几不失前圣命辞之本旨。以示初学,使知其大意云。"①文中明确指出程颐、邵雍、朱熹三人《易》象研究之不足,以为己著张本。书末丁氏撰有后序,其文略云:"有变而后有象,有象而后有辞,有辞而后有占。不得于变,勿求于象;不得于象,勿求于辞;不得于辞,勿求于占。卦之变如此,则卦之象如此;卦之象如此,则卦之辞如此;卦之辞如此,则卦之占如此也。汉去古未远,诸儒尝以象变言《易》矣。言象变而遗理,不可也。王辅嗣一扫而去之。以其遗理而去之可也,并象变而去之,则后之学者不知三圣命辞之本心矣。嗟夫!六十四卦,皆乾一卦之变也;三百八十四爻,皆乾初九之变也。故有变卦焉,有卦变焉。变卦也者,六十四卦变而四千九十六者是也;卦变也者,十二卦变而六十有四者是也。由乾一画而变焉为十二,由十二而变焉为六十四,由六十四而变焉为四千九十六。盖变卦其流,而卦变其源也;变卦其支,而卦变其本也。有卦变,而后有变卦。故予之于《易》,既以变卦而论其爻,必参卦变以原其画。夫然后圣人作《易》之旨,无余蕴矣。"②阐明作者采用变卦、卦变等"变"的视角审视《易》象,注重"象变"。三篇序文各有侧重,联系紧密,充分展示了作者治《易》的基本特征。只是前序撰写时间署为"柔兆阉茂(丙戌,1286)蕤宾甲午(五月)",后序撰写时间署为"昭阳协洽(癸未,1283)侯豫卦",当有讹误。

郝经所谓"夫《易》,圣人所以用道之书也"的说法,亦得到许多《易》著作者的赞同。即如胡震《周易衍义序》所云:"如是则《易》之为《易》,圣人经世之书也,亦圣人忧世之书也……然《易》之一经,实备乎六经之体。存象辞则该乎《诗》之作赋,正心术则贯乎《书》之精一,防情伪则著乎《礼》《乐》之中和,辨吉凶则著乎《春秋》之褒贬。人君用之则君道

---

① (元)丁易东:《周易象义》卷首,《中华再造善本》,北京图书馆出版社2004年版。
② (元)丁易东:《周易象义》卷末,《中华再造善本》,北京图书馆出版社2004年版。

尽,人臣用之则臣道尽,圣人用之则道教彰,贤人用之则德业新,庶人用之则悔尤亡。象辞云乎哉,爻辞云乎哉!虽然,《易》者崇阳抑阴之书,尊乾而卑阴,尊君而卑臣,尊父而卑子,尊夫而卑妇,尊中国而贱外夷,尊君子而贱小人。三百八十四爻之义,无非所以存天理、正人心、扶纲常,而垂教于万世也。"①元代中后期,朱熹受到元代学者尊崇,《易》著作者大多以阐发朱子学说为己任,形成一种学术时尚。如胡炳文《周易本义通释序》云:"宇宙间皆自然之易,易皆自然之天。天不能画,假伏羲以画;天不能言,假文王、周、孔以言。然则羲、文、周、孔之画、之言皆天也……惟邵子于先天而明其画,程子于后天而演其辞,朱子《本义》又合邵程而一之,是于羲、文、周、孔之易而会其天者也。学必有统,道必有传。溯其传羲、文、周、孔之易,非朱子不能明要其统;凡诸家解《易》,非《本义》不能一。然其统、其传,非人之所能为也,亦天也。予此书融诸家之格言,释《本义》之奥旨,后之学《易》者,或由是而有得于《本义》,则亦将有得于羲、文、周、孔之天也。"②与此不同者,有陈应润《周易爻变易缊》,其自序略云:

  《大传》曰:"乾坤,其《易》之缊耶?"夫《易》之缊,散在诸卦,岂独乾坤二卦而已哉!上古羲皇仰观俯察,首得乾坤之象而生六子,苟不以爻变之法通乾坤之缊,则乾自乾、坤自坤,何以神变化之妙?故《易》之诸爻,皆以变动取义。乾之用九,坤之用六,爻变之缊也。坤之《象》曰:"六二之动,直以方也。"《文言》曰:"坤至柔而动也刚。"又曰:"六爻之动,三极之道也。""爻者,言乎变者也。"道有变动,故曰爻。至曰"成象之谓乾,效法之谓坤",吾夫子系《易》,示人爻变之法,深切著明矣。汉魏以来,诸儒注释奚啻数百余家,往往皆于本卦取意,而用九、用六之说不明,好奇过高,傅会舛凿,谈玄妙者则涉乎庄老,衍虚无者则流乎异端。《太玄》拟《易》也,而《易》为之破碎;《潜虚》拟《玄》也,而《玄》为之散灭。甚则假老子之学以创无极、太极之论,变炉火之术以撰先天、后天之图。自是以来,谈太极者以虚无为高,讲大衍者以乘除为法;强指阴阳老少为四象,而四象之说不明;妄引复始逆顺为八卦,而八卦之位不定,《易》之缊愈晦矣。由是谈玄之士承讹踵谬,画图累百,变卦累千,充栋汗牛,初无一毫有补于《易》。呜呼!夫子没二千余年,邪说猬集,横议蜂起,爻变之法、乾坤之缊,晦而不明,易道之危,一至此哉!《传》曰:"《易》之兴也,当殷之末世,周之盛德耶?"至于《明夷》之《象》曰:"明入地中,明夷。内文明而外柔顺,以蒙大难,文

---

① (元)胡震:《周易衍义》卷首,影印文渊阁《四库全书》第 23 册,上海古籍出版社 2003 年版,第 448—449 页。
② (元)胡炳文:《周易本义通释》卷首,影印《通志堂经解》第 3 册,广陵书社 2007 年版,第 555 页。

王以之。"又曰:"箕子之明夷。"当时圣人援事比例,发挥爻象之缊。故遇逐爻观变,用事比证,庶几爻变之缊得以发挥……吁!此爻变之缊所以不容于不明,邪正之说所以不容于不辨,管窥之图所以不容于不作也。贤者之士尚怜其愚而正教之,《易》有光也。①

陈应润此序作于至正丙戌(1346)春正月,时任桐江(今浙江省桐庐县)宾幕,该书乃其"二三十年勤苦之志"之作。序文主张"夫《易》之缊,散在诸卦""《易》之诸爻,皆以变动取义",因而借鉴"当时圣人援事比例,发挥爻象之缊"之法,"逐爻观变,用事比证"以诠释经文。书中以个人见解释卦辞及《彖》《象》之语,释爻辞则基于爻辞及小《象》释文,参以变爻,证以史实,读来简明清晰,别有特色。

(二)为他人《易》著撰写之序文

元代文人或应约或主动为他人《易》作撰写序文,品题评价,称誉推介,为促进元代《易》学著作的研读与传播发挥了积极作用。有时多位文人为某一部《易》著撰写序文,堪称《易》坛"雅集"。例如,马端临、徐之祥、虞集为宋人项安世《周易玩辞》作序,刘辰翁、李珏、章鉴为丁易东《周易象义》作序,张宗演、揭傒斯、吴全节为雷思齐《易图通变》作序,程文海、王履、李琳、田泽为王申子《大易辑说》作序,黄镇成、贡师泰、蒋易为张理《易象图说》作序,而孟淳、王都中、白珽、张瑛、李克宽、颜尧焕、杨载、黄溍、干文传九人为俞琰《周易集说》作序,则为元代《易》坛一段佳话。九人序文略云:

> 元贞丙申秋,会玉吾叟于王氏书塾,讲《坤》之六二,谓六二既中且正,是以其德直方,惟从《乾》阳之大,不习《坤》阴之小,故无不利;又指示《象传》"刚柔上下,言来不言往"之微意,则皆以两卦相并而取意,兹盖秦汉至唐宋诸儒所未发也……今观是书,集众说之善,又述己所闻,证以经传,反复辩论,无一字放过,辞意甚明,有如鉴之照物,纤细不遗,请名之曰《易鉴》云。(孟淳《周易集说序》)②
>
> 石涧先生《周易集说》,大概以晦庵为主,而参以程氏,又集诸家之善为之说,凡三十馀卷。都中至元乙丑尝从先生指教。未几,奔走宦途,未能卒业。兹守鄱阳泉

---

① (元)陈应润:《周易爻变易缊》卷首,影印文渊阁《四库全书》第27册,上海古籍出版社2003年版,第4—5页。

② 林庆彰等主编:《经义考新校》第3册,上海古籍出版社2010年版,第708—709页。又见于李修生主编《全元文》第21册,凤凰出版社2004年版,第773页。

监,与先生偕行,公馀听讲,又得闻所未闻。是书作于甲申,迨今二十有七年,未尝一日去手,凡三脱稿矣。书成,不可不传,敬请锓诸梓,以与同志共之。(王都中《周易集说序》)①

　　石涧先生,吴中老儒也。著《周易集说》,自至元甲申,逮今三十九年。考论文义,证以五经,岁月弥久,其说益精。世有张平子,当知扬子云之《太玄》也。(李克宽《周易集说序》)②

　　苏台俞玉吾,乐贫安道,华皓一节,于《易》则不但能言之,又能行之。辑先儒诸名家之传为是书,条列胪分,醇正明白,深有益于后学。所居傍石涧,学者称"石涧先生"云。(白珽《周易集说序》)③

　　古圣人作卦辞、爻辞,盖皆取象数之义理而发明之耳。石涧俞先生于诸家《易》说无不批阅,独以朱子《本义》为主,仍采诸家之善,萃为一编,名曰《周易集说》。即象数言义理,精粗本末,一以贯之。今之言《易》者,孰则能出其右哉?(张瑛《周易集说序》)④

　　余友俞石涧家传《易》学,潜心于此三十余年,作《集说》。主之以朱子《本义》,而邵子之数、程子之理一以贯之。其辞简而严,明而理,将以扩三子之蕴,开后学之蒙,有功于《易》学多矣。余年迈,目力衰,弗能遍阅石涧之说,但略窥一斑,为之肃衽致敬。(颜尧焕《周易集说序》)⑤

　　石涧俞氏《周易集说》,本于程、朱氏之书,而证以诸家之言,征余为序,冠于篇首。余闻汉世初得一经,必聚五经诸儒使共读之,以求其训诂。今石涧俞氏于《易经》之文,有字义特出者,必旁考五经,其为学之近古如此,三十年间积三十余卷。说虽多,何害其为多?故余乐为之序而不辞焉。(杨载《周易集说序》)⑥

　　窃尝闻之,善立言者,不必出于古,不必不出于古也。非有异焉,则其书可无作

---

① 林庆彰等主编:《经义考新校》第3册,上海古籍出版社2010年版,第709页。
② 林庆彰等主编:《经义考新校》第3册,上海古籍出版社2010年版,第709页。又见于李修生主编《全元文》第46册,凤凰出版社2004年版,第513页。
③ 林庆彰等主编:《经义考新校》第3册,上海古籍出版社2010年版,第709页。又见于李修生主编《全元文》第13册,凤凰出版社2004年版,第293—293页。
④ 林庆彰等主编:《经义考新校》第3册,上海古籍出版社2010年版,第709—710页。
⑤ 林庆彰等主编:《经义考新校》第3册,上海古籍出版社2010年版,第710页。又见于李修生主编《全元文》第47册,凤凰出版社2004年版,第60页。
⑥ 林庆彰等主编:《经义考新校》第3册,上海古籍出版社2010年版,第710页。又见于李修生主编《全元文》第25册,凤凰出版社2004年版,第567页。

也;非有同焉,则其书亦不能以独传也。惟夫同不为阿,异不为矫,斯言之善者也。俞氏其有焉。是用为之序,以著其是非取舍之不谬于圣人者,由其学之源委如此,读之者所宜知也。(黄溍《周易集说序》)①

余少之时,已识石涧俞君。知其为善言《易》者,然未之学《易》,不果承教。延祐二年,予以进士受官南归,时石涧尚无恙,闻有所著《易说》,未获一寓目焉。去年冬,自集贤退休吴中,石涧之子子玉手一编过余,且曰:"先子平生精力尽于此书,愿先生赐之言。"余受而读之,乃《易说》也……然则俞氏《易说》当与蔡氏《书传》并传,学《易》者苟能玩味此书,则思过半矣。(干文传《周易集说序》)②

据王都中序,则俞琰《周易集说》基本成书于至大庚戌(1310)冬至,且已有初刊该书之议;据李克宽序,则至至治壬戌(1322)春,俞琰似仍在不断修订该书;据杨载序,则该序乃应俞琰之请而作,时为至治壬戌(1322)冬;据干文传序,则该序乃应俞琰之子俞仲温(字子玉)之请而作,时为至正六年(1346)冬。九人之中,孟淳、王都中曾受教于俞琰,颜尧焕与俞琰为友,干文传少时已识俞琰,李克宽、白珽、杨载、黄溍曾在江浙为官、生活,则诸人序文亦非凭虚之作。再取俞琰皇庆癸丑(1313)四月后序读之,"予平生有读《易》癖,三十年间,虽隆冬大暑不辍。每读一字一句而有疑焉,则终日终夜沉思,必欲释其疑乃已。洎得其说,则欣然如获拱璧,亲戚朋友咸笑之,以为学虽勤而不见用于时,何乃不知时变而自苦若是耶?予则以理义自悦,犹刍豢之悦口,盖自得其乐,罔知所谓苦也。粤自至元甲申(1284)下笔解上、下《经》并六十四《象辞》与夫《彖传》、《爻传》、《文言传》,期年而书成,改窜者二十余年,凡更四稿。或有勉余者云:'日月逝矣,《系辞传》及《说卦》、《序卦》、《杂卦》犹未脱稿,其得为完书乎?'予亦自以为欠。至大辛亥(1311),自番禺归吴,憩海滨僧舍。地僻人静,一夏风凉,闲生无所用心,因取旧稿《系辞传》读之,不三月,并《说卦》、《序卦》、《杂卦》改窜皆毕,遂了此欠。噫!予发种种矣……今也书既完矣,癖既瘳矣,则当自此收心归腔,以乐馀年;留气暖脐,以保馀生,弗复更自苦矣"③,则元代文人师友之间治《易》之情之景,可以想见一斑矣。

---

①李修生主编:《全元文》第29册,凤凰出版社2004年版,第69—70页。又见于林庆彰等主编《经义考新校》第3册,上海古籍出版社2010年版,第710页。
②林庆彰等主编:《经义考新校》第3册,上海古籍出版社2010年版,第711页。又见于李修生主编《全元文》第32册,凤凰出版社2004年版,第73—74页。
③(元)俞琰:《周易集说》卷首,影印《通志堂经解》第3册,广陵书社2007年版,第307页。又见于林庆彰等主编《经义考新校》第3册,上海古籍出版社2010年版,第711—712页。

元代文人为他人《易》著撰序,往往兼述自己读《易》心得。例如,熊禾《易学启蒙通释跋》云:

> 伏羲因《河图》画卦,大禹因《洛书》叙畴,孔安国以来,有是言矣。《易大传》曰:"河出图,洛出书,圣人则之。"且曰:"《易》有四象,所以示也。"若然,则《河图》《洛书》,皆圣人则之以作《易》者也。及以先后天八卦方位考之,与《图》《书》之数已有自然之配合。所谓"《易》有四象"者,尤昭然可见矣。何则?《洛书》一居北,六居西北,老阴之位也,故坤、艮居之;九居南,四居东南,老阳之位也,故乾、兑居之;三居东,八居东北,少阴之位也,故离、震居之;七居西,二居西南,少阳之位也,故坎、巽居之;五居中,则固虚之,为太极也。此非先天之四象乎?《河图》天一地六,为水居北,故坎亦居北;地二天七,为火居南,故离亦居南;天三地八,为木居东,故震亦居东;地四天九,为金居西,故兑亦居西;天五地十,为土居中,分旺于四季,故乾、坤、艮、巽亦居四维之位。此非后天之四象乎?大抵先天方位,言对待之体也。天上地下,日东月西,山镇西北,泽注东南,风起西南,雷动东北,乾坤定位,六子成列,乃质之一定而不可易者也。后天方位,言流行之用也。春而夏,夏而秋,秋而冬,冬而复春,五气顺布,四时行焉,乃气之相推而不可穷者也。此皆自然吻合,不假安排,天地之间,开眼即见。圣人所以则《图》《书》以画卦者,盖非苟焉而作也。汉儒不此之察,毋亦惑于《书》所谓天乃锡禹《洪范》九畴之说乎?不知此亦天乃锡王勇智之类。九畴大法,非人所能为,则亦天之所与耳。古人之言九数,何莫不出乎《洛书》,又岂特九畴为然哉?若夫圣人作《易》,则但当证以吾夫子之言可也。每恨生晚,无从质之文公,徒抱此一大疑而已。己丑春,余读书武夷山中,有新安胡君庭芳来访,出其父书一编,曰《易学启蒙通释》。其穷象数也精深,其析义理也明白,且其间有言先后天方位暗与《图》《书》数合者,不符而同。然后知天下之公理,非但一人之私论也。兹因刻梓告成,辄述所见,以识其后云。①

熊禾(1253—1312)与胡一桂(字庭芳)关系甚密,其治《易》注重《图》《书》之数,有《勿轩易学启蒙图传通义》《易经训解》传世。跋文称"且其间有言先后天方位暗与《图》《书》数合者,不符而同",亦为熊氏《易》著特色之所在。

元代文人为他人《易》著撰序,往往兼评他人《易》著所长。其中,部分《易》序称誉太甚,读来无味。而吴澄所撰若干序文较为客观允洽,值得一读。现摘引其文如下:

---

① (元)胡方平:《易学启蒙通释》卷末,《通志堂经解》,清康熙十九年(1680)通志堂刊本。

主簿傅君以其师石君晋卿所著《易说》示予,予读之,喜其说理之当,说象之工。盖于象学、理学俱尝究心,世之剽掠掇拾以为说者何能几其十一!闻石君两目无见,古之瞽者为乐师,取其用志不分也。乐,一艺耳,《易》之道讵一艺所可比!瞽而为《易》师,亦其外物不接,内境常虚,故能精专若是欤?或曰:"子之于《易》,与石君不同,何也?"曰:予,补朱义者也;石,广程传者也。君释象,予亦释象,则皆程朱之所未言者。虽有不同,而言固各有当也。予又安敢以予之未必是而废石君之是哉?(《石晋卿易说序》)

《易》之道广大悉备,学者各以其所见为说,然亦各有义焉,盖《易》之道无所不包故也……近世有丁有范,博极诸家,兼总众说,搜括无遗矣。然或失之凿,或失之泛,俱未得为至当也。夫《易》之取象,或以三画正体,或以三画互体;或四画为一体,或五画为一体;或以六画全体,或以六画复体。卦变则刚柔相易,一往一来者也;爻变则一画变与五画变,而一画不变者也。惟旁通飞伏之说不可取尔。友人黄定子委安之用功于《易》也有年,专以一画变、一画不变者起义,盖与《春秋左氏传》沙随程氏说及朱子《启蒙》三十二图皆有合也,而浅识或莫晓其所以然。予嘉其用意之勤,取义之密,故书篇首,以晓观者,俾知其说之未可轻视也,非特喜其同己而已。(《黄定子易说序》)

《易》者,天地鬼神之奥,而五经之原也,夫岂易究哉!古魏齐履谦伯恒父笃学穷经,其志苦,其思深。其于《易》也,悉去诸儒支蔓之说而存其本,著《本说》四卷。其辞简,其法严,能以一字一句该卦爻之义,余读之而有取焉……呜呼!伯恒其知《易》教之以洁静精微为贵与?然其严简太甚也。观者鲜或细玩而详窥,兹盖未易与寡见谫闻议也。或曰:"齐氏之说与子之说《易》不尽同也。"余曰:然。彼之与余同者,余固服其简且严矣;其不与余同者,敢是己之是而必人之同乎己哉?亦将因其不同而致思焉。则其同也,其不同也,皆我师也。伯恒学孤特,行清介,所守确乎不移。余尝与为寮友,君子人也,非止经师而已。(《周易本说序》)[①]

吴澄(1249—1333)为元代大儒,学识渊博,著述甚丰。所云"学者各以其所见为说,然亦各有义焉",是其对于元代《易》坛学术水平的基本评判;所云"则其同也,其不同也,皆我师也",展示出作者严于律己、宽以待人的学术情怀,可为元代《易》序之典范。

[①](元)吴澄:《吴文正公集》,《元人文集珍本丛刊》第3册,台湾新文丰出版公司1985年版,第215—216、234、236页。

四　结论

陈垣先生《元西域人华化考》卷八结论中"总论元文化"一节曰:"以论元朝,为时不过百年,今之所谓元时文化者,亦指此西纪一二六〇年至一三六〇年间之中国文化耳。若由汉高、唐太论起,而截至汉、唐得国之百年,以及由清世祖论起,而截至乾隆二十年以前,而不计其乾隆二十年以后,则汉、唐、清学术之盛,岂过元时!"[①]就目前我们对于现存元人《易》学著作的初步收集与研读来看,元人《易》学研究之盛,亦无愧于汉、唐、清。同时,我们也深深感到,现存元人《易》著文本的整理工作相对薄弱,尚无一部简明的元人《易》著总目提要,绝大多数元人《易》著尚无今人的校勘、标点本,这将对于元代《易》学研究的整体进度与质量产生不利影响。因此,我们期望学界关注现存元人《易》著这一殷实的文化遗产,亦期望海内外学人就整理、研究现存元人《易》著进一步加强合作,共创辉煌。

【作者简介】　韩格平(1955—),男,北京师范大学古籍与传统文化研究院教授。

其余参考文献

种方等:《日本现存元人著作目录》(未刊稿)
钟彦飞等:《台湾现存元人著作目录》(未刊稿)
花兴:《韩国现存元人著作目录》(未刊稿)
王玉德:《试述元代〈易〉学与文化》,载《周易文化研究》第四辑,社会科学文献出版社 2012 年版。

附言:

本文曾于 2015 年 4 月 10 日至 13 日,在由台湾明道大学国学研究所暨中国文学学系、中国经学研究会、"中央"研究院中国文哲研究所联合举办的第九届中国经学国际学术研讨会上宣读。

本文承蒙孙剑秋、谢辉二位先生指正,深表谢忱。

[①] 陈垣:《元西域人华化考》,上海古籍出版社 2000 年版,第 132 页。

郝经春秋学考论*

张 欣

【摘要】《春秋外传》是郝经拘于真州扬子院所著一系列春秋学著述的总称。郝经认为包括《春秋》在内的六经都是对"理"的展现，治经的目的在于明道、尽理；对三传得失有明确的认识，然并未尽弃三传，而是认为三传之学均源于曾子，试图将《春秋》三传纳入道统体系之内，以抬高三传的地位。在综合三传以解经的同时，对汉唐注疏、两宋议论之学表达了同样的敬意。这都展示了郝经以理学思维研究春秋学，将传统春秋学理学化的尝试，是元代北方春秋学转型的典型之作。

【关键词】 郝经；春秋学；理学；元代；北方

金末元初，中国北部的学术特点主要是发达的南方学术对停滞已久、初萌新芽的北方学术的渐染。拒绝接受理学的北方学者渐渐逝去，而新生代的北方学者则很容易对理学产生兴趣。在这种学术大环境中，春秋学的发展也因其理学化的程度呈现三个阶段：一是金源遗老的春秋学，继续偏重于《左传》，与理学的关联最少，以李昶、敬铉为代表；二是传统春秋学的理学化尝试，试图以理学的思维研究春秋学，这是南宋学术对北方的影响，以郝经为典型；三是南北方春秋学的合流，以齐履谦、安熙、张在、张桢为代表。郝经《春秋外传》是元代北方春秋学的荦荦大作，集中展现了郝经的春秋学思想，学术转型痕迹明显，可作为金元之际北方春秋学的典型。

---

*基金项目：本文系 2013 年国家社科基金重点项目"元人著述总目丛考"（项目号 13AZW005）的阶段性研究成果。

一 《春秋外传》的基本情况

1259年七月,蒙哥死于合州城下。在汉人谋士极力劝谏下,忽必烈与贾似道达成和约,返抵燕京,与幼弟阿里不哥展开对汗位的争夺。1260年三月,忽必烈于开平即皇帝位,建元中统,宣明继承中原王朝之正统。两个月后,阿里不哥即位于和林。双方随即展开军事行动。为避免双线作战,四月,忽必烈起郝经于病中,拜为翰林侍读学士,充国信大使,赍国书使宋,告即位且商定议和。贾似道惧怕蒙使的入觐,会揭穿其"击退蒙军"的谎言,于是将郝经扣留于真州(今仪征)达十六年(1260—1275)。在这与世隔绝的十六年中,郝经相继完成了《续后汉书》《春秋外传》《周易外传》《原古录》《通鉴书法》《玉衡真观》《一王雅》《变异事应》等书。

《春秋外传》是郝经拘于真州扬子院所著一系列春秋学著述的总称,包括:《春秋章句音义》八卷、《春秋制作本原》十卷、《春秋比类条目》十二卷、《春秋三传折衷》五十卷、《三传序论》《列国序论》总一卷,凡八十一卷。只是这些著述全都亡佚,所幸诸序尚存郝经文集中,可一窥郝经春秋学之大概。

郝经作《春秋外传》,是从至元元年(1264)开始的:

> 甲子(1264)春,(苟)宗道请传《春秋》之学,且志其说,而无书以为据。乃以故所记忆者为《春秋外传》,盖自三传之外而为是,不敢自同于三传也。①

苟宗道,字正甫,孟州河阳人,从郝思温及郝经学。中统元年(1260),以郝经门生身份随使南宋,为行府都事、治书状都管,一同被拘于真州十六年。期间郝经教授以学,遂以儒学名。

郝经为了教授苟宗道《春秋》,根据素所记忆,作为此书,这是撰写《春秋外传》的直接原因。在《春秋外传序》中,郝经交代了更深层次的原因:

> 天之于人有所穷,而后有所不穷。穷者其时也,不穷者其道也……古之圣贤之为书,皆自夫忧患困厄,穷而无所为,而后为不穷之事业,以自见于后也。

郝经认为,一个人命运的穷达,有"时"与"道"两个层面的标准。被拘于真州已有数

---

① (元)郝经:《春秋外传序》,载李修生主编《全元文》第4册,凤凰出版社2004年版,第201页。

年之久,且前途未卜,郝经深信自己处于"时穷"的境地。但是周文王、孔子、孟子、扬雄、韩愈等人的遭遇给了他明确的指示:古之圣贤之为书,皆自夫忧患困厄,穷而无所谓,而后为不穷之事业,以自见于后。"时穷"恰能成就"道不穷",这种强烈的文化生命的传承意识,激励着古往今来遭受困厄的知识分子。郝经也发出了"宋人以一国穷予,天不以道穷于予,岂可以人之穷,而并天之不穷者而弃之以自绝哉"的呼声,开始了"自见于后"的不穷事业。

郝经的作为便是"讲肆不辍",勤于著述,《春秋外传》即是其中之一。根据《春秋外传序》,郝经首先作《春秋章句音义》八卷,辨析《春秋》经的异文,对经文中字词的音义进行疏释;次作《春秋制作本原》三十一篇,凡十卷,成书于至元元年(1264)三月,援《易》《诗》《书》等,以经明经,探寻圣人作《春秋》之根由;次作《春秋比类条目》一百三十篇,十二卷,将《春秋》一经中同类事件排比在一起,探究其意;《春秋三传折衷》五十卷,成书于至元二年(1265)二月初一,讨论三传解经之得失,定三传大义于一,卷首又有《三传序论》《列国序论》总一卷,是郝经对《春秋》三传及春秋各国的总论。以上诸书总共八十一卷,最终集合成书于至元二年(1265)二月十三日。

二 郝经的春秋观

(一) 对《春秋》的认识

郝经有两个很著名的论断:"《六经》一理尔"[①]"古无经史之分"[②]。

"理之统体,则为之道"[③],理的总体便是道,所以理和道是一对同义词。郝经十分注重道与形器间的辩证关系,"道统夫形器,形器所以载夫道"[④],天地万物都蕴含着道,作为至灵的人,最能将道淋漓尽致地展现出来,而圣人则是与道合一的,是道的人形代表。然而形器之好坏对道也能产生影响,"道具于形器,亦坏于形器,形器所以载道,亦所以坏道"。而人又特别容易受情欲的干扰,因此,圣人们担心凡人"不克负荷,而道因之以坏也",所以以各种方式"羽翼夫道",如伏羲之八卦、尧之"中"、舜之"道心""人心"、周公之

[①] (元)郝经:《五经论·春秋》,《全元文》第4册,第242页。
[②] (元)郝经:《辨微论·经史》,《全元文》第4册,第256页。
[③] (元)郝经:《论八首·仁》,《全元文》第4册,第231页。
[④] (元)郝经:《论八首·道》,《全元文》第4册,第220页。

礼乐、孔子之《六经》、颜子之"仁"、曾子之"恕"、子思之"中庸"、孟子之"浩然之气",都是圣人对道的佐助。可惜的是,人总是在堕落的道路上迷途不返,因此,道在凡人身上已经无法很好地体现出来,保存道的任务就落在了圣人的肩上;圣人逝去,道就由圣人所作之《六经》来蕴藏。所谓"圣人著书以载道"。《六经》都是道在某个方面的展现:《易》即道之理也,《书》道之辞也,《诗》道之情也,《春秋》道之政也,《礼》《乐》道之用也。因此,在郝经看来,《六经》是同源的,都是对道或理的展示,也就是《六经》一理尔"。郝经的这个观点具有很浓厚的理学色彩,他按照理学家的观点区分了人的"天地之性"与"气质之性",在"天地之性"主导下的人"载夫道而莫有失也",而在"气质之性"主导下的人则"彼昏无知,弃而弗居,放心亡德,昏荡戕圮",导致"血气肆而道心亡矣,嗜欲张而天理灭矣"。因为情欲渐起,圣人也开始佐助"道",从伏羲到孟子的道统序列,与道学家的说辞并无二致。郝经对《六经》性质的认定基本上属于道学的范畴①,将六经作为体道察理的途径,强调治经的目的在于明道、尽理,而非其他。他甚至忧心忡忡地警告学人,若不以"尽道"为目的来治经,那么"圣人之形器"——《六经》,也将最终颓坏:

  溃乱于嗜欲,撑裂于争夺,诱渎于富贵,浮靡于文章,沉溺于训诂,破碎于决科,支离于穿凿,荡于高远,惑于异端,穷于诈,昧于私,而塞于不行。悲夫,圣人之形器,将遂坏也欤!②

  "古无经史之分"是郝经另外一个值得注意的经学观点。关于经史关系问题,历代学者都有论及③。

  郝经认为,"古无经史之分",孔子删定六经和司马迁作《史记》,分别标志着经、史的诞生。在《史记》之前,经史未分,史学的理念蕴含在六经之中,"六经自有史":《易》,即史之理也;《书》,史之辞也;《诗》,史之政也;《春秋》,史之断也;《礼》《乐》经纬于其间矣④。而从形式上来看,经与史的区分并不大,"其所书(笔者按,指《春秋》)虽加笔削,不离乎史氏纪事之策,而无他辞说"⑤。《史记》之后,经和史成为两门学问,但是由于"圣人不作",再也没有新的"经"产生,只有对经的阐释。虽然经史分立,但是经仍然对史有指

---

① 程颐反复说道"经所以载道也""由经穷理",参见蔡方鹿《论宋明理学的经学观》,《四川师范大学学报》2009年第1期。
② (元)郝经:《论八首·道》,《全元文》第4册,第223页。
③ 田河、赵彦昌:《"六经皆史"源流考论》,《社会科学战线》2004年第3期。
④ (元)郝经:《辨微论·经史》,《全元文》第4册,第256页。
⑤ (元)郝经:《春秋制作本原序》,《全元文》第4册,第193页。

导意义,"以昔之经,而律今之史可也;以今之史,而正于经可也"。而史对经也有良好的补充,"治经而不治史,则知理而不知迹;治史而不治经,则知迹而不知理"。因此,郝经主张治经者不应保守孤立,沉迷于训诂、议论,不切实事;治史者不应流于表面,片面追求博洽,为权利、私嗜所蔽,而无原则。由此看来,郝经推崇"无经史之分"的时代,乃是对治经与治史两种理念相结合的向往,这个观点蕴含着郝经虚实相济的理念。

从对以上两个观点的分析中,我们大致可以了解到,郝经对于六经之一《春秋》的看法。他认为,《春秋》是蕴含天道、王道的政治哲学,能够体察圣人之性,能为后世君王提供符合天道的政治指导,能够为记录政治的史书提供最高的评判标准。

"《春秋》,尽性之书。"《春秋》"载圣人之迹"——对具体活动的记载,看起来纷繁复杂的"迹"背后是有理念贯穿起来的,这便是圣人之"性"。要了解圣人之"性",莫若通过有征可观的"迹",因此"观性之书,皆莫若《春秋》"。

"《春秋》,道之政也。"它是"百王不易、万世永行"的大经大法:权天下之轻重,定天下之邪正,起王室之衰,黜五伯之僭,削大夫之专,治乱臣贼子之罪。以鲁国一儒,行天子之事,而断自圣心。[①] 因此,"用《春秋》以治天下,则舜、禹、汤、文之功业,可指顾而至"[②]。

"《春秋》,史之断也。"在郝经看来,史书主要是对前代政治的记载,虽然真正的史学是从《史记》开始的,但是《春秋》三传之一的《左传》已经具有了相当的"史法"——"错诸国而合之",而《左传》恰是以《春秋》为"断"的。再者,《春秋》乃是政治之大纲大法,是最高的政治哲学,历朝历代书写政治的史书,也需要有一个贯穿始终的评判准则,这个准则就是《春秋》。

(二)对三传的认识与溯源

郝经对《春秋》三传有清醒的认识,从整个学术史的角度,梳理了《春秋》经传的传承过程:

> (鲁哀公)十四年春,西狩获麟,乃作《春秋》。十六年夏四月,卒,则其书之成,岁月无几……盖口授之际,在夫曾参氏而已。一王之义,必属之曾矣。故曾子之学,自颜氏之后,独为正大……以是传之子思,子思传之孟轲。孟轲氏以其师说,遂言制作之本曰:……以是数语发明《春秋》之大纲,后之言《春秋》者,皆莫出乎此,其说有

[①](元)郝经:《五经论·春秋》,《全元文》第4册,第243页。
[②]同上。

所自而然也。惜乎孟轲氏凡而不目，不著其传而为之传，而使后之学者纷纷也。自孟轲氏发明大纲，传《春秋》者三家，左氏、公羊氏、穀梁氏。①

郝经认为，孔子晚年作《春秋》，并将《春秋》之学传至曾子，曾子传之子思，子思传之孟子，因此孟子才能高屋建瓴地标明《春秋》制作之本，发明《春秋》之大纲。至此，《春秋》之学尚为一贯之学，未曾分裂。孟子死后，传《春秋》者才分为《左氏》《公羊》《穀梁》三家。三家对《春秋》经的解释各自为是，颇有分歧。时至西汉，利禄所驱，三家置是非于不顾，互相攻讦，门派之争肆起，学者莫知所从，甚者入于左道旁门，《春秋》所载圣人之"性""迹"，皆泯灭于纷争之中，《春秋》之学由治转乱：

呜呼，三传之祸兴，而论说纷纷，岂惟不知与《易》一，而各标异议，莫知所从。彼以为是，而此以为非，彼以为非，而此复以为是。彼出乎彼，则曰余出乎此，至于师弟异而父子不同，己之伪是非侈，圣人之真是非丧，则性乌可尽，迹于是乎泯泯也。下此而又有甚焉者，诞妄者入于谶纬，冯藉者入于叛逆，深刻者入于刑名，有王者起则必削而去之。②

西汉以来，专门授受，言《左氏》者黜《公》、《穀》，言《公》、《穀》者黜《左氏》，互为短长，相与讦击，至于师弟异而父子不同，文辞枝叶，户牖穿凿，末流散殊，泾渭淆混。始则一经而三经，末乃三传而百传。③

三传专门之学，各有名儒大家——如杜预、孔颖达之于《左传》，董仲舒、何休之于《公羊传》，范宁、杨士勋之于《穀梁传》——对三传进行了卓有成效的发明推演，然而终究"圣人之意散，一王之统分，真是之旨终惑而莫能解"。

由此可知，郝经对《春秋》三传异说导致的混乱认识十分深刻。当然，从学术史的角度，把郝经的这个观点与同时甚至之前唐宋诸儒进行比较，我们会发现这并非新论。从隋代王通开始，就有"《三传》作而《春秋》散"④的论调，唐代中期啖助、赵匡、陆淳更是掀起了摒弃三传以解经的新思路，并为两宋诸儒发扬光大。但是若加入地域因素，将郝经此论置于金元之交的北方，那么持此论者可谓寥若晨星。须知，金元之际，北方春秋学仍然是以独尊《左传》及杜预注为主流的。

---

① (元)郝经：《春秋三传折衷序》，《全元文》第4册，第195、196页。
② (元)郝经：《五经论·春秋》，《全元文》第4册，第242页。
③ (元)郝经：《春秋三传折衷序》，《全元文》第4册，第199、200页。
④ (隋)王通：《中说》卷2，四部丛刊本。

更难能可贵的是,郝经在揭橥三传之弊的同时,并非全盘否定三传,他看到了三传诠释《春秋》的积极意义,"《春秋》之旨,由三传而得者十六七,由三传而惑者十四五",两相权衡,功大于过。虽然存在诸多问题,三传在郝经眼中,依然是追寻《春秋》大义的必经之路,就像是长江的支流余脉,最后仍能"发源注海,而朝宗者不外焉"。基于此,郝经对卢仝、啖助、赵匡、陆淳以降"舍传求经""以己意解经"的春秋学研究方法十分不满:他们宣称"舍传",实际上"其义例殆皆不能外乎三传,而每以三传为非"①,实乃"欺天下后世"之举。在啖赵学派"舍传求经"大行其道的环境下,郝经对三传的提倡可谓独树一帜。

这种提倡并非标新立异,而是体现了郝经对三传渊源的深刻思考,他认为,"三传之说虽不同",然皆"出于圣人之门,而学有所自,终不外圣人之书法"②。郝经采纳朱熹三传同源的思路③,在《春秋三传折衷序》④一文中,郝经用大量的篇幅来阐述落实三传之学术源头——"三传之传,皆本诸曾子,故其传正"。

关于《左传》,郝经认为左丘明为"鲁左史,世掌策书,故以左为氏",并据刘向《别录》,推断左丘明之学出于曾子,以其所掌之史册,为经作传,是为《左传》:

> 刘向《别录》谓"丘明授曾申,申授吴起",此必有所自,然亦可见曾子之传为不易也。刘向所录,盖丘明上有"曾子"字而失之矣。《春秋》所讥,多父子夫妇淫逆之事,故不能亲授之子,使丘明辈转相传之。申,曾子之子,而受《春秋》于丘明。曾子于诸弟子年最少,则丘明又少于曾子,其学出于曾子无疑也。

《公羊传》和《穀梁传》历来被认为是子夏所传,郝经力驳此说:《公羊》《穀梁》二传对先儒多有称引,然"《公羊氏》终篇非惟不及子夏,但称孔子者一,而孔门高弟皆不及焉;《穀梁氏》亦不及子夏,而称孔子者六,称子贡者一,而其余高弟亦皆不及焉",可见二传与子夏并无关系。《公羊传》中出现过五次的"鲁子",郝经则认为是"曾子"之讹,并且《公羊传》中某些传文,用曾子之弟子乐正子春之说,因此《公羊传》也是出于曾子:

> 独《公羊氏》称鲁子者五,与孔子直称子同,则著其师之所传,故推尊之如孔子,亦如孔子既没,门弟子之称有子,师事而尊称之也。既尊之,又屡称之,岂非本其所自,而乐道之欤?孔门之高弟,一不及焉。《语》《孟》传注无所谓"鲁子"者,而屡称

---

① (元)郝经:《春秋三传折衷序》,《全元文》第4册,第199、200页。
② 同上。
③ (宋)黎靖德编,王星贤点校:《朱子语类》卷83,中华书局1986年版,第2152页。
④ (元)郝经:《春秋三传折衷序》,《全元文》第4册,第195—200页。

焉。故尝疑鲁为曾,"曾""鲁"之文相近,传写之误,遂以"曾子"为"鲁子"。昔人辨古文之差,以鱼为鲁,此岂非误曾为鲁乎?且《公羊氏》于昭公十九年"许世子止杀君"之传,以乐正子春为说。乐正子春,曾子之弟子,则鲁子为曾子无疑也。

可能是因为没有足够的证据,郝经并未对《穀梁传》与曾子的关系作太多的论述。最后,郝经总结道:

《左氏》则言授之曾申,《公羊氏》则屡称曾子,《穀梁氏》言子贡而不及子夏。盖《左氏》《公羊氏》皆出曾子,而《穀梁氏》授之沈子、尸子之徒,沈子、尸子之徒则受之曾子也。二氏之传出于曾子,非出于子夏明矣。三传之传,皆本诸曾子,故其传正。

尽管三传同出于曾子,然而由于左氏、公羊氏、穀梁氏三者的知识结构和习得途径不同,同源的三传出现了分化,各自呈现不同的特点:

《左氏》之传,本自史臣,是以序事精博,丽缛典赡,而约之以制,使圣人笔削之旨,有征而可按;《公》、《穀》二氏,口授其义,而为之传,故其文约,其辞切,其辨精,反复诘折,使圣人微婉之旨,可推而见。

既然三传都是由曾子而来的"正传",为何还会有如此多的弊病呢?郝经的解释是,三传转相授受,传授者和接受者都不一定如子思、孟子那么纯粹,因此"其说亦有戾于圣人者"。

通过以上的论述,郝经对三传的得失及其根源作了基本圆融的阐释。三传有神圣的一面,因为它们共同源于曾子,而曾子又是得孔子之道,属于道统中的一环;三传与《春秋》相违背的一面,是曾子之后的传授者之悟性和心性不足所致。三传以降,诠释《春秋》的著述,要么是基于三传的注疏,要么是以己意为传解经,都与孔、曾、思、孟没有直接的传授关系,都不具备三传的神圣性。因此,从寻求《春秋》大旨来说,三传的重要性不言而喻。

在这个前提之下,郝经综合三传以解经,作《春秋三传折衷》,根据序言,其体例如下①:

先列一条经文;经文之下依次列《左传》《公羊传》《穀梁传》三传传文,《左传》中的

---

① (元)郝经:《春秋三传折衷序》,《全元文》第4册,第199、200页。

"无经之传"悉数革除;杜预、何休、范宁对三传的注,则酌情附于传文之下——这些都是条列原有文献(经、传、注),之后才是郝经的原创性文字:三传各有经文,而文字有所差异,因此首先要辨析不同经文间的是非;三传解经颇有龃龉,需要辨析三传对此条经文解释的得失,评判得失一以经文为准,对三家传文的是非得失只作客观评判,而不将非者、失者加以删削,即使三家之说俱失,亦皆存其文,而从其他经典中寻求此条经文的正确理解。

郝经治《春秋》,并不仅据三传,同时也从与圣人关系更为紧密的《五经》《四书》中加以探求,"以经明经,庶几见圣人制作之意云尔":

> 夫圣人不欺天下后世,作为《六经》,确然如乾,隤然如坤,易简示人,而天下之理得。故本诸《易》以求其理,本诸《书》以求其辞,本诸《诗》以求其情,本诸《礼》以求其制,本诸《语》、《孟》以求其说,本诸《大学》、《中庸》以求其心,本诸《左氏》以求其迹,本诸圣人之经以求其断,则《春秋》不吾欺也,不吾蔽也,圣人之意可见,而三传之传之自之本之差得矣。

通过以上几道程序,郝经认为可以使学者知有所从,而经传各得其所,"庶几圣人之意因三传以传,三传之学不为诸儒所乱,而学者知所从,不茫然惑惶以自乱"。

三 对郝经春秋学之讨论

郝经《春秋外传》八十一卷,是元初北方春秋学著述中的皇皇巨著,也是极具郝经特色的学术著作。郝经的学术具有丰富的多样性,他既受传统的金代学术的影响,又服膺赵复传授的道学。作为一个政治天赋极高的知识分子,郝经务求实用的理念,驱使他对于唐宋诸儒,冀求泛取而不专主一家。郝经的春秋学也具有这种糅合的色彩。

郝经对三传之学十分推重,认为三传之学均源于曾子,由曾子而上绍孔子之道。因此中唐以来备受春秋学者诟病的三传,在郝经看来,依旧是研治《春秋》的必由之路。其作《春秋外传》的主体部分《春秋三传折衷》,比列三传,除《左传》中的"无经之传"外,三传之文,悉数保留,不因其讹谬而删削,并以杜预、何休、范宁之注附于本传之下。是皆用唐以前三传专门之学为材料,而不涉及中唐之后新春秋家之说,可见郝经对三传之学的重视。郝经在解经过程中,以经为断,权衡三传之是非得失,在表面上与啖助、赵匡、陆淳以经为尊,权衡三传颇为相像,然其内在精神则大相径庭。啖、赵、陆因袭卢仝"三传当束高阁,而独抱遗经"的思路,"尊经斥传",认为三传中许多文字"义指乖越,理例不合",或者"辞理害教",事迹文辞不雅驯,不但不利于解经,反而害经,这些文字"悉所不录"[1],只有那些有助于探讨圣人大旨的传文才被保留。在他们看来,三传只是解经的普通材料而已,可以任意删削,加之己意以解经。即使是兼采三传之义,亦"不本所承,自用名学,凭私臆决,尊之曰'孔子意也'"[2]。他们抛弃三传,"遂创为之传,自是《春秋》之学不专于三传矣"[3]。郝经排比三传,论其是非,虽讹谬者亦不加删削,且以三传皆源自曾子,传圣人之学,不应摒弃,乃是尊经重传的思路。从这点来看,郝经的春秋学,还是属于旧学术的范畴。

但我们也要看到,属于旧学术范畴的郝经春秋学并不纯粹,其中亦有程朱理学的新色彩。最为突出的表现便是,郝经肯定朱熹关于三传同源的观点,并将三传的学源落实为曾子,试图将《春秋》三传纳入道统体系之内,以抬高三传的地位。

道学家认为,圣人之道,递传有序,由尧、舜、禹、汤而至孔、曾、思、孟,而至周、程、张、朱。先哲已往,则道载于其著述之中,孔子对诸经的整理、曾子之《大学》、子思之《中庸》、孟轲之《孟子》、周敦颐之《太极图说》《通书》、张载之《西铭》、二程、朱熹表彰《四书》《五经》之作,皆为道学家崇奉之经典,"如日月之光昭于天、岳渎之流峙于地"[4]。而道统之外的儒者所著之书,不仅无法与道统诸书相媲美,其中的杂驳之论甚至会妨害真道。《春秋》三传的作者左丘明、公羊高、穀梁赤的真实身份,从古至今一直备受争议而无确论。虽然有公羊高、穀梁赤受经于子夏的说法,即便此说成立,子夏一脉,也是道统体系之外的别派,更不用说身份最为模糊、争议最大的左丘明了。职此之故,唐以前备受推崇的《春秋》三传,在程朱学者看来,就显得驳杂不纯了,其治《春秋》,多排斥三传而以己意解经。

经过与赵复讨论道学,郝经对道统有了很深刻的认识[5],在多个场合,他对道统都作

---

[1]（唐）陆淳:《春秋集传纂例》卷1,清武英殿聚珍丛书本。
[2]《新唐书·啖助传赞》。
[3]（元）郝经:《春秋三传折衷序》,《全元文》第4册,第199页。
[4] 康熙《日讲四书解义序》,《日讲四书解义》卷首,文渊阁四库全书本。
[5] 田浩在《宋、金、元文化思想碰撞与融合:探究郝经的夷夏观、正统论与道学演变》(载张希清等编《10—13世纪中国文化的碰撞与融合》,上海人民出版社2006年版,第21—61页)一文中,将1243年冬郝经受贾辅之邀教授诸子并读书贾府"万卷楼",作为其思想的转折点,认为"社会地位的重大变化与图书典籍的大量阅览,也许是影响郝经的文化观,甚至于对道学态度的重要环节"。该结论的重要支撑点,是郝经《太极书院记》的写作时间,田文引用郝经《哀王子正》一诗的原注"时方作《太极书院记》未毕"。今查郝经《陵川集》各版本,该注均作"时方作太极书院未毕",而非"时方作《太极书院记》未毕"。因此,郝经作《哀王子正》时,尚未完成的是太极书院,而非《太极书院记》。这样,田浩《太极书院记》作于1243年的论断就不能成立了,由此而得出的郝经思想之转变得益于1243年进入贾府教授、读书所导致"社会地位的重大变化与图书典籍的大量阅览"的观点,同样也就经不住推敲。笔者认为,郝经《太极书院记》的创作,应与《周子祠堂碑记》同作于1259年郝经任江淮荆湖南北等路宣抚副使之时。

出了与道学家完全相符的表述,表明郝经对道学、道统的认可。将三传道统化,是郝经春秋学的一个重要特点,即将旧学术纳入新体系。他注意到三传与曾子的微妙关系,并从此入手,将三传与曾子联系起来,把三传的源头归结到曾子。三传之学不再是道统体系外的杂驳不纯之学,而是曾子一脉所传。郝经的论证实际上比较牵强,有臆断之嫌,如引刘向《别录》而谓"盖丘明上有'曾子'字而失之矣",因而推断出《左传》的传授脉络为曾子→左丘明→曾申→吴起。又如,郝经认为《公羊传》屡称之"鲁子"乃"曾子"之误,并以《公羊传》引曾子弟子乐正子春之说为据,断然谓"鲁子为曾子无疑",来论证《公羊传》为曾子所传。郝经的这两个观点十分新颖独到,却无法令人完全信服,再加上其并未找出实际证据来论证《穀梁传》的学术渊源,便以偏概全地遽下结论"三传之传,皆本诸曾子"。由此来看,这个结论是很难经得住推敲的。然而,这却是郝经试图将三传纳入道学体系以抬高其地位的努力。另外,郝经从《四书》《五经》中探寻《春秋》大旨;在三传皆失的前提下,以己意解经,这些宋儒治经的特色,在郝经身上亦有明显的体现,表明其与旧学术不同的新色彩。

郝经糅合汉唐与两宋学术的另一表现就是,他对汉唐注疏、两宋议论之学表示了同样的敬意,他呼吁学者,要破除门户之见,兼收并蓄,一以贯之:

> 呜呼,《六经》成于孔氏,而传注备于玄,卒汉四百年之业,而收其功,可谓大儒矣。唐以来学者,《易》用王弼注,《书》用孔安国传,《诗》用毛氏传、郑氏笺,三《礼》用郑氏注,《春秋左氏传》用杜预注,《公羊传》用何休注,《穀梁传》用范宁注,而孔颖达等复为疏释原注:唐孔颖达与颜师古等撰《五经正义》。至宋,《易》有程氏传(原注:程氏号伊川先生,作《易传》),《书》有夏氏解(原注:夏僎号柯山先生,作《书解》),《诗》有朱氏传(原注:朱熹号晦庵先生,作《诗传》),《春秋》有胡氏传(原注:胡安国谥曰文定公,作《春秋传》),《礼》有方氏、王氏解(原注:方悫号河南先生,作《礼记解》,王昭禹作《周礼解》)。于是《六经》传注于汉,疏释于唐,议论于宋,圣人之大义备,真儒之学与天地并,而立人极焉。学者毋去彼取此,妄有轻重也,必贯而一之,然后为至已。[1]

在讲上面这番话时,郝经仿佛又跳出了道学家的阵营,站在一个更高的角度,以更为宏大的视角来看待整个学术史,兼采汉唐两宋学术之精华,熔铸为一。

然而,这种杂取诸派的学术取向是一种不稳定的状态,郝经始终难以调和各派学理

---

[1] (元)郝经:《续后汉书·郑玄传》卷65,文渊阁四库全书本。

间的冲突。纵观郝经一生,他几乎都是在"独学"中度过的,21岁之前读书铁佛寺,之后读书万卷楼,最后十六年囚禁于真州,既缺乏与同水平学者的交流探讨,又不能自由阅览学术著述①,都是在一种相对封闭的环境中治学。期间虽或为贾府私塾或为世侯门客,然从现存文献来看,郝经的关系网仅限于陵川及保定附近,除了元好问、刘祁等世交外,与当时其他学者的学术互动不多,"甚至于只稍微提及王若虚而没有谈到许衡"②。与赵复关于道学的讨论,可能是郝经与当时学者为数不多的交流,这次交流给郝经思想增添了新的元素。若是描绘金末元初的学术关系网,郝经可能是一个比较孤立的存在。

或许由于这个方面的原因,郝经的思想最终仍旧是一种驳杂不纯、难以自洽的学术体系。晏选军认为郝经易箦之际,唯书"天风海涛"四字,一个很重要的缘由便是"对自己在学术上泛取多家而终不能圆融贯通,内心始终有着无法消解的紧张情绪"③,笔者认为这个观点很值得关注。

【作者简介】 张欣(1985—),男,文学博士,中国石油大学(华东)国际教育学院讲师。研究方向为春秋学、古典文献学。

---

① 郝经囚禁期间,他的活动范围仅是很小的一片区域,能接触到的仅是使宋的随从、门生以及监守的兵士,他们的学识显然无法与郝经齐平,因此郝经无法与当时的同水平或者更高水平的学者进行有效的讨论切磋。更为严酷的是,郝经在被囚禁期间,接触的书籍文字不多,"四壁之内,无他文籍(《一王雅序》,《全元文》第4册,第192页)",即使能够借阅,得到的仅是"二《汉》、《三国》、《晋书》(《续后汉书序》,《全元文》第4册,第215页)"等常见书籍,其他学术著述难得一见。郝经《春秋外传序》谓"其间讹缺谬戾者甚众,俟变通之日,取诸书以考实之",亦可见书籍之缺乏(《全元文》第4册,第202页)。
② [美]田浩:《宋、金、元文化思想碰撞与融合:探究郝经的夷夏观、正统论与道学演变》,第61页。
③ 晏选军:《南北理学思想汇合下的郝经》,《晋阳学刊》2003年第6期。

吴澄学术与元中期士风学风的转变

李 超

【提要】 元人吴澄是一个有鲜明个性的学者,他为学不肯以俗儒之学自足,强调在我精神,其学术追求重实用,重会通,重自得,形成了折中兼济的特点。他深感宋末儒学的弊病,于是对近世空疏学风、污浊士风进行了不遗余力的批评,并提倡内学和实学。元中期以来江西士子普遍的经世致用的观念和这分不开。

【关键词】 吴澄;折中兼济;士风;学风

作为元代著名学者,吴澄的学术思想早已被广泛关注和较深入研究。本文只拈取其学术个性、学术特点以及其对元中期士风学风所做的努力做一点自己的阐释,以反映这位开宗立派的儒学宗师的学术贡献和影响。

一 吴澄鲜明的学术个性

吴澄是一个有鲜明个性的学者。他说:"澄也生二十有二年,平居立志,不肯以俗儒之学自足"①,"年十五六,始恍然有悟于圣经贤传之中,而妄意欲探夫鲁、邹、濂、洛之传"②。他从涉足经典的一开始就欲使自己得圣贤正传。他的志向隐隐中还有舍我其谁的气魄,如虞集为其所作行状引吴澄自己的话"近古之统,周子其元也,程张其亨也,朱子

---

① (元)吴澄:《谢推幕》,载李修生主编《全元文》第15册,江苏古籍出版社1999年版,第684页。
② 同上。

其利也。孰为今日之贞乎?"①很显然,在他看来,近世还未有能继朱子大统之人,所以他寄希望于自己的意思十分明显。又如"倘得直言天下事于大廷,亲策之晨以少吐平时所学之万一,然后退而私居,博考载籍,力学圣贤,则澄之志愿得矣……得志,泽加于民;不得志,修身见于世"②。他是要立志修身和泽惠于民的。

在《经传考异序》中吴澄又说:"予少时读经书,疑其有误字错简处,必博考详订而是正之。一日,有先生长者见其一二,叱责曰:'圣经如在天之日月,千古不易,何可改耶?汝何物小子,而僭妄如此!'予鞠躬谢过曰:'父师之教,敢不承乎?第古书自秦火之余,炎汉之初率是口授,五代以前率是笔录。口授者宁无语音之讹?笔录者宁无字画之舛?语讹字舛,为经之害大矣。不订正而循袭其讹舛,强解凿说,不几于侮圣言与?予之订正也,岂得已而不已者哉!况一一皆有按据。曰某本作某字,或先儒曾有论议,曰某字当作某字,未尝敢自用己意点窜也。'先生长者不领予说,予亦不能从其言而遂止。然于此每兢惕谨审,而不敢苟。"(卷二一)小时候的吴澄就有怀疑古书的意识,而且不迷信书本,不迷信老师,这反映的不仅是吴澄求真的态度,更是他敢于质疑权威、挑战经典的精神。他在《春秋备忘序》中说:"澄也常学是经,初读左氏,见其与经异者,惑焉;继读公、穀,见其与左氏异者,惑滋甚。及观范氏传序,喜其是非之公,观朱子语录,识其优劣之平,观啖赵《纂例》、《辩疑》,服其取舍之当。然亦有未尽也。遍观宋代诸儒之书,始于孙、刘,终于赵、吕,其间各有所长,然而不能一也。"(卷一八)这段话表明吴澄在学《春秋》的时候也是疑惑甚多,而且他善于比较,在比较中对各家的注解有自己的评判。当然,吴澄的质疑不是毫无根据的,而是很严谨的,还很谦虚。他在《周易本说序》说:"彼之与予同者,予固服其简且严矣;其不与予同者,予敢是己之是而必人之同乎己哉?亦将因其不同而致思焉。则其同也,其不同也,皆我师也。"(卷二十)他的怀疑并不是一味去求对与错,而是可以从别人不同的观点中去寻得有益的启发。

"在我"一词也是吴澄学术个性的反映。"在我"一词屡屡在其文章中出现。这其实强调的是主体的一种践履精神,无论是立志修行还是读书,均要有这样一种精神。如《墨庄后记》中说:"夫士之立志在我,人莫能夺也。"(卷四五)又如《杨忞杨惪字说》:"凡古圣先贤之书,皆所以传其心者,苟能博学详说而反约言,则此心之传,其传在我矣。五常万善之理,皆吾之得于心者,苟能精思力践而妙契焉,则心之得其得,不失矣。"(卷八)这说

---

①(元)虞集:《故翰林学士资善大夫知制诰同修国史临川先生吴公行状》,《道园学古录》卷44,文渊阁《四库全书》第1207册,第622页。
②(元)吴澄:《谢张教》,《全元文》第15册,第680页。

的是要通过自己的努力使古圣先贤之言妙契吾心,并在实际生活中践履之,使之真正内化为己有。《题严氏四世家传后》云:"欲传莫若行道,道在我,求之已而有余,无所资于人也。"在《赠清江晏然序》中他把"贵"分为"人之所贵"与"天之所贵"两种,并说"求之有道,得之有命者,此人之所贵也;求之在我,得之可必者,此天之良贵也"(卷三三),可见他对于这种通过自己主观努力争取来的富贵的欣赏。又如他说学《易》:"欲学《易》,予告之曰:《易》在我不在书也"(卷三十《赠成用大序》),"虽然,《易》岂终不可学哉?《易》之为易,具于心,备于身,反而求之在我,不在书"(卷三一《送乐顺序》),他强调的也是要真正理解《易》之道,不仅要学习而且要切身体认。他在《孙静可诗序》中说:"文章亦然,品之高其机在我,不在乎古之似也"(卷二二);在《题读书说后》说:"读书者当知书之所以为书,知之必好,好之必乐,既乐,则书在我,苟至此,虽不读,可也。"(卷五七)他看重的是自我喜爱的读书感受,与之相对立的是没有自我见解的状态,就如同"买其椟而还其珠,虽手不停披,口不绝吟,一日百千卷舒,书自书,我自我,读之终身,犹夫人也,而何益焉?"这种读书方法,于义理丝毫无所得,纵读千卷书也只是书蠹,而其甚者"长其骄,长其傲,长其妄诞,长其险谲,靡不由书之为祟。彼之胸中无一字者,或不如是也。噫!是岂书之祸人哉?人之祸吾书尔"(卷四二《卷舒堂记》)。从以上所列,可以发现吴澄其实想强调的就是学术上的主观能动性,强调一种个性创新精神。

二 吴澄折中兼济的学术特点

吴澄学术上不仅有个性,而且有特点,这是一个学者学术成熟的显著标志。他的学术特点包括三方面:

其一,重实用。吴澄自小就希望自己将来能以所学有用于世,长大后更是倡导实学。何谓实学,在《十贤祠堂记》中他说:"夫果能遵许文正之教而上达于司马,以行天下之达道;循朱张吕之言而上达于程张周邵,以立天下之大本,此实学也。"(卷四一)这实在受《中庸》影响,运用所学调和五种人际关系,能事君事亲,能治国治民。吴澄重实的言论有很多,如《赠学录陈华瑞序》云:"虽然,读《四书》有法,聊为子言之。必究竟其理而有实悟,非徒诵习文句而已;必敦谨其行而有实践,非徒出入口耳而已。"要言之,吴澄的实学包含两方面内容:真知和力行。

所谓真知是指知识的内化于身。在《明经书院记》一文中,吴澄把明经之士分为三种类型,"心与经融,身与经合,古之圣人如在于今,此真儒之明经也","句分字析,辞达理精,后之学者得稽于古,此经师之明经也","帘窥壁听,涉躐剽掠,以泽言语,以钓声利而止,此时流之明经也",显然这三者之间有高下之别,在他看来,宋初泰山先生孙复、安定先生胡瑗虽然明于经,"所守、所行不失儒行之常,固其天质之异,抑其学术之正",但是也只能算是"经师之明经"。他心中期许"必共城邵子,必春陵周子,必关西张子,必河南二程子,而后为真儒之明经。盖其所明匪经之言,经之道也"(卷三七)。所谓"经之言"与"经之道"的区分,无非是字句的研习和理道研习的区别。

所谓力行,就是将内化的知识在现实行为中体现出来。《送乐顺序》说:"夫《易》,昔夫子所以教门弟子,无非日用常行之事,使之谨敕于辞色容貌之间,敦笃于孝弟忠信之行。"(卷三一)所以力行就是一种践履,要在辞色容貌之间、一言一行之中反映你的孝悌忠信。

吴澄不仅在学术中重实用,而且在其他一切技能中都重实用,如《赠墨工艾文焕序》说:"苟无其实,虽百口交誉,虚而已矣。"(卷二九)《赠医士章伯明序》说:"试之而有实能,用之而有实效。"(卷二九)这些都说明他的思想中鲜明的实用色彩。

其二,重会通。会通是一切大学者都具有的品格,吴澄也一样。他深有感于会通的重要,在《曹贯字说》中,他说夫子教人是等到自己日久而功深之后,便以"一以贯之"之语晓谕门人,"俾其所知所行之十百千万豁然浑然而通于一,故曰贯",又说朱熹解释贯为通,说这并不是容易达到的。(卷九)吴澄的会通集中体现在融会朱陆之学上,他无疑代表了宋末元初和会朱陆的主流倾向。他的会通就是在朱学基础上,汲取陆学的营养。如《送陈洪范序》中说:"夫朱子之教人也,必先之读书讲学,陆子之教人也,必使之真知实践。读书讲学者,固以为真知实践之地;真知实践者,亦必自读书讲学而入。二师之为教一也,而二家庸劣之门人,各立标榜,互相诋訾,至于今,学者犹惑。呜呼!甚矣,道之无传,而人之易惑难晓也!为子之计,当以朱子所训释之《四书》,朝暮昼夜,不懈不辍,玩绎其文,探索其义。文义既通,反求诸我。书之所言,我之所固有,实用其力。明之于心,诚之于身,非但读诵讲说其文辞义理而已。此朱子之所以教,亦陆子之所以教也。然则其要安在?外貌必庄,中心必一。不如是,不可以读书讲学,又岂能真知实践也哉?"(卷二七)在这篇序文中,他对陆子和朱子都很推崇,又对两家门人各有批判。他以为无论是朱子的读书讲学还是陆子的真知实践,其最终目的都在有益于身心上,即明心、诚身,他这里所说的实践就是要在个人言行中体现这种道德。他这里所说的"反求诸我",其实就是切己之学,也就是对自己的身心道德有所帮助。他不仅会通朱陆,也是会通真知和实践。

他的会通朱陆还体现在"尊德性与道问学"上,吴澄在《明明斋室记》《极高明楼记》等文章中都把"尊德性"放在"道问学"之前,作为朱学正统传人,他似乎更注重尊德性。

他甚至在《尊德性斋铭》将表弟的斋铭由"道问学"改成"尊德性"。虞集所作吴澄行状中也记载道:"盖先生尝为学者言:朱子道问学工夫多,陆子静却以尊德性为主。今学者当以尊德性为本,庶几得之。议者遂以先生为陆学。"由此可见他作为朱学传人,在会通陆学方面的努力。

会通的极致是"融液"。吴澄文集"融液"一词出现有近十处,如"所谓医家六经者,融液贯彻"(卷十六《内经指要序》),"太极先天之理,融液于心"(卷十六《皮达观诗序》),"俾左氏一书融液贯彻于胸中"(卷十六《左传事类序》),"异时二经融液,志之所至,声之所发,皆天仙语"(卷十八《连道士诗序》),"清趣和气,融液浃洽"(卷六八《元赠承务郎龙兴路南昌县尹熊君墓表》)。知识不仅是简单接受,也需要内化,更需要会通之后的内化升华,吴澄的"融液"就是指这样一个过程。

其三,重自得。吴澄还主张循序渐进与深造自得相结合。在《送乐顺序》一文中说:"果诚有志于学欤?则有其道:循序渐进,毋躐等,毋陵节,行远自迩,升高自卑,及其深造而自得,则视世俗之图小成、徼近利者,相去万万矣。"(卷三一)循序渐进是指学习经过长时间积累到"深造"并最终"自得"的过程,它来不得半点急功近利。对于"自得"的理解,他有一篇《自得斋记》专门来做解释,他说:

> 予考之经史传记,自之义有三:有所由之自,自诚、自明之类是也;有所独之自,自省、自讼之类是也;有自然之自,自化、自正之类是也;孟子之言自得,亦谓自然有得云尔。何也?天下之理,非可以急迫而求也;天下之事,非可以苟且而趋也。用功用力之久,待其自然有得而后可。先儒尝爱杜元凯之言,意其有所传授。其言曰:"优而柔之,使自求之;厌而饫之,使自趋之。若江海之浸、膏泽之润,涣然冰释,怡然理顺,然后为得也。"斯言殆有合于孟子自得之旨欤?优柔而求者,不以速而荒,使之不知不觉而遂所求;厌饫而趋者,不以馁而倦,使之不知不觉而达所趋;若江海膏泽之浸润者,渐而不骤也。逮至胶舟而遇初冰之释,解牛而遇众理之顺,则胶者涣然而流动,解者怡然而悦怿,无所用其功力矣。此之谓自得。然自得者,言其效验,而未尝言其功力也。非不言其功力也,未易言也,故但曰以道而已。以道者,循其路径以渐而进也。君子固欲深造也,岂能一蹴而遽造于深也哉?其必进之以渐,而待之以久夫!思之思之又思之,以致其知,以俟一旦豁然而贯通;勉之勉之又勉之,以笃其行,以俟一旦脱然而纯熟。斯时也,自得之时也。(卷四四)

这篇文章可以说是吴澄对孟子"深造自得"一语的领会,他认为杜预的话和孟子自得之语很相合,那是一种会于心的豁然贯通境界,是一个自然而然最后悟道的过程,但是这个豁然自得的境界又是深藏于循序渐进的积累中,是一种纯熟后的顿悟,它实际上仍是强调深造是自得的必要准备。在另一篇《杂识(四)》中他又强调自得是自得于心,内化于己,可以反身穷理,能够贯通于一,这样才真正是自己的东西。原文是这样说的:"苟徒从事于记诵口耳,而不能反之于心以验其实,则是徒徇外夸多以为人,而非反身穷理以为己。亦将察之不精、信之不笃,而其所通之理、所能之事、所质之疑、所闻之训,亦皆在外之物,而非自得于心者。故又必思索以精之,然后心与理一,融会贯通,而凡学之所得、问之所闻,皆我之所自得。"

当然,吴澄的自得也是建立在折中基础上的,所谓折中就是如何于众言淆乱之中折中以归于一的问题,吴澄认为"亦得因先生之所同以自信,又得因先生之所异以自考"(卷十八《春秋备忘序》),也就是在学习过程中发挥主观能动性,要能和其同,考其异。但是这又有一个度的问题:"古圣遗经,先儒俱有成说,立异不可,徇同亦不可。虚心以玩其辞,反身以验其实,博览而归诸约,傍通而贯于一。一旦豁然有悟,则所得非止古人之糟粕也。"(卷二八《送李教谕赴石城任序》)也就是说不强求其同,不强立其异,而是站在虚心博览的基础上去甄别同和异,最后得到自己的认识。从吴澄对待朱陆两家的异同即可看出他折中的取向,他和宋末元初很多学者一样努力改革宋季士风、学风,在思想中已经出现兼采朱、陆两家之长以和会的趋向。

三 吴澄变革近世士风、学风的努力

吴澄作为大儒,深感宋末儒学的弊病,于是对近世学风、士风进行了不遗余力的批评。

(一)对近世士风、学风的批判

首先,吴澄批判近世学风不切人伦日用、无关乎身心性情。简言之,就是虚而不实。他是在《答孙教谕诜书》一文中表露这个观点的。文中他深慨"近世家藏朱子之书,人诵朱子之说",但是圣贤之学在朱子之后却所传无人,他把这归结为"穷物理者多不切于人伦日用,析经义者亦无关于身心性情"。他认为不切人伦日用、无关身心性情这不是圣贤之所教,也不是真能穷物理、析经义者。(卷十一)作为朱子传人,吴澄率先将矛头对准朱子末学,表现出难得的勇气和变革风气的决心。

近世儒士虚而不实的学风有很多表现,如徒然记诵词章。吴澄在《评郑夹漈通志答刘教谕》中把学问分为三类:"有记诵之学,汉郑康成、宋刘原父之类是也;有词章之学,唐

韩退之、宋欧阳永叔之类是也;有儒者之学,孟子而下周程张朱数君子而已。"(卷二)他对记诵词章之学并没有成见,但是徒然记诵或堆砌辞藻他就要批评了。如《送孔能静序》说:"世所谓儒,或涉猎章句,或缀缉文辞,则已哆口而言,肆笔而书,以矜于时,以号于人,曰儒尔儒尔。"(卷二八)这些人学习只是为了在人前炫耀,逞一己之能,有违夫子之教,并不是真正意义上的儒士。《卷舒堂记》说得更明白:"世之读者,不过以资口耳之记诵,不过以助辞章之葩艳,鹦舌翠羽,悦听视焉耳矣。察其为人,稽其行事,胸蟠万卷之儒或不如目不识一丁之夫,何哉?读而不知其所以读也。"(卷四二)只记诵,不理解,不内化的儒士,品行甚至不如凡夫俗子。

更有甚者是以儒求功名窃温饱,吴澄在《谒赵判簿书》中说:

> 今世之儒所学者果何学也?要不过工时文,猎科第,取温饱而已。呜呼,陋矣哉!或稍有见识,与之言及圣贤之学,其刻薄者则笑之曰"迂阔",其忠厚者亦不过曰"可施之议论,而难形诸践履"。至于矫诈者,则又窃取其名以欺世。吁!圣贤之学皆切己事,而乃曰"迂阔";圣贤之学正在躬行,而乃曰但"可施之议论";圣贤之学不诚无物,为己为人间不容发,而乃窃取其名以欺世,皆圣贤之所不胜诛也。①

吴澄将近世学者贴上刻薄、矫诈的形容词,并说他们"欺世盗名",用语可谓毫不留情,这些人只把学习当作求取功名的工具,背离了切己事、在躬行的圣贤之教,当然对自己的身心无补,更别说在日常生活中践履了。

其次,吴澄对近世科举带来的士风大坏也加以痛斥。如《送李教谕赴石城任序》中说:"宋末举世浸淫于利诱,士学大坏,童年至皓首,一惟罢软烂熟之程文是诵是习,无复知为学之当本于经,亦无复知为士之当谨于行。"(卷二八)既批判士风,又批判学风,并把根源归结为科举之诱。又如《发解谢缪守书》在描绘士风之浅陋时说:"夫今之学者,自其羁草成童时,父兄已教之读书矣。晨对面曦之窗,夜爇继晷之膏,其用心盖甚勤,其用力盖甚劳。然学其所学,非吾所谓学也。盖愚尝与今之学者共学矣,问其所读之文,则曰时文;问其所修之业,则曰举业;问其所志,则曰'吾将以钓科第、谋爵禄,而利身肥家'也。呜呼,士而如此,其可谓陋已矣!"②从吴澄与这些人的对话中,可以看到当时士人殚精竭虑只为功名利禄,吴澄在措辞中也毫不遮掩自己批判的锋芒。还有《送何庆长序》中描绘宋季矜骄的士风,"士自成童以上,能为进士程文,稍稍称雄于时,辄轻扬偃蹇,谓莫己若

---

① 《吴文正集》外集卷3,又见《全元文》第14册,第67页。
② 《吴文正集》外集卷3,又见《全元文》第15册,第678页。

者十而八九,盖不待擢科入官而后骄也。偶尔贡于乡,则其骄已进;偶尔舍于太学,则其骄愈进,夸言盛气,足以撼动府县,震耀乡里,晨夕所思,始终所为,无非己私人欲之发,岂有一毫救世济物之意哉?"(卷二七)他一方面是不满于士子的自满骄横,另一方面更不满士子只为一己之私欲。

士风大坏,官场风习自然污浊不堪,一些人把官府当旅馆,每到一处便盘剥一处,之后荣升而去。如《峨眉亭重修记》所写:"近年气习日异,仕而无愧耻者十八九也。且夕茧丝其民,苟获盈庾,则翩翩而高翔,官府犹传舍尔。"(卷四五)还有一些人仕宦前后态度迥然不同,吴澄说:"呜呼!宋末士大夫渷涊脂韦、便身迷国者滔滔而是,习熟成风,恬不为怪。固有稍负气节于未仕时,亦不能不改变于既仕之后。"(卷七五《故楚清先生龚君墓碣铭》)吴澄在《谢推幕》中说:"澄十五六时已慨然厌科举之业,私欲务圣贤之学",他认为少年登科对于无志之人是不幸,对于有志之人是大幸,因为登科之后可以脱去科举之累,可以专意于圣贤之学。在目睹了宋末科举带来的士风大坏、官场腐败之后,他对科举深恶痛绝,以至在元延祐复行科举之时,他不无担忧并持反对意见。

最后,他反对士子的远游之风。出游是江西士子很热衷的事情,袁桷《赠陈太初序》"今游之最夥者,莫如江西",而吴澄对出游似乎有自己的看法。

他对出游持两种态度。如《送何太虚北游序》将游分作古之游和今之游,古之游是为了解"山川风土、民情世故、名物度数、前言往行",为了达到这个目的,而取友一乡、一国、天下,乃至尚友古人。而今之游者,"方其出而游于上国也,奔趋乎爵禄之府,伺候乎权势之门,摇尾而乞怜,胁肩而取媚,以侥幸于寸进。及其既得之而游于四方也,岂有意于行吾志哉?岂有意于称吾职哉?苟可以寇攘其人、盈厌吾欲,囊橐既充,则扬扬而去尔",所以他在文中总结两种出游说,"昔之游者为道,后之游者为利"(卷三四),对于后者他要坚决批判。他在《送甘天民之京师序》中说:"今兹学官秩满,又将矫首振翼乎天京。予观士之北上者,大率侥觊其所不可必得,其立心之初已可薄,而或者安然,以为当然也。"(卷二六)显然,那些为了寻求仕途而北上的行径是他所不取的。

他更感慨的是士人游宦他乡而不顾亲情。如《送李文卿序》说:"窃怪海宇混同以来,东西南北之相去,地理辽绝,有违其乡而仕远方者,于其亲也,或五六年、或七八年、或十余年而不一省,不惟安否之问、甘旨之供阙,至有畜妻抱子、新美田宅于它所,而其亲自营衣食、自给徭役于家,窘穷劳苦而莫之恤,老矣而无欢;或不幸永诀而不相闻,甚者闻而不奔,又甚者匿而不发,饮食、衣服、言语、政事扬扬如平时。噫!是岂独无人心哉!其沦染陷溺之深而然与?其未尝讲闻礼经之训而然欤?可哀也已。"(卷三一)在这篇序文中,吴澄指出元统一江南之后,一些士人到很远的地方去做官,十余年不省家,背弃双亲,不尽孝道,吴澄对他们直接加以一种道德的批判,这也是他反对游宦远方的原因。

学风、举业、官场、游历,它们之间存在一定的内在联系。那些汲汲于名利,只是将圣贤之学作为一种工具和手段的人,无论是对己之身心还是社会风气都是有百害而无一利,所以作为大儒的吴澄就不免要大加声讨了。

(二)提倡内学和实学

吴澄鉴于近世学风、士风的弊端,在批判之后便有所立。近世学风的特点主要是空疏,于是他提倡内学和实学。他说:"词章、记诵,华学也,非实学也。政事、功业,外学也,非内学也。知必真知,行必力行,实矣,内矣。"在他看来,内学即实学,即切己之学,要通过所学真正地使自己身心有益,人格完善,然后身体力行。他为此指出了具体的学习之方。

首先是立志成为圣贤。他说:"道者,人人所同有;圣贤者,人人之所可学。其为人也,亦惟实用其力尔。"(卷四一《十贤祠堂记》)只要用力,圣贤人人可为,这样就除去了圣贤之学的神秘性。在《尊德性道问学斋记》(卷四十)中他解释圣人之学为"以能全天之所以与我者尔。天之与我,德性是也,是为仁义礼智之根株,是为形质血气之主宰"。即真正的圣贤之学应该有助于德性的保全,就是"尊德性",于是文章提倡用尊德性来补救朱门末学记诵词章的浅薄。在《王学心字说》中他更进一步说圣贤之学即是心学,他说:"圣门之教,各因其人,各随其事。虽不言心,无非心也。孟子始直指而言,先立乎其大者。噫!其要矣乎!其至矣乎!"(卷七)在吴澄看来,心是人人所具有,与生俱来的东西,为学就是要求其心,这是圣贤千百年来教人之方,孟子之后,北宋邵子的"心为太极",周子的"纯心要矣",张子的"心清时视明听聪,四体不待羁束而自然恭谨",再到程子的"圣贤千言万语,只是欲人将已放之心约之使入身来",吴澄认为这些都是得"孟子之正传者"。可见,他把宋儒所论"心"之学全部涵括在"心学"范围之内,已经超出陆九渊的本心之学,这是吴澄的高明之处,也是他有意用圣贤之学来涵养心性,使之切于己,真正体现实的地方。吴澄又说"圣贤之学,使人变化气质,损有余,益不足,裁其偏而约之中"(卷六《宽居说》),更是这种实的表现。

其次,倡导读书与实践相结合。前一节说到吴澄的学术很鲜明地体现出实用的色彩,这种实用表现为真知和力行。所以他提倡读书和实践相结合。读书是真正意义的理解内化,是真知,实践是真正将自己的所得在身体力行中表现出来。如在《滁州重修孔子庙记》中他重申为学之本:"必也处内处外而有孝慈恭逊、廉耻忠信之行,明于人伦日用之著,通于天道物理之微,审于公私善利之几;存其仁义礼智之心,检其气血筋体之身;其静也中,其动也和,周于家国天下之务,无施而不当;退则有志有守,进则有猷有为,庶乎其可也。"(卷三九)这段话有两层意思,第一层说真知,内化于心,守静于中;第二层说实践,其动也和,是家国个人。虽然吴澄讲得更多的是内,讲外、讲政事、功业不多,但是这段话的意思很明显,周于家国天下之务就是外,也就是说,只有完善自我心性之后才能更好地治理家国。他的这种实践之功在《黄珏玉成字说》中说得更明白:"其学在处善循理,在信言谨行,在孝弟忠顺,在睦姻任恤,于家而一家和,于族而一族和,于乡而一乡和,于官而一府和,推而广之无施不宜。"(卷八)于此一段也可看出这里的学就是实学,即实用,小到个人,大到有益于一家一族一乡一府乃至天下。

最后,用乡贤激励士风。吴澄有浓郁的乡贤情结,集中表现在对抚州名人王安石和陆九渊的推崇上,而他的推崇都是有取于他们的实用观。如对于王安石,他说:"乡相王文公,学孔孟而志伊周,节行文章为天下第一。若官爵、若货利、若声色外物之欲,一毫不入其心。及其为相,设施竟不满人意,甚哉,济世之不易能也。"(卷六《方舟说》)这里不仅高度肯定他的文章,还赞叹他的节行人品,说他的人品是学孔孟、伊周的结果,于是他把王安石的失败归结为济世的不容易,强调其外部的原因。在《许士广诗序》中说:"乡相穷经有实学,修身有实行,经世有实用。"(卷十五)在他看来,王安石的实学实行实用,堪称实学典范。

对于陆九渊的学术思想,他也更多的是维护,并深叹陆学不得其传。如《故临川逸士于君玉汝甫妻张氏墓志铭》云:"余每慨临川金溪之士,口有言辄尊陆子,及讯其底里,茫然不知陆子之学为何如。虽当时高弟门人往往多有实行,盖未有一人能得陆子心法者,以学之孤绝而无传,悕矣哉。"(卷八六)这里是本着真知的标准对陆子身后乏人心怀遗憾。在《象山先生语录》中他高扬陆子学术,着眼于陆学的简易而切实:"澄肃读之,先生之道如青天白日,先生之语如震雷惊霆……先生之教人盖以是,岂不至简至易而切实哉?不求诸我之身,而求诸人之言,此先生之所深悯也。今之口谈先生、心慕先生者,比比也,果有一人能知先生之学者乎?果有一人能为先生之学者乎?"(卷十七)这里深赞陆氏的切己之学就是内学、实学,从字里行间可以看出,吴澄对陆子的推崇是发自内心的。

吴澄希望后人能继承乡贤。虞集在《跋吴先生新登谯楼诗后》说:"程子曰:周公殁,圣人之道不行;孟子死,圣人之学不传。道不行,百世无善治;学不传,千载无真儒!呜呼!此岂有几微倍谬疑惑于其间者乎?陆先生、王丞相寥乎天地之间气,卓乎千载之豪杰,殆非临川山水所得而私者也,然而临川有如是之父兄君子也,岂他郡之所可望哉?吴先生微疾之言,盖有慨于先哲之所深忧者矣。"①作为弟子的虞集,对于先生的内心可谓深有体察,吴澄的深忧的确含有期待来者的用意。

(三)对元中期士子的影响

尽管对于士人思想的促动和改变很难有直接确凿的材料去证明,但可以从吴澄的朋友门生来体认他在士子心中的地位及其对于江西学风、士风的改变。

吴澄门生众多。虞集《吴先生行状》说:"游先生之门,南北之士前后无虑千百人。"吴澄自己说"有不远数千里,造吾门而学焉"(卷二九《赠南阳张师善序》)。《宋元学案》和《陆子学谱》都有其门生著录,多达数十人。吴澄还两次主持江西乡试选拔乡贡进士。第一科选18人,第二科选21人,在古代这些人都可以说是吴澄的门生,他们也都受到了吴澄的影响。

举例来说。吴澄门人中,以虞集为最。虞集的学术品格是,讲会通,讲折中,讲自得,明显受到了老师的影响,虞集融会心体和政事,也都有吴澄的影子。这使虞集最终以兼容百家的开放胸襟,成就了一代文宗的地位。吴澄门人危素著有《临川吴文正公年谱》,在年谱序中说南宋学风"其流之弊往往驰逐于空言,而汩乱于实学,以致国随以亡而莫之悟。公生于淳祐,长于咸淳,而斯何时也?乃毅然有志,拔乎流俗,以径造高明之域"②,可见吴澄的实学给他很深的印象。吴澄门人陈伯柔,据苏伯衡《送陈伯柔序》可知,"陈君生文安之乡,登文正之门,有志乎程伯子之学,师友渊源之所自,固习闻而素讲者也,观其进,不苟同,退,不苟异,其学之所至,岂不较然矣乎"③。王祎《赠陈伯柔序》云:"文正之学主于为经,其于群经,悉厘正其错简,折衷其疑义,以发前儒所未发,而集其成,讨论该洽,封殖深固,视汉儒之颛门名家者有间矣……伯柔之学为经则推本于文正。"④还有吴澄门人朱元会,"元会之学精敏闳博,以明理为本原,讲辩论议之际,悉尊信其师说"。以上数人,他们都信服吴澄学说,在学术精神上与吴澄有很大相似性。所以以吴澄为首的抚州学派折中兼济的学术特点也逐渐成为元中期江西学术的特点。

还需要说明的是,元代中后期的江西文人普遍有一种经世致用的观念,这固然和元

---

① (元)虞集:《道园学古录》卷40,文渊阁《四库全书》第1207册,567页。
② (元)危素:《吴文正公年谱序》,载《吴文正集》附录,文渊阁《四库全书》第1197册,第925页。
③ (明)苏伯衡:《苏平仲文集》卷5,文渊阁《四库全书》第1228册,第618页。
④ (明)王祎:《王忠文集》卷5,文渊阁《四库全书》第1226册,第103页。

廷的科举利诱分不开，但是大儒吴澄的学术思想中鲜明的实用观念也引导了这样一种风气。而且，吴澄实用的观念恰逢元盛世，所以他的这一主张也切合了时代的潮流。

【作者简介】 李超(1979—)，男，江西吉安人，文学博士，现为曲靖师范学院人文学院副教授。主要研究方向：元代文学。

·历史研究

董士选与江西士人关系之探讨*

李 军

【提要】 元初南下的北方官员在消除南方士人对蒙元新政权的抗拒敌视心理方面做出了很大贡献。藁城董氏第三代董士选,在这方面有突出表现。董氏在担任江西行省左丞和江南行御史台中丞时,不遗余力荐举南方士人。元代学术史、文学史上颇负盛名的几位重量级人物,如元明善、吴澄、虞集、范梈等,均为董士选所敬重并荐举入仕。董氏对他们或感慕其学,或友之甚至,或拳拳爱惜。其先见之慧眼和孜孜不竭的努力,在延揽南方人才、关怀爱护江南士人方面,堪称典范。本文旨在对董士选与江西士人的关系作更为深入细致的考察与分析,从而对其荐引南儒、促进南学北进、融合南北学术及文风所起到的积极作用,给予充分的肯定。

【关键词】 董士选;荐举;元明善;吴澄;虞集

笔者曾撰有论文《元初江南行台北人官员荐辟南士考——以徐琰、卢挚为例》[①],旨在探讨元初南下的北方官员在消除南方士人对蒙元新政权的抗拒敌视心理方面所作出的贡献。除徐、卢二人外,董士选也是在这方面有突出表现的北方官员[②]。笔者此文,与

---

*本文为国家社科基金重点项目"元人著述总目丛考"(项目号13AZW005)的阶段性成果。
① 见魏崇武主编《元代文献与文化研究》第三辑,中华书局2015年版,第130页。
② 台湾学者孙克宽,对董士选的亲近儒生、荐举士人,作有初步考察。详见氏著《元代汉文化之活动》第三编,台湾中华书局1968年版。

前篇论文目的相同,即对董士选与南方士人的关系作更为深入、更为细致的考察与分析,对北人官员在这方面的作为,特别是荐引南儒、促进南学北进,提供一个更为典型的例证。

董士选(1253—1321),字舜卿,藁城董氏第三代,董俊之孙,董文炳次子。幼从父亲居兵间,昼治武事,夜读书不辍。董文炳随伯颜征伐南宋,董士选骁勇善战,多次攻城略地,冲锋陷阵。元统一南北后,董士选又随世祖亲征乃颜。不久被派往南方,历官行枢密院佥事、江西行省左丞、江南行台御史中丞等。入大都,任枢密院佥事,后拜御史中丞。直谏敢言,谏阻成宗出师征八百媳妇国,"帝色变,士选犹明辨不止,侍从皆为之战栗"①。出征元师败绩,成宗后悔不听董士选之言。其后董士选又出为江浙行省右丞,迁汴梁行省平章政事,不赴。又迁陕西,岁余谒告还。时人称其"先任行省而省务再新,次任行台而台纲具举。后召入枢府,而故奸宿弊为之一空。盖其英声茂绩,上以结主知,下以孚于人也"②。还家后灌园种田,琴书自娱。卧疾五载,至治元年(1321)卒,年六十九。追封赵国公,谥忠宣。

董士选"平生以忠义自许,尤号廉介",孝弟治家,特别是"礼敬贤士尤至"③。元代学术史、文学史上颇负盛名的几位重量级人物,均为董士选所敬重并荐举入仕,如元明善、吴澄、虞集、范梈等。上述诸人多为江西人,董士选主要是在江西行省左丞任上与他们相识。与仅闻其名而荐举的情况不同,董士选与上述诸人并非泛泛之交,而是关系相当密切。对他们或感慕其学,或友之甚至,或拳拳爱惜。不管是作为地方大员,还是任职朝廷高官,这位北人官员在延揽南方人才、关怀爱护江南士人方面,确可称为典范。下面分别论述。

董士选与元明善

元明善(1269—1322),是较早与董士选结识的游历南方的士人④。元明善字复初,先世为鲜卑族,后居大名清河。其父为江南某路经历,元明善遂就学江南。弱冠游吴中,已有能文之名。浙东使者荐为安丰、建康两学正。后辟为行枢密院掾史。董士选此时正

---

① 《元史》卷156《董文炳传附董士选传》,中华书局1976年版。下简称《元史·董士选传》。
② (元)张养浩:《张文忠公文集》卷23《上董中丞书》,元至正十四年(1354)刻本。
③ 《元史·董士选传》。
④ 元明善不是江西人,但他与董士选之间发生的故事均在董氏任职江西期间,并且在董氏与江西士人之间牵线搭桥,是吴澄、虞集得以相识董氏的引见人,故一并论之。

任行枢密院佥事,"闻其贤,过与语合。慎斋略齿爵,友之甚至"①。二人虽为上下级关系,但董士选"待之若宾友,不敢以曹属御之"②。元贞元年(1295),董士选出任江西行省左丞,元明善随其到江西,被辟为行省掾史,并兼董家馆教。

董士选到任不久,就做了一件令朝廷震惊的事,即平定赣州刘贵的造反。文献记载:

> 成宗嗣位,授资善大夫、江西行省左丞。赣属县有狂民为乱,公往平之。得所籍乡兵姓名十余万,公曰:"此盖胁从良民。"焚其籍。贼巢近地之民,阻山为寨以自保。公屏众,单骑登山,遣人谕之曰:'知汝皆良民,惧官军戮尔身,俘尔孥,是以固守。今省官亲在此,汝宜出见。'民皆释然,执壶酒迎拜,曰:"天遣公来活我。"公曰:"汝可率妻子复业。"诸寨之男女,悉从公下山,约束无得扰害,赣民以宁。有诬告富户数十与贼通谋,公使掾元明善鞫之,自伏其诬,杖死。于是无敢污蔑良民者。公离赣,民数万遮道拜送,曰:"父母生我人于有生之初,今公生我于既死之后。我无以报德,惟天能报公也。"遂立生祠祠公焉。③

> 赣州盗刘六十伪立名号,聚众至万余。朝廷遣兵讨之,主将观望退缩不肯战,守吏又因以扰良民,贼势益盛。士选请自往,众欣然托之。即日就道,不求益兵,但率掾史李霆镇、元明善二人,持文书以去,众莫测其所为。至赣境,捕官吏害民者治之,民相告语曰:"不知有官法如此。"进至兴国县,去贼巢不百里,命择将校分兵守地待命。察知激乱之人,悉置于法,复诛奸民之为囊橐者。于是民争出请自效,不数日遂擒贼魁,散余众归农。军中获贼所为文书,旁近郡县富人姓名具在。霆镇、明善请焚之,民心益安。遣使以事平报于朝。中书平章政事不忽木召其使谓之曰:"董公上功簿邪?"使者曰:"某且行,左丞授之言曰:'朝廷若以军功为问,但言镇抚无状,得免罪幸甚,何功之可言!'"因出其书,但请黜赃吏数人而已,不言破贼事。廷议深叹其知体而不伐。④

> 董公迁江西行省左丞,复罗致之(元明善)省中。会赣贼刘贵反,从左丞将兵讨之。擒贼三百人,议缓诖误,得全活者百三十人。又将斩一贼,命公临斩。左丞曰:"掾,儒生。能临斩乎?当震怖矣。"终刑已,色不变。将佐白宜多戮人及尸一切死者

---

① (元)张养浩:《张文忠公文集》卷20《故翰林学士资善大夫知制诰同修国史赠某官谥文敏元公神道碑铭》。下简称《文敏元公神道碑铭》。
② 《元史》卷181《元明善传》,中华书局1976年版。下简称《元史·元明善传》。
③ (元)吴澄:《吴文正集》卷64《元荣禄大夫平章政事赵国董忠宣公神道碑》,文渊阁四库全书本。
④ 《元史·董士选传》。

用张军声。公固争,以为王者之师,恭行天罚,若等小贼跳梁,杀其渠魁耳,余何辜焉。贼贵盗书民丁十万于籍,有司喜欲发之。公夜置火籍橐中,焚之以灭迹,赣吉遂安。①

从公者两省掾,曰李元振、元明善,皆奇士也。于贼巢得数大簀,皆伪符牒。郡邑人民,署置殆遍。两掾以白,亟焚之,人情大安。②

董士选深知"官逼民反"的道理,因此首先捕治那些"官吏害民者",接着将鼓噪闹事和出资助虐之人绳之以法。失去了群众基础,造反的首领很快即被擒获。对诬告"与贼通谋"者,元明善通过审问,明察其奸,诬告者伏法。在渠魁处检获与之有勾连的"黑名单",若将名单上的人悉数法办,势必对当地经济、治安形势造成动荡,民心又会骚乱。李霆镇、元明善两位掾史力主焚毁名单,以安民心。在这次事件中,元明善作为属掾,在减少杀戮、体现儒者"仁者爱人"的宗旨方面,给人留下深刻印象。监斩临刑犯人,在多次经历血腥杀戮的董士选来说,自然是司空见惯。而他偏偏命元明善"临斩",又似乎是在有意培养这个祖籍北方的年轻人的血性。

大德元年(1297),董士选转官江南行台御史中丞③。二年(1299),入京任枢密院佥事④。四年(1300),不忽木卒,董士选继任御史中丞。元明善在此期间先后升任江南行台掾史、枢密院照磨,转中书左曹掾。张养浩谓元明善"后掾行台、行院,及入为枢密院照磨,皆董所推毂"⑤。可见他离开江西后仍一直追随董士选,先是在江南行台,后进入大都。入大都后,董士选的揄扬推荐,使元明善很快进入朝廷中心,他的文学才华开始发扬光大。虞集《佩玉斋类稿序》称:"大德戊戌,集始游昇,与杨公志行、元公复初为文学之交。每论此事,而世俗凡近之说不与焉。未几,元公入朝,遂擅古文于当世。集逐齏盐于学校,未有所发也。"⑥仁宗在东宫,首擢元明善为太子文学。及即位,改官翰林待制。与修成宗、顺宗《实录》,节译《尚书》。延祐二年(1315)首开科举,元明善充考试官,及廷试又为读卷官。修《武宗实录》。历任翰林直学士、侍讲学士、侍读学士。拜湖广行省参知

---

①(元)马祖常:《石田文集》卷11《翰林学士元文敏公神道碑》,元至元五年(1339)扬州路儒学刻本。
②(元)虞集:《道园类稿》卷37《董忠宣公家庙碑》,台湾新文丰出版公司《元人文集珍本丛刊》本。
③张铉《(至正)金陵新志》卷6下:"御史中丞:董士选:资善,大德元年上。"清文渊阁四库全书本。
④危素《吴澄年谱》大德二年戊戌条:"董忠宣公以江南行台御史中丞入觐,改佥枢密院事。"载《吴文正集》附录。
⑤《文敏元公神道碑铭》。
⑥陆心源《皕宋楼藏书志》卷一〇八集部"佩玉斋类稿"条下引,清光绪万卷楼藏本。

政事。升翰林学士,修《仁宗实录》。英宗时三次代署御名。至治二年(1322)卒,泰定间赠资善大夫、河南行省左丞,追封清河郡公,谥文敏。柳贯在为其定谥"文敏"一文中称赞:"周旋班著几二十年,而一时典册诏令、勋贤铭诔,与夫浮屠、老氏之宫,丰碑巨刻,照映后先,皆能铺张景铄,垂范贻休。以至笔削三朝《实录》,藏之金匮,而为昭德表功之地者,尤称良史之才。""自建元以来,儒臣被遇之盛,未有若兹之侈者也。""谨按《谥法》:'德美才秀曰文,务时成志曰敏。'宜谥曰文敏。"①与此可参照的是,才华横溢、能书善画的赵孟頫,其谥号亦为"文敏"。

元明善原有文集《清河集》,但早已佚失不传。清末缪荃孙辑其佚文佚诗,收入《藕香零拾》丛书,名《重辑清河集八卷》。其中涉及董士选及其先人的文章有《平章董士选赠三代制》和《藁城董氏家传》②。《家传》一文详述董氏祖父董俊和父亲董文炳的生平事迹,为"董氏家乘之最完备者"③,后世史书多以之为史料来源。此文表彰了董士选祖父、父亲的功劳勋绩,可视作元明善对董士选知遇之恩的倾心回报。

董士选与吴澄

董士选是通过元明善结识吴澄(1249—1333)的,而其荐举吴澄的过程及吴澄的入仕之路却一波三折。对二人的初识,危素为吴澄所撰《年谱》、虞集撰《行状》、揭傒斯撰《神道碑》及《元史·吴澄传》均有记载④:

> (元贞)二年丙申:如龙兴。时董忠宣公士选任江西行省左丞。元文敏公,其客也,辟为掾,以教其子。公执谒于其馆,董公闻之,亲馈食中堂,颇问经义治道,顾元公曰:"吴先生德容严厉,而不失其和,吾平生未之见也。"——《年谱》
>
> 元贞元年八月,游豫章西山,宪幕长郝文仲明迎先生入城,请学《易》。时南北学者日众,清河元文敏公明善,时行省掾,以文学自负,常屈其坐人。见先生,问《春秋》大义数十条,皆领会。至语之理学,有所未契,先生使读《程氏遗书》、《近思录》。文敏素读是书,至是,始知反复玩味。他日见先生,曰:"先生之学,程子之学也。愿为弟子,受业终其身。"……(元贞)二年,董忠宣公士选,任江西行省左丞。因文敏得见

---

① 魏崇武、钟彦飞校点:《柳贯集》卷8《元明善谥文敏》,浙江古籍出版社2014年版,第221页。
② 分别见卷2、卷7。
③ 孙克宽:《元代汉文化之活动》,第301页。
④ 均见《吴文正集》附录。

> 先生于馆塾,以为平生所见士,未有德容辞气、援据经传如先生者。——《行状》
>
> 元贞初,至豫章,宪幕长郝文公迎馆郡庠,朝夕听讲,有所问答《原理》数千言。省属元文敏公明善以学自命,问《易》、《诗》、《书》、《春秋》,叹曰:"与吴先生言,如探渊海。"终身执弟子礼。董忠宣公士选时为行省左丞,迎至家,亲执馈食,曰:"吴先生,天下士。"——《神道碑》
>
> 元贞初,游龙兴,按察司经历郝文迎至郡学。日听讲论,录其问答,凡数千言。行省掾元明善以文学自负,尝问澄《易》、《诗》、《书》、《春秋》奥义,叹曰:"与吴先生言,如探渊海。"遂执弟子礼,终其身。左丞董士选延之于家,亲执馈食,曰:"吴先生,天下士也。"——《元史·吴澄传》

元贞元年,按察司经历郝文延初至龙兴的吴澄到郡讲学,这给了行省属掾元明善问道切磋的机会。元明善本"以学自命",颇为自负。但其问学吴澄后,大为叹服,遂"终身执弟子礼"。时元明善执教董公馆,董士选因之闻吴澄名而延请至家,"亲馈食中堂,颇问经义治道",赞吴"德容严厉,而不失其和",不愧为"天下士"。

董士选离开江西后,不管是任职江南行台,还是入朝做枢密院佥事,均"力荐公于朝堂"①。但相关部门拖延不办,以致董士选不得不直接向丞相完泽及平章军国重事不忽木提出抗议。《年谱》记载:

> 一日,议事都堂,董公起立,语丞相完泽、平章军国重事东平文贞王不忽木曰:"士选所荐吴澄,非一才一艺之能也。其人经明行修,论道经邦,可以辅佐治世大受之器也。"皆曰佥院质实,所荐必天下士,何疑焉?②
>
> 一日,议事中书,起立谓丞相曰:"士选所荐吴澄,经明行修,大受之器。论道经邦,可助治世。"平章军国重事不灰木曰:"枢密质实,所荐天下士也。"③

不忽木深知董士选为人质实,不妄举,但因其很快转官御史中丞,且不久即去世,此事就被搁置下来。大德五年(1301),董士选升任御史中丞,吴澄的入仕之门才开启,被授应奉翰林文字、登仕郎、同知制诰、国史院编修官。董士选深知吴澄本无心仕宦,因早在至元二十三年(1286)程钜夫下江南为朝廷延揽南方士人时,即曾以观光北方风物说动吴

---

① 危素《吴澄年谱》大德二年条。
② 同上。
③ 虞集《行状》。

澄进京,期冀其接受官职,但吴澄入大都不久即以母老辞归。因有前事之忧,董士选亲自修书一封,劝吴澄接受荐举来京。此信今已不存,然吴澄回信可证董士选确曾写信招吴。吴澄《复董中丞书》云:"圣上听言如流,贤相急才如渴,由布衣授七品官。成命既颁,而合下又先之以翰墨,教请谆谕,如前代起处士之礼。澄何人斯,而足以当之!"①吴澄在复书中虽表达了不愿入仕之心,且以邵雍"幸逢尧舜为真主,且放巢由作外臣"作结,但他最终还是踏上了北去之路。第二年十月吴澄入京,但其职务已被人替代。因冬天河冻无法行船,吴澄于次年春方南归。在此期间,"元文敏公朝夕奉公尤谨,大夫士多来问学"②;"京师学者,奉先生而问学焉"③。吴澄南归途中至扬州,"江北淮东道肃政廉访使赵公完泽以暑炽,强公留郡学。中山王玠、河南张恒,皆受业焉"④;"先生归至扬州,时宪使赵公弘道,及寓公珊竹公玠、卢公挚、贾公钧、赵公英、詹公士龙、元公明善等,先后留先生,身率子弟诸生受业"⑤。此次吴澄入京虽未能履职,但其学术大家的名声已流传开来,问学受业者颇众,既有年轻学子,也有公卿大夫。作为南方学术代表的吴澄,已为北方一干学者所深深服膺。

对于吴澄职位的被人替代,董士选甚为不满,大德七年(1303)春,犹上书抗言朝廷失待士之礼:

> 应奉翰林文字吴澄,天禀高特,道业安成。不求用于时,隐居五十余载。至元间遣使求贤,同至者俱为按察,本官力以母老辞还。大德三年,举本官有道之士,都省奏充前职,咨行省敦遣之。任未至,而吏部作不赴任阙。顷于本官无所加损,似失朝廷崇儒重道之意。⑥

其后几年,吴澄入仕及升迁的道路比较顺利。大德八年(1304),授将仕郎、江西等处儒学副提举。至大元年(1308),授从仕郎、国子监丞。四年(1311),授文林郎、国子司业。在国子监任上,吴澄得以实践和推行自己的教育理念,并以其渊博的知识、诲人不倦的师德,受到莘莘学子的敬重。而以他为代表的南方学术精髓,也因此为广大学者所深知和

---

① 《吴文正集》卷11。《年谱》和《行状》也分别说:"董忠宣公时为御史中丞,以私书勉公应召。""诏有司敦遣,忠宣又以手书招之。"
② 危素《吴澄年谱》大德六年条。
③ 虞集《行状》。
④ 危素《吴澄年谱》大德七年条。
⑤ 虞集《行状》。
⑥ 危素《吴澄年谱》大德七年条。

研习。吴澄最终能进入大都,在国学讲台上阐发自己的学术思想,董士选不遗余力的多次举荐可谓功不可没。

董士选五十岁时,吴澄有《寿董中丞》一诗,诗云:

> 直气贞心命自天,风霜老柏正苍然。将千万世寿吾国,先五十年生此贤。甲子肇新初日度,丑辰依旧斗星缠。邦基身世同悠久,敢赋嵩高第二篇。①

诗中赞扬董士选"直气贞心",如经历风霜仍郁郁苍苍的"老柏",是国之栋梁。董士选晚年时,吴澄在《寄董平章》一诗中,也同样以老柏作喻,称其"偃蹇百围","昂昂参天",不愧为天下人望:

> 偃蹇百围柏,受命雄以刚。常时饱雨露,晚节轻风霜。昂昂参天质,钜任堪栋梁。工师不敢材,千岁保青苍。太行千里青,突兀天下望。偶然兴云雨,变态未易状。神功寂如无,日月共澄朗。相期天久长,为世作保障。天空淡无云,荧煌泰阶平。太微有垣卫,今近少微庭。俯临自炯炯,仰瞻漫营营。中宵狼北望,南极一星明。②

大德末,董士选由御史中丞出任江浙行省右丞,吴澄写有《送董中丞赴江浙右丞序》,文中评价董士选"廉正刚明,得于天资,成于家训。当事任而敢于为,当言责而敢于言。不坠其家、不负于国者,知忠而已",并期待其"政成而来归",卧于烟霞泉石间的作者"闻之,亦将共为天下喜也"③。

董士选未有诗文存世,吴澄于董氏去世一年时撰写了祭文④,去世三年时又为其撰写了神道碑,碑末铭诗曰:

> 苟利民社,知无不言。骤忤贵幸,百挫不迁。入司宥府,军政整肃。出厘省务,吏奸戢缩。荐贤为国,匪市恩私。公不自多,众或鲜知。视彼有善,若己所能。旧家名胄,汲引同升。士出门下,类成大器。微而卒史,咸至膴仕。秉心如铁,坚莫可摧;赴义如川,勇莫可回。其廉于身,一介不取;其惠于人,千金亦与。莅官可畏,严严秋霜;居家可爱,蔼蔼春阳。资用屡空,志气靡慊。生甘淡泊,死乏葬敛。猗嗟珍瘁,星

---

① 《吴文正集》卷95。
② 《吴文正集》卷97。
③ 《吴文正集》卷25。
④ 《吴文正集》卷89有《祭董平章文》,为董士选作。

陨山颓。千载九门,墓石崔嵬。①

诗中"士出门下,类成大器。微而卒史,咸至膴仕"数句,即是褒扬董士选孜孜汲引地位卑微的南士,使他们最终得以成为元代文坛及学术领域的翘楚。

董士选与虞集

虞集(1272—1348),是因父亲虞汲先认识董士选,然后为其所知并延揽入塾。而虞汲则是通过元明善及黄敬则的父亲而结识董士选的。黄父号浮山。虞集《送太平文学黄敬则之官序》云:

> 我先人涪湛田野,箪瓢屡空,不计闻达。浮山君友道崇笃,每为诸侯大夫称颂之。赵国董忠宣公之延敬先人,则君与清河元文敏公实启之也。②

赵汸《邵庵先生虞公行状》则云:

> 初,藁城董忠宣公以左丞镇江右,延参政与吴公而宾礼之,因以知公之贤。及拜行台中丞,请于参政,以公俱行,命其子受学焉。俄入朝,公始来京师。③

虞集《通议大夫佥河南江北等处行中书省事赠正议大夫吏部尚书上轻车都尉追封颍川郡侯谥文肃陈公神道碑》也说:

> 大德初,董忠宣公士选自江西左丞拜江南行台御史中丞,集以宾客从。时文肃(陈思济)守池,出见江馆,集得谒焉。忠宣曰:"此世祖潜邸时老人,中朝之旧也。"④

通过上述文献可知,是黄敬则的父亲浮山君和元明善,将虞汲介绍给了时任江西行省左丞的董士选。虞汲与吴澄一样,也受到董士选的礼遇,董士选并因此闻知虞汲子虞集之名。大德元年(1297),董士选从江西转官江南行台御史中丞时,虞集征得父亲的同意,随之东行,在董家教授其子,并得以谒见如陈思济这样的"中朝之旧"。

---

① 《吴文正集》卷64《元荣禄大夫平章政事赵国董忠宣公神道碑》。
② 《道园学古录》卷32,四部丛刊景明景泰翻元小字本。
③ 《东山存稿》卷6,文渊阁四库全书本。
④ 《道园学古录》卷42。

大德五年(1301),虞集来到大都,仍在董士选家馆任教①。在此期间,董士选积极引荐他与朝中高官相识,使他的名气很快传扬开来。赵汸《邵庵先生虞公行状》记载:

> 时元老大臣为中书鲁国文贞公、翰林承旨唐公,多国初侍从旧人。因董氏识公者辄见亲厚,于先代文献有所征焉。公亦得以尽知国家之旧典,西北之遗事。台臣言公材堪御史,虽不果擢用,而公名高一时矣。②

大德六年(1302),因董士选之荐,虞集始任大都路儒学教授③。从此,虞集走上了大都文坛,在促进大都南北文风的融合上发挥了巨大作用,并最终成为大都文坛执牛耳者。

董士选的推荐,为虞集的文学发展铺就了最初之路。但事情还不止于此,下面的记载更显露出董士选惜才爱才的一片拳拳之心:

> (元明善)初在江西、金陵,每与虞集剧论,以相切劘。明善言:"集治诸经,惟朱子所定者耳,自汉以来先儒所尝尽心者,考之殊未博。"集亦言:"凡为文辞,得所欲言而止,必如明善云'若雷霆之震惊,鬼神之灵变'然后可,非性情之正也。"二人初相得甚欢,至京师,乃复不能相下。董士选之自中台行省江浙也,二人者俱送出都门外。士选曰:"伯生以教导为职,当早还,复初宜更送我。"集还,明善送至二十里外。士选下马入邸舍中,为席,出橐中肴,酌酒同饮。乃举酒属明善曰:"士选以功臣子,出入台省,无补国家。惟求得佳士数人,为朝廷用之,如复初与伯生,他日必皆光显,然恐不免为人构间。复初中原人也,仕必当道;伯生南人,将为复初摧折。今为我饮此酒,慎勿如是。"明善受卮酒,跪而釂之。起立,言曰:"诚如公言,无论他日,今隙已开矣。请公再赐一卮,明善终身不敢忘公言!"乃再饮而别。④

元明善与虞集两位原本"相得甚欢"的年轻人,来到人才济济的大都,各自阐发自己的为文主张,意气相争,互不服气,以致"不能相下"。不仅影响双方之间的感情,也对二

---

① 清翁方纲《虞文靖公年谱》、罗鹭《虞集年谱》大德五年条均定虞集此年来京,任董士选家西席。所据为虞集《道园类稿》卷19《司执中西游漫稿序》云:"集大德初至京师,客授藁城董公之馆。"卷35《题范德机为黄十一书一窗手卷》:"清江范德机氏与予同生前壬申,三十后同游京师,先后客藁城董忠宣公之馆。"此年虞集三十岁。翁书,清嘉庆刻《虞文靖公诗集》本。罗书,凤凰出版社2010年版,第29页。

② 《东山存稿》卷6。

③ 明胡粹中《元史续编》卷13:"戊子八年〇奎章阁侍书学士致仕虞集卒……董士选为南台中丞,延集家塾。入朝荐之,除大都路教授。"清文渊阁四库全书本。

④ 《元史·元明善传》。

人在大都文坛的立足与发展非常不利。董士选借二人相送自己出京之机,单独留下元明善,谆谆告诫他,自己"出入台省,无补国家。惟求得佳士数人,为朝廷用之",元、虞二人皆是自己看重的人才,荐至京师,有更好的发展平台,"他日必皆光显"。但如果像现在这样,争于一时意气,互不相让,极易为人构间,两败俱伤。而来自南方的虞集,很有可能因元明善的争拗而受到更大的打压,铩羽折翼,为之摧折。他极不愿意看到这样的局面出现。元明善听后大为感悟,请求再赐卮酒,终身以此为戒。

元明善此后主动与虞集交好,摒弃前嫌:

> 真人吴全节,与明善交尤密,尝求明善作文。既成,明善谓全节曰:"伯生见吾文,必有讥弹,吾所欲知。成季为我治具,招伯生来观之。若已入石,则无及矣。"明日,集至。明善出其文,问何如。集曰:"公能从集言,去百有余字,则可传矣。"明善即泚笔属集,凡删百二十字,而文益精当。明善大喜,乃欢好如初。集每见明经之士,亦以明善之言告之。①

张养浩对元明善有如下评价:"盖其天分既高,又济以经学。凡有所著,若不经人道,然字字皆有根据。阵列而戈矛森,乐悬而金石具,山拔而形势峭,斗揭而光芒寒。惟有是,故视他人所作,断断不以许,用是谤议蠭午。盖由才高,不肯少自谦晦所致,初无甚恶于人也。"②可见元明善的狂高自傲,轻视他人,是其天性使然,并非针对虞集个人,但其客观上确实造成了对虞集等南方士人的压制。经过董士选的劝说,元明善有意收敛了自己的狂放习气。其请虞集删改自己文章的举动,化解了二人之间的嫌隙。虞集亦投桃报李,二人"乃欢好如初"。

此文坛逸事被明人何良俊收入《语林》卷十九,作为箴规之例。清人罗惇衍则专门作诗赞咏元明善此举:

> 才士相轻自古然,谁将樽酒属交全。受卮一醋胸怀坦,泚笔重删骨力骞。书译典谟皆要道,文豪秦汉有新篇。郡民十万闻安堵,阴德留归信史编。③

"樽酒属交全"而使元明善克服"才士相轻"习气的,就是二人的举荐人董士选。董氏爱才惜才的拳拳之心,于此可见。这件事情的意义还不仅仅于此。当时已有不少南方

---

① 《元史·元明善传》。
② (元)张养浩:《文敏元公神道碑铭》。
③ (清)罗惇衍:《集义轩咏史诗钞》卷49《元明善》,清光绪元年刻本。

士人来到大都,他们希望以自己的文学之才在新政权中谋得一席之地,以实现经邦治国的儒家理念。但他们在大都多不顺利,不仅遭到蒙古色目人的排挤,也受到先入朝廷的北人的轻视,如姚燧就看不起自南方初来大都的赵孟頫、元明善所作文章①,张之翰诗亦有"其如南人北士往往相讥讪"之句②。元明善籍贯本在北方,其文才还被张养浩誉为"其踵牧庵而奋者,惟公一人"③,尚且被北人看轻,何况那些文才尚不如元的众多南士。元、虞二人的"不能相下",北人姚燧轻视赵孟頫、元明善为文,看起来是"文人相轻"习气使然,实际上反映了南北地域文化之间的排斥现象④。正是看到了这一点,董士选才忧心忡忡,借送行之机告诫元明善"复初中原人也,仕必当道;伯生南人,将为复初摧折","慎勿如是"。"樽酒属交全"的告诫,弥合了元、虞二人的裂痕,促使他们克服"才士相轻"的习气,这对促进南北文士之间的交往,进而加快南北文风的融合,是很有帮助的。

董士选卒后近三十年,长子董守恕作家庙以祀,虞集应其请作《董忠宣公家庙碑》。文中历数董士选攻城征战、平定盗匪、立朝敢言的凛凛大节,赞誉其以忠诚正直事其君,以礼法治其家,"委任亲密,无间于国人。至元大德间,诸父兄没,忠宣于此时出入进退,信如金石,无可疑者。天下公议以为正人,有古大臣之节,无间然矣"⑤,赞誉了其作为汉人备受宠遇的程度和当时为众望所归的地位。

董士选与范梈

范梈(1272—1330)也是江西人,但他是到了大都后才为董士选所知。范梈家贫早孤,母守志哺教。范梈力学工诗,诵读不辍,尤好为歌行。及长,"假阴阳之伎"⑥,奉养母亲,维持生计。年三十六始入大都,仍以卖卜为生。后为董士选所知,延入家塾。揭傒斯

---

①《元史》卷174《姚燧传》:"然颇恃才,轻视赵孟頫、元明善辈,故君子以是少之。"笔者案:据张养浩《文敏元公神道碑铭》,之后姚燧与元明善同修成宗、武宗《实录》。元明善"悉心毗赞",其文才为姚燧所肯定:"君所述者,姚公略为窜易,他人则所留无几。居尝谓:'文有题者,吾能为之;无题者,复初亦能为。'其见推激如此。"
②《西岩集》卷4《题林丹山诗轴因以饯之》,文渊阁四库全书本。
③(元)张养浩:《文敏元公神道碑铭》。
④王树林为《清河集》撰写提要时,引录了《元史·元明善传》上述文字,并点明"以此亦可考南北文人之关系"。见傅璇琮主编、查洪德分卷主编《中国古代诗文名著提要(金元卷)》,河北教育出版社2009年版,第153页。
⑤《道园类稿》卷37《董忠宣公家庙碑》,台湾新文丰出版公司《元人文集珍本丛刊》本。
⑥(元)吴澄:《吴文正集》卷85《故承务郎湖南岭北道肃政廉访司经历范亨父墓志铭》,文渊阁四库全书本。

《范先生诗序》云：

> 年三十馀辞家北游,卖卜燕市。见者皆惊异之,相语曰:"此必非卖卜者。"已而为董中丞所知,召置馆下,命诸子弟皆受学焉,由是名动京师。遂荐为左卫教授,迁翰林院国史编修官,与浦城杨载仲弘、蜀郡虞集伯生齐名,而余亦与之游。①

虞集《题范德机为黄士一书一窗手卷》亦云：

> 清江范德机氏与予同生前壬申,三十后同游京师,先后客藁城董忠宣公之馆。②

经董士选延誉荐举,范梈不仅在大都立足,而且开始展露文学才华,并最终跻身"元诗四大家"之列。

董士选与袁万里

袁万里(1271—1339),字庆远,江西新淦人。至大四年(1311),随文陛来到大都。皇庆二年(1313),文陛奉使南海道卒,袁万里被董士选延入馆中。傅若金《故奉训大夫临江路总管府判官袁公行状》记载:

> 公字庆远,曰果山,以其号行。从少颖迈,博观群书。为文辞疏畅茂丽,若振葩布叶,菶荑悦人。又善笔札。至大辛亥,庐陵文庄侯入京师,载与俱。侯,宋忠臣文丞相贤冢嗣,国朝所尊礼。而公为之客,由是重京师。侯南祠海岳,不返,乃更客董忠宣公馆中。董氏勋臣,世清白多贤者,所荐用率文武才能士。其尝在馆中,若清河元公明善、临川吴先生澄、蜀虞公集父子、清江范先生梈,其道德文艺与所施用,皆暴白当世者。故公在董氏益重,大夫士交荐之。既直举国子助教,吏部且上其名中书,属左卫阙校官,遂用荐者言,授公[左]卫教授。③

袁万里在大都入董氏馆,是在虞、范二人之后。董氏所荐既"率文武才能士",而前所入馆之人,其品德才艺及能力,又"皆暴白当世者",则袁万里很快被荐入仕,也就是情理之中的事了。

---

① 《文安集》文集卷8,四部丛刊景旧钞本。
② 《道园类稿》卷35。
③ 《傅与砺文集》文集卷10,民国《嘉业堂丛书》本。阙字为笔者所加。

结语

　　南人北上,在世祖后期及成宗大德年间渐成潮流。仁宗朝肇开科举,此潮流也一直势头不减。北上的目的,是到大都寻求入仕机会,而得到高层官员荐举,则是主要的渠道。上述元明善、吴澄、虞集等人,在元代文学史和元代学术史上都是非常重要的人物。董士选作为皇帝信任的功臣子弟,积极举荐这些南方士人(主要是江西士人),给朝廷输送人才,为促进南风北畅、南学北进做出了突出贡献。清李绂《陆子学谱》专辟私淑二卷,其中将吴当、虞集、虞槃、元明善、董士选数人列为吴澄私淑弟子。李绂在董士选传略下加按语云:

> 　　董忠宣为元勋世胄,生长富贵家,而所至萧然如寒素。读书修身,老而益厉,其得力于吴文正公之教深矣。至于崇书院,礼名儒,全虞、元二子之交,其有助于吴文正门墙之功甚大。盖儒臣之贤,有元公卿未之或先也。①

　　董士选在学术及文学方面并无多少建树,纯是因为他对吴澄等人的举荐,才被清人列入吴氏门墙。但这也说明了他与上述诸人的同声相应,同气相求。慧眼识英荐才,毕竟也需思想体系比较一致才能达成共识。从这一点说,李绂在书中的安排并不是毫无道理。

　　董士选在历史上以平定盗匪、谏诤敢言的朝廷重臣而留名。荐举士人,本也是他作为地方大员和御史台官员的职责所在。但其先见之慧眼和孜孜不竭的努力,以及客观上对南北学术、文风融合所起到的促进作用,却非常人可比。"盖儒臣之贤,有元公卿未之或先也"的评价,并非溢美。

【作者简介】 李军(1952—),北京师范大学古籍研究院教授,博士生导师。

---

① (清)李绂:《陆子学谱》卷18私淑上,清雍正刻本。

元代的"装饰仿生"工艺钩沉

——从清乾隆朝仿生瓷说开去

周思成

【提要】 "装饰仿生"是中国古代通过仿制各种自然物体的材质和肌理来制作工艺品的一种特殊技术,其盛期在清乾隆朝。从蒙元时期留下来的少数阿拉伯文史料和汉文史料中,也可以钩稽出一些线索,证明元代同样存在以"装饰仿生"工艺来制作器物和纺织品的情形。不过,由于这些工艺品多数是专供元朝皇室和贵族享用的奢侈品,又或因为元代汉族士人圈子中盛行的"贵德贱艺"观念,"装饰仿生"工艺在元代似乎没有得到充分的发展。

【关键词】 装饰仿生;工艺;元代

一 弁言

"仿生"工艺,是中国古代传统工艺(特别是制瓷工艺)中的一种独特技术,指通过仿拟现实生活中生物和器物等不同物体的外表体征或材质肌理来制作本器,从而达到以假乱真、巧夺天工的目的①。有研究者又将这种工艺进一步分为仿拟现实生活中人类、动植物或器物的造型的"造型仿生",以及仿制各种自然物体的材质和肌理的"装饰仿生"(如仿玉石、仿木、仿铜之类)②。这两类仿生工艺的发展高峰,均出现在清乾隆年间(1736—

---

① 关于"仿生"的定义参见武斌《沈阳故宫博物院院藏文物精粹·瓷器卷·下卷》,万卷出版公司2008年版,第159页;李霞《清代乾隆仿生瓷初步研究》,硕士学位论文,吉林大学,2010年,第4—5页。
② 宁刚、李娜:《乾隆仿生瓷的艺术特色》,《中国陶瓷》2009年第6期;李霞:《清代乾隆仿生瓷初步研究》,第6—36页。

1795）。当时烧制的景德镇瓷器，不仅仿拟动植物和花卉果品的形象（如猴、蟾蜍、鹦鹉、鱼或石榴、荔枝、樱桃、枣，等等），也推陈出新，在瓷上仿制各种自然物体的材质和肌理。时人朱琰在《陶说》中记载："于是乎戗金、镂银、琢石、髹漆、螺钿、竹木、匏蠡诸作，无不以陶为之，仿效而肖"①，说的正是"装饰仿生"的制瓷工艺。乾隆朝的"装饰仿生"工艺不限于制瓷：哈佛大学的欧立德教授（Mark C. Elliott）近年出版的乾隆皇帝传记，在历举弘历在诗文书画领域的艺术修养之后，尚不忘提及这位帝王好使人"刻玉以象铜，又以陶器仿漆器，以玻璃仿瓷器"②。这是工艺美术史上浓墨重彩的一笔。

然而，乾隆帝偏爱特种仿生瓷的艺术品位究竟自何而来，清代官窑仿生工艺的渊源如何？对于这些问题，笔者迄今并未见到完满的解释，可见前代仿生工艺历史实是一片未得到充分探索的领域。囿于专业背景，笔者只能先把目光集中到一个问题上：元代是否也存在"仿生"工艺？事实上，就制瓷工艺而言，仿拟动植物形态的"造型仿生"（或言"象生"）传统，自宋历元迄明，从未中断过③；而象生工艺在蒙元时代金属器皿制造中的应用，时贤学者也已有所论列④，因此，"造型仿生"不属本文的研究范围。这里拟探讨的是一个从未被前人触及甚至注意及的问题——元代是否也存在"乾隆式"仿制各种自然物体材质和肤理的"装饰仿生"工艺呢？答曰：是。

二 汉文和阿拉伯文史料中关于元代"装饰仿生"工艺的两则珍贵记载

在阅读蒙元时代的一种域外史料，德国学者莱赫（Klaus Lech）整理出版的14世纪埃及历史著作《眼历诸国行纪》阿拉伯文－德译文合璧本时⑤，笔者发现了元代"装饰仿生"工艺的一些线索。《行纪》的作者乌马里（Al-'Umari），1301年6月11日（元成宗大德五年五月五日）出生于埃及马木鲁克王朝的一个显贵世家，一度在埃及算端的政府（Dīwān al-Inshā'）中出任书记官要职，1349年2月28日（元顺帝至正九年二月十一日）在大马士

---

① 傅振伦：《〈陶说〉译注》卷一"说今"，轻工业出版社1984年版，第5页。
② Mark C. Elliott, *Emperor Qianlong: Son of Heaven, Man of the World*, Pearson-Longman, 2009, p. 116.
③ 马未都：《瓷之色·元明仿生釉》，紫禁城出版社2011年版，第292页。
④ 参见尚刚《元代工艺美术史》，辽宁教育出版社1999年版，第255—280页；杜哲森主编《中国美术史·元代卷》，齐鲁书社、明天出版社2000年版，第332页。
⑤ Klaus Lech, *Das Mongolische Weltreich: al-'Umarī's Darstellung der mongolischen Reiche in seinem Werk Masālik al-abṣār fī mamālik al-amṣār*, Wiesbaden: Harrassowitz, 1968.

革感染疫病身故。他留下了大量的著作,《眼历诸国行纪》则是其中最重要的一种。莱赫出版的阿拉伯文－德译文合璧本,摘选的是书中关于蒙古帝国历史地理的章节,分为5个部分:关于成吉思汗及其先世的"通论"、"大汗之国"、"察合台汗国"、"金帐汗国"和"伊利汗国"。其实,莱赫所谓的"大汗之国"(Das Gro? khanat),在阿拉伯文本中写作"关于大汗,即汗位之主和秦国以及乞台(al-sīnwa al-khitā)之主的国家"①,也就是元代中国。在这一部分中,乌马里记录下了一个叫撒都鲁·别都鲁丁·哈桑·易思昔迪(Sadr Badr ad-Dīn Hasan al-Is'irdī)的商人向他讲述的一则关于中国工匠的"亲眼见闻"②:

(阿拉伯文,从右至左)

1. بعض صناعهم عمل سرجا من أخثاء البقر و دهنه وأبدع صناعته ، ثم قدمه إلى القان ،

2. فأعجبه و وقع مه موقع الاستحسان ، و لم يشك أنه معمول من خشب مثل بقية السروج ،

3. فقال له صانعه: أما علمتم هذا مما خشبه؟

4. فقالوا: لا،

5. فأوقفهم على أنه من أخثاء البقر ،

6. فا ستحسنوا جودة صناعته و لطف تدقيقه.

(笔者的中译文及关键词句的拉丁转写)

1. 其中的一位工匠用牛粪(khtha' al-baqar)制作了一具马鞍(sarj),漆饰它,完成了一件新奇的作品,然后将之呈献给了汗,

2. 汗惊异于马鞍之精美,非常喜欢它,然并不怀疑它同其他马鞍一样是用木料(khashab)制的,

3. 工匠问他:知不知道这具马鞍是用什么木料制作的?

4. 汗答曰:不知,

5. 工匠这才告诉汗,(马鞍)其实是用牛粪制的,

6. 于是因其手艺的高明和制作的精良,他得到了赞许。③

前引史料中提到的汗(Qān)究竟是元朝哪位皇帝,虽已难以稽考,但其真实性当是毋庸置疑的。在写作《眼历诸国行纪》的过程中,乌马里充分利用了自己出身名门,且身居

---

① Klaus Lech, *Das Mongolische Weltreich*,阿拉伯文部分,p. 26.
② Klaus Lech, *Das Mongolische Weltreich*,阿拉伯文部分,p. 27—28,文句的分行及编号系笔者所加。
③ 莱赫的德译文见 Klaus Lech, *Das Mongolische Weltreich*,p. 110. 然此处的中译文较之德译文更加质实而生动。

要职的优越条件,从亲履其地并目睹当地风土人情的穆斯林商人和旅行家,从在蒙古汗廷长期活动过的高官和学者那里,搜集了大量的旅行报告和口头叙述,其中一部分的史料价值相当高①。这则关于中国工匠的趣事,是他从前述商人撒都鲁·别都鲁丁·哈桑·易思昔迪那里听到的。这位商人还告诉过他一些关于中国的风俗习惯以及察合台汗国对叙利亚和埃及的商业政策的情报,故莱赫认为他定然到过中亚和中国②。在这则见闻之后,乌马里还补充了一则较为简短但同样反映了元代中国"装饰仿生"工艺的逸闻,提到有一位中国工匠擅以纸仿制织物,并售之于商人,商人最初以为确是中国的锦缎(al-kimkhāwīt al-khitāyih),直到工匠告诉他真相,方大吃一惊③。莱赫在注释中认为这里或指马可波罗提到过的元代叙州(今四川省宜宾市)发达的织布业④,恐未必然。

这则以"牛粪"仿拟木质马鞍的史料还有两点值得注意之处:首先,被仿制的器物主体为马鞍,颇与蒙元时代特色相契。作为生长于马背上的"引弓之民",马鞍不仅是蒙古游牧民生活中的必需品,也是蒙古贵族阶层的奢侈品。《元史》中就有许多元朝统治者以金银、鞍勒和锦彩赏赐诸王和功臣的记载。元仁宗爱育黎拔力八达在登基之初,即有淮东宣慰使撒都进献"玉观音、七宝帽顶、宝带、宝鞍"等物⑤。其次,以"牛粪"作为仿制材料来制作进献给皇帝的马鞍,已经颇耸人听闻了,而皇帝竟不以为忤,反而大大嘉奖了来人,其原因除了得自游牧生活的影响外,接下来我们也将谈到,以较低贱的材料而仿拟出较高级材料的材质和纹理,或亦不失为元代"装饰仿生"工艺的特征之一。

那么,在元代的汉文史料中,有无对于"装饰仿生"工艺的记载呢?《元史·世祖纪》记载,至元二十四年秋七月丁酉(1287年8月18日)这一天:

> 弘州匠官以犬兔毛制如西锦者以献,授匠官知弘州。⑥

元朝在弘州(属中书省大同路,今河北省阳原县)设有纳失失局,负责制造西域织金锦(纳失失)⑦。故此处的"西锦"指的应该就是纳失失。这条史料记载了一个弘州的匠

---

① Klaus Lech, *Das Mongolische Weltreich*, p. 18 – 20.
② Klaus Lech, *Das Mongolische Weltreich*, p. 31.
③ Klaus Lech, *Das Mongolische Weltreich*, 阿拉伯文部分, p. 28, 德文部分, p. 110.
④ Klaus Lech, *Das Mongolische Weltreich*, p. 248.
⑤ (明)宋濂等:《元史》卷24《仁宗纪》1,中华书局1976年版,第537页。
⑥ (明)宋濂等:《元史》卷14《世祖纪》11,第299页。
⑦ 关于弘州的两个纳失失局,参见尚刚《纳石失在中国》,《东南文化》2003年第8期;杨印民《纳失失与元代宫廷织物的尚金风习》,《黑龙江民族丛刊》2007年第2期。

官(从七品以下)通过以犬兔毛仿拟金丝而织成纳失失图样,得到了元朝皇帝(忽必烈)的赏识,从而超授从五品的知州(弘州为下州)的故事(类似这样的"励志故事"在元代并不稀见)。不过,应该说,这是一条其价值此前被大大低估了的史料。尚刚先生在《元代工艺美术史》中曾引述这条材料并指出,它反映了蒙元时期在织绣工艺上对西域风的推崇,"倘若官营作坊能令产品与西方类似,便可得到褒奖"①。这一解释原则上正确,不过,若单纯追求在织染技术和原材料上成功仿制西域织金锦,理应用质地更加相近的金银丝线或棉线,何必非用"犬兔毛"?就素材来说,金银丝线以下则当属貂鼠皮毛,在元代亦有与纳失失互为衬饰者②,至于犬类兔类之毛,恐怕是等而下之的贱料了。正因为采用这种毛料仿拟与本身材质和肌理相隔悬远的高级织金锦,还达到了混淆耳目、以假乱真的地步,也才显得出匠艺的高超。可见,这位弘州的匠官要向朝廷展示的,正是其(或其管下工匠)精妙的"装饰仿生"工艺,并希望如那位进献仿木质的"牛粪"鞍具的工匠一样,得到大汗的赏识。

三 "装饰仿生"工艺与蒙元时代的社会经济环境

我们本期待在元代的汉文史料中能找到更多线索。不过,令人惋惜的是,关于元代的"装饰仿生"工艺,所能钩稽出不过是前节引述的"两条半"史料。从大环境看,这或许与中国传统的"贵德贱艺"观念不无关系。在这种思想的浸润下,尽管蒙古统治阶级素来对能工巧匠青睐有加,此种特殊的工艺制品殆难进入元代汉族士人日常生活的视野。可见,上层的、短时段的剧烈变动,并未太多触及沉淀在社会心理深层的东西。从汉族士人为那些曾经参与监督管理官府造作的官员撰写的碑传资料中,多看不出传主与其职守间有任何特殊的联系。元人傅进以家传手艺累官至奉议大夫、同知诸路金玉人匠总管府事,"服勤三朝,每制器以进,无不称旨,赏赉优渥,不可胜计",却仍然以"隐于一艺","恒若以为歉",常望后辈中"有能自拔,以昌吾门者矣"③,或能反映那个时代的主流知识阶级对工艺造作的看法。因此,关于元代官私手工业,留下来的多是一些制度章程和规模的记载,或是单辞片语的文字描述。值得一提的是,"装饰仿生"本是借由精微的仿拟工

---

① 尚刚:《元代工艺美术史》,辽宁教育出版社1999年版,第4页。
② 见(元)熊梦祥:《析津志辑佚》,北京古籍出版社2000年版,第233页。
③ (元)黄溍:《奉议大夫同知诸路金玉人匠总管府事傅公墓志铭》,载李修生主编《全元文》第30册,凤凰出版社2004年版,第301—302页。

艺，以求以假乱真、巧夺天工，而元代还有一些主管官府营造的汉人官员，恰恰与前节所论的那位"弘州匠官"相反，奉行一种"不为巧虚积料余，徼干局称"的"消极"营造理念①。明乎此，无怪关于"装饰仿生"工艺的记载在元代如此稀少了。不过，即便撇开社会心理因素这一层面，"装饰仿生"工艺在元代的隐没也仍有着更加重要而且特殊的社会原因。

历朝蒙古统治者对于征服所得、远人所献乃至臣属各院、监、局打造的各类珍奇工艺品，是十分喜爱甚至痴迷的，一旦有人敢于染指这一禁脔，则易被视为对神圣不可侵犯的皇权的挑衅。贤明如元世祖忽必烈，据说也因为阿合马诬陷重臣伯颜在征服南宋时，擅取宋朝宫廷的"玉桃盏"（这大概就是一种"造型仿生"或"象生"玉器），就将刚刚为他平定南方，"得府三十七、州百二十八、关监二、县七百三十三"的伯颜下狱按验②。元世祖统治后期权倾朝野、炙手可热的权相桑哥倒台的诱因，按照拉施特的说法，也是他瞒着皇帝藏了一箱子"无与伦比的珍珠和贵重物品"③。类似仿木的"牛粪"马鞍或是仿纳失失的犬兔毛织物这类"装饰仿生"工艺品，是超出普通官府造作的常度之外的"创新"④，大多费料费工费时，为一般百姓消费不起，也正是梁方仲先生所言那一小部分专为着皇帝和贵族的特殊需要的工艺制品⑤。非要在元代的官方文书中找个名字，它们应该属于特供"上位"的"异样生活"⑥。蒙古统治者不仅垄断了最优秀的工艺制作的人力资源，在元代法政文书汇编如《元典章》和《通制条格》中，也不乏元朝皇帝颁下圣旨，将类似的工艺创新设计和成品垄断为皇家专有、禁止散播的例子。元成宗元贞二年（1296）二月的一份硬译公牍，就禁止各地织造和使用专供皇帝御用的衣料："上位穿的一般段匹，不拣那里休织造者。众人根底都省谕者。"⑦至大四年（1311年）十月御史台官员报告，八鲁刺等人（可能是管理府库的蒙古官员）在交付给脱脱木儿驸马的赏赐时，额外"又与了一副细甲"，结果引来了仁宗的严厉呵斥："今后咱每根底做来的甲，咱每根底不呈献明白，不奏

---

① （元）王恽：《故蠡州管匠提领史府君行状》，载李修生主编《全元文》第6册，江苏古籍出版社1999年版，第328页。

② （明）宋濂等：《元史》卷127《伯颜传》，第3113页。

③ ［波斯］拉施特主编，余大钧、周建奇译：《史集》第二卷，商务印书馆1985年版，第349页。

④ 这里使用"创新"一词，我们是在奥地利经济学家熊彼特在《经济发展理论》中提出的第一种创新形式的意义上来理解的，即"制造出一种新的即消费者阶层还不熟悉的产品，或者一种产品的新质地"。参见 Joseph Schumpeter, *Theorie der wirtschaftlichen Entwicklung: eine Untersuchung über Unternehmergewinn, Kapital, Kredit, Zins und den Konjunkturzyklus*, Leipzig: Verlag von Duncker & Humblot, 1926, p.100。

⑤ 梁方仲：《元代中国手工业生产的发展》，《中国社会经济史论》，中华书局2008年版，第235页。

⑥ 参见陈高华等点校《元典章》卷58《工部·造作·禁造异样生活》，第4册，中华书局、天津古籍出版社2011年版，第1971页。

⑦ 陈高华等点校：《元典章》卷58《工部·造作·御用段定休织》，第4册，第1963页。

了者，休与人者。"①而在大德元年（1297），一位王姓匠官为元朝皇帝（"上位"）造了一顶"新样黑细花儿斜皮帽儿"，元成宗在御览之后，颁下一道赤裸裸的带威胁口气的圣旨："今后这皮帽样子休做与人者。与人呵，你死也。如今街下休做者。做的人、带的人，交扎撒里入去者。"②

蒙古统治阶级对于供自身消费娱乐的奢侈工艺，呵之护之唯恐不及，而当小民要变换些花样谋些薄利时，则适用的是另一副嘴脸或另一种逻辑。保存在《通制条格》中的一件官文书记载：

> 至元二十年六月，中书省。御史台呈："陕西汉中道按察司申'安西路冯直等，将银箔熏作假金，裁线织造贩卖。'一概禁断，机户生受。"刑部照得："钦奉圣旨，禁断金段匹等物，据冯直等将银箔用烟熏作假金，终是织金段匹，切恐真假错乱，犯法者众，拟合禁断。"都省准拟。③

问题首先出在生产环节，在元代，机户是从事纺织同时也货卖产品的专业户。文书并没有提到这些小生产者是把假金缎当真金缎贩卖，所以这里或许不涉及规定买卖器用、布要"牢固真实"的市廛之法④，虽然以低劣的"仿生"工艺来售假牟利，古代确有其事⑤。元代机户通过熏制假金来仿造织金锦，虽称不上是什么高明的"装饰仿生"工艺，但毕竟是一种谋生之道，连监察官员都觉得若"一概禁断"，实无异断人生路，但在元朝皇帝看来，与"下不得僭上"的君臣大防相比，数十家机户又何足介怀？

至此，我们不难想象，那些仿木马鞍和仿织金锦犬兔毛料，与"玉桃盏""御用段匹""御用细甲""黑细花儿斜皮帽儿"甚至"熏银箔线的金段匹"等一样，遭遇的大致是同一命运。由此我们也或许能够理解，为何关于特殊的"装饰仿生"工艺的记载，在元代的文献中极其罕见。一方面是广大汉族士人对"奇技淫巧"有意无意的漠视，另一方面则是元廷对这种仿生工艺品的高压垄断和限制，使得本来可能绽放出绚丽花朵的"装饰仿生"工艺在内外交困中逐渐湮没无闻。虽然上述这些奢侈工业品大都不具有附加的高经济价

---

① 方龄贵：《通制条格校注》卷27，中华书局2001年版，第608页。
② 陈高华等点校：《元典章》卷58《工部·造作·新样帽儿休造》，第4册，第1973页。
③ 方龄贵：《通制条格校注》卷28，第652页。
④ 参见（清）薛允升：《唐明律合编》，怀效锋、李鸣点校，法律出版社1999年版，第739页。
⑤ 清代的纪昀在笔记中感叹"人情狙诈，无过于京师"，并举自己或家人朋友购得"内傅以泥，外糊以纸，染为炙煿之色，涂以油"的挂炉烤鸭和"乌油高丽纸揉作皱纹"的皮靴等假货的例子为证，参见（清）纪昀《阅微草堂笔记》卷17《姑妄听之（三）》，浙江古籍出版社2010年版，第291页。

值,但我们也可以大胆追问一下,用犬兔毛此类贱料仿拟出来的纳失失,一旦能够大规模生产,会对东西方贸易产生何种影响?可惜,那位弘州匠官的工艺创新,并未转化为社会收益,而只是为他挣得了一个从五品的州官,元代社会的制度环境也只能为他的生产提供这样一种激励①。

四 余论

我们对元代"装饰仿生"工艺的考察不得不止步于此。中国有着悠久绵长的美术工艺史,"装饰仿生"工艺在元代百年间的浮显与隐没,仅是其中一个很小的片段,而我们钩稽出的,又不过是这个片段中的一块断片;我们看到,它居然既属于工艺史,又属于宫廷史,甚至还可能属于社会经济史,并为陈寅恪先生在《王静安先生遗书序》所举之"取异族之故书与吾国之旧籍互相补正"的"二重证据法"提供了一个绝佳的适用例证。但这些终究不过是纸面上的记载,笔者期待,这篇文章的发表能够促使研究者和收藏家着意去发现和研究元代真正遗存下来的"装饰仿生"艺术的实物。回到本文篇首的话题,说不定这类工艺品,就存在于乾隆本人的收藏中。

【作者简介】 周思成(1984—),湖南长沙人,北京大学历史学系博士生。

---

① 关于制度环境与经济组织对创新和经济增长的作用,参见[美]道格拉斯·诺斯、[美]罗伯特·托马斯:《西方世界的兴起》,厉以平、蔡磊译,华夏出版社2009年版,第4—13页。

宋元龙舟竞渡考

辛梦霞

【提要】 龙舟竞渡发展到北宋,技艺、装备、规模及关注程度达到顶峰。到了南宋,该项活动的军事性、仪式性逐渐减弱,娱乐性、民间性逐渐增强,并因主办者及参与者的不同而呈现出皇家、地方政府、乡村坊巷三种类型。由宋入元,尽管民间仍然保留着龙舟竞渡的传统,但官方却明令禁止,只是并未得到有效执行。元代御用画家王振鹏作《龙舟夺标图》追忆宋代金明池龙舟竞渡,并将之呈献宫廷,这一画作先后由当时十五位知名馆阁文臣、诗人画家题诗、作跋,堪称文坛盛事,这种禁而不止的现象,殊为奇特。

【关键词】 宋元;龙舟竞渡;《龙舟争标图》

龙舟竞渡,俗称"赛龙舟",是中国传统民俗体育项目的一种,为集体划船竞赛,比赛所用船只往往被饰以龙形,故称"龙舟"。又因此项活动大多是在端午时节举行,故而成为一项重要民俗。

龙舟竞渡究竟始于何时,因何而起,难以断言。近些年,研究者根据一系列出土文献推断,早在战国时期,已经有了龙舟竞渡[1],而这项运动或与祭祀屈原、龙图腾崇拜以及祭祀等活动有关[2]。尽管说法不一,莫衷一是,但起源的多元性,也体现出这项活动具有的

---

[1] 崔乐泉:《中国古代的龙舟竞渡》,《江汉考古》1990年第2期;刘秉果:《龙舟竞渡的起源》,《中国古代体育史话》,四川人民出版社2007年版,第89—95页。

[2] (南朝梁)宗懔:《五日竞渡采杂药》,载王毓荣《荆楚岁时记校注》,文津出版社有限公司1992年版;闻一多:《端午考》,《神话与诗》,上海人民出版社2006年版;万建中:《龙舟竞渡活动的历史渊源》,《体育文史》1995年第3期。

丰富文化内涵。

龙舟竞渡在宋代登上巅峰,到了元代却相对冷落,这一鲜明的对比令人倍感好奇。本文试图探究龙舟竞渡在宋元两代的发展状况,并分析这一历史现象的原因。

一 宋代龙舟竞渡兴盛的原因

龙舟竞渡这一活动在宋代极度兴盛,它出现频率较高,早已不局限于端午,元夕、清明、寒食、七夕时均可开展;涉及空间广阔,荆楚、巴蜀、吴越、闽粤等地都见踪迹;文献流传甚广,宋代的笔记《东京梦华录》《武林旧事》中先后详细记载了北宋金明池、南宋西湖上的大型龙舟竞渡活动,宋代文人诵咏龙舟竞渡活动的诗歌作品多达七十余首,宋代画家张择端还曾作《金明池争标图》。可见龙舟竞渡在当时社会是一项广为人知、备受欢迎的活动。后世研究者对该时期的龙舟竞渡及其他水上活动以及金明池、张择端绘画都有描述性研究,为本文提供了坚实的研究基础[1]。

宋代的龙舟竞渡之所以会如此繁荣,原因有几个方面:

首先,唐代龙舟竞渡的兴盛为这一活动在宋代的发展做了铺垫。

龙舟竞渡在唐代取得了较大发展,龙舟的形制、竞渡的规则在唐代都已经初步成形。元人胡三省称:"自唐以来,治竞渡船务为轻驶,前建龙头,后竖龙尾,船之两旁刻为龙鳞而彩绘之,谓之龙舟,植标于中流,众船鼓楫竞进以争锦标,有破舟折楫至于沉溺而不悔者。"[2]龙舟有两个特点,一是速度快,竞赛性强。《荆楚岁时记》记载,"舸舟取其轻利谓之飞凫,一自以为水车,一自以为水马"[3],可见龙舟轻便快捷、交通往来堪比车马。二是形制肖龙,极具观赏性。船头船尾分别树立龙头龙尾的雕塑,船身则刻有龙鳞、饰以彩绘,有时候竞渡船上还会插上彩旗,王建《宫词》称"竞渡船头掉采旗"[4],旗帜随风飘扬,十分好看。

竞渡的规则主要是"争标",在水中树立一个目的物,常常是锦制的旗帜,称作"锦

---

[1] 周宝珠:《金明池水戏与〈金明池争标图〉》,《中州学刊》1984年第1期;王赛时:《宋代的竞渡》,《成都体育学院学报》1991年第4期;储建新:《〈金明池争标图〉与宋代水上体育活动》,《体育文化导刊》2010年第1期。

[2] (宋)司马光等编著,(元)胡三省音注:《资治通鉴》卷243《唐纪》五十九,中华书局1956年版,第7844页。

[3] 王毓荣:《荆楚岁时记校注》,第163页。

[4] (唐)王建:《宫词》之十八、二十五,载王宗堂《王建诗集校注》,中州古籍出版社2006年版,第570页。

标"，先得到者为胜，白居易《和春深》之十五："齐桡争渡处，一匹锦标斜"①，描绘的就是竞渡的情状。

竞渡兼具竞技性与观赏性，亦深为唐代皇帝、大臣喜爱。唐代有鱼藻宫，位于大明宫北。皇宫花园中有鱼藻池，深一丈，贞元十三年（797），德宗诏令深挖四尺，引灞河之水注之，并令宫人在其间泛舟、宴乐。唐穆宗、唐敬宗曾多次在这里观竞渡②。王建《宫词》载："鱼藻宫中锁翠娥，先皇行处不曾过。而今池底休铺锦，菱角鸡头积渐多。"据说，为了使得池水看起来清澈潋滟，皇帝甚至下令在池底铺上锦缎，可谓奢侈至极③。

大臣杜亚所造龙舟，锦缆绣帆，耗资巨大，而他为了能在竞渡中取得胜利，下令用漆涂船底，以提高船的速度；又用绮罗制成船员的衣服，外面涂上油，避免被水打湿。④ 这一行为十分铺张。

上行下效，这种喜好尽管奢华，却无疑推动了龙舟竞渡活动的发展。

其次，宋代发达经济支撑下造船业的发展为龙舟竞渡提供了物质基础。

早在隋代，就已经有奢华的大龙舟出现，共有4层，高45尺，长200尺，上层有正殿、内殿、东西朝堂，中间两层共有120间房屋，都用金玉装饰，下层是内侍居所。由于船上有多层建筑，故而又称为楼船⑤。然而这种大龙舟仅仅是皇帝巡游的座驾，并非用于竞赛，但当时的造船能力可见一斑。到了唐敬宗宝历元年（825）七月己未，朝廷下诏令王播造二十只竞渡船进贡，要将造船材料运往京城需要半年时间，当时谏议大夫张仲方极力劝阻，最后下令任务减半，建造十只竞渡船⑥。从运输材料的耗时，可窥见竞渡船的规模巨大。

宋统一天下，漕运、海运都很发达，官营、民营的造船厂遍布内河沿海，造船工艺趋于成熟。尤其南唐、吴越两国的龙舟竞渡都很兴盛，太平兴国年间，吴越钱氏献龙舟，长二十余丈，上建有宫室层楼，并有御榻，是供皇帝乘坐游玩之用。为了修理这艘巨大的船，当时的工匠独创了"船渠修船法"。即在金明池开凿大水渠，并在其中搭木架，通过引水入渠使船浮在架子上，修补完后，再利用水的浮力扯去木架，之后又建立大屋藏船⑦。需

---

① （唐）白居易：《和春深》之十五，载顾学颉校点《白居易集》，中华书局1999年版，第595页。
② （后晋）刘昫：《旧唐书》卷16、17、146、171，中华书局1975年版，第386、410、480、515页。
③ （唐）王建：《宫词》之十八、二十五，《王建诗集校注》，第563页。
④ （后晋）刘昫：《旧唐书》，第3963页。
⑤ （宋）司马光等编著，（元）胡三省音注：《资治通鉴》，第5621页。
⑥ （后晋）刘昫：《旧唐书》，第4445页。
⑦ （宋）沈括著，胡道静校证：《梦溪笔谈校证》补谈卷2，上海古籍出版社1987年版，第954—955页。

要注意的是,这里所说的龙舟,并非竞渡比赛用船,却是竞渡活动中必不可缺的游览船。

再次,宋代统治者的军事需要促进了龙舟竞渡活动的繁荣。

很早就有人注意到"龙舟竞渡"具有军事战备作用。据《江南野史》载,南唐元宗李璟曾叫治下百姓划船竞渡,每到端午时节,由官府拿出彩帛作为奖品,令竞渡船两两相较,优胜者赏赐银碗,称之"打标",并记录其名。后来这些优胜者都被编入水军,称为"凌波军"①。

而宋初统治者也注重发展水上军事力量,借鉴前朝经验,通过"龙舟竞渡"来演习水军,以期能够统一江南。"辛氏秦记曰:昆明池,汉武帝立之,习水战,则是教池之事略见于此矣,亦竞渡之遗意也。宋朝太祖建隆间,即都城之南,凿讲武池,始习水战,将有事于江南也。及太宗兴国中得吴越钱氏龙舟,七年,疏国城西开金明池,于是每岁二月,教池遂为故事。"②

文中所提的金明池,位于北宋都城开封城西,顺天门外街北,周长九里三十步。太平兴国元年(976),宋太宗下令士卒三万五千人凿池,引金河水灌注,作为琼林苑的一部分。每年的三月初,命神卫虎翼水军,教舟楫、习水嬉。在金明池西,有教场、亭殿,皇帝曾多次在这里阅兵。水军训练项目多样,有炮石、弓弩、射箭,还有水上战舰竞渡、回旋、刺杀以及士兵的游泳比赛③。可见最初开凿金明池展开龙舟竞渡活动,主要是训练军备,不忘武功。

最后,宋代社会阶层的发展使得龙舟竞渡活动有更为广泛的受众。

在经历五代十国战乱之后建立起来的宋朝,贵族文化逐渐被平民文化取代,土地兼并、贫富差距扩大、商品经济发展、城市繁荣、乡村坊郭户等划分等一系列因素,导致了宋代社会阶层呈现出新的局面:除了皇族、士大夫阶层、农民、工商业者外,还出现了游民阶层④。大量的失地农民涌入繁华的都城谋求生计,大量的工商业者为了满足特权阶层的奢侈享受应运而生,是以原本根植于农业社会的龙舟竞渡活动,会在两宋都城汴京、临安大放异彩,造成万人空巷、观者如堵的巨大影响。

由乡村到城市,由宫廷到市井,龙舟竞渡活动的受众范围在逐渐扩大。

---

① (宋)龙衮著,张剑光整理:《江南野史》卷3《后主》,载朱易安、傅璇琮主编《全宋笔记》第一编,大象出版社2003年版,第172页。
② (宋)高承:《事物纪原》卷8《教池》,中华书局1989年版,第431页。
③ (宋)王应麟:《玉海》卷147《太平兴国金明池习水战》,第2707页;卷171《太平兴国金明池》,第3149页,上海书店、江苏古籍出版社1987年版。
④ 王学泰:《游民文化与中国社会》,学苑出版社1999年版,第111页。

二　宋代龙舟竞渡官、民分层

宋代龙舟竞渡往往不仅仅是一种单纯的划船竞技,而是融入了军事训练、戏剧表演、杂耍赌博、水上娱乐、商业游园等综合活动的大型庆典。由于举办方的不同,龙舟竞渡分为官方与民间两种层次,官方又分为皇家与地方政府,不同层次的龙舟竞渡也因而具有不同的特征。

(一)皇家盛事:金明池竞渡

随着北宋政治日趋稳定,"龙舟竞渡"这种军事训练逐渐演变成普天同乐的娱乐项目,而金明池也变成了汴京城内的游乐场。每年的三月一日,都对公众开放。

金明池的西边有面北临水殿,宋代皇帝往往就在这里观赏龙舟竞渡争标。以前是搭的帐幕,政和间翻修为土木结构。金明池附近有一仙桥,长约百步,"桥面三虹",上面饰有朱漆栏杆,下面有桥柱,中央隆起,称为"骆驼虹",状若飞虹。此桥直通池中央,中央是一个小岛,四周砌以石条,岛上有一大殿,背对着桥。殿中设有御用帐幕,朱漆明金龙床,河间云水戏龙屏风,游人可以自由往来。殿下有回廊,是专供商贩摆摊、艺人卖艺表演的场地。桥的两边摆有瓦盆,里面装有赌博工具"头钱"、赌资、衣服、日常器具,行人来往,熙熙攘攘。桥南设有棂星门,门里对立彩楼,每当竞渡争标之时,就有妓女立于楼上助兴。

门相对的街南有石砌高台,上有观楼,长、宽均一百多丈,名"宝津楼",俯瞰仙桥、水殿,这里是皇帝观看骑射、百戏的地方。池东临水近墙的地方,植有垂杨,两边搭有彩棚,用来出租给观看龙舟竞渡者。池东有饭馆、旅店、赌场、戏院、当铺。当铺所押物品,没有规定期限,到闭池的日子,就将典当品卖出。北面是池的后门,也是汴河西水门。池西人少树多,为垂钓场所,捕鱼须买许可证。游人往往高价买得池中鱼,在池边洗剥干净,烧烤下酒,别有滋味。

这里也是水兵演习后系龙船的地方。池边正北有五殿大屋,放大龙船的地方,称为"奥屋",皇帝坐大龙船往往长达二十多天。当值禁卫军簪花盛装,争奇斗艳,带金枪弓箭,展龙凤锦旗,红缨锦佩,万骑争驰,铃声不绝。[1]

"龙舟竞渡"活动也不仅局限于速度的较量,还增添了许多娱乐环节。皇帝在临水殿

---

[1] (宋)孟元老著,邓之诚注:《东京梦华录》卷7,中华书局1982年版,第181—182页。

观赏竞渡,大宴群臣。殿前搭建水棚,排立仪仗队。靠近殿的水中,横列四艘彩舟,舟上有"诸军百戏",如大旗、狮豹、棹刀、蛮牌、神鬼、杂剧之类,大概就类似于今天的文艺表演、驯兽杂技。又有两艘船,上面是乐队演奏。①

又有一艘小船,船上有小彩楼,楼下有三扇小门,犹如傀儡戏的棚子,正对水中。乐船上的宫廷艺人演出致辞,音乐响起,彩棚的中门开,演出木偶戏,其内容为小船上白衣人垂钓,小童划桨往来,有台词、有音乐,木偶主人公还能变魔术一般钓出一条活鱼,在音乐声中将船划入棚中;又有木偶踢球、舞蹈,有台词、有唱和,音乐响起则停止。这种木偶戏因是在船上表演,故又称为"水傀儡"。

又有两艘画船,上面立着秋千,船尾百戏人上竿,左右军院雇佣的侍从吹笛伴奏。又有一个人踏上秋千,荡得极高,几乎与秋千架相平,便翻一个筋斗跳入水中,称为"水秋千"。有点类似于今天的跳水表演。

水上节目表演完毕后,载有百戏的乐船击锣鸣鼓,挥舞旗帜,与水傀儡船分两边退去。有小龙船二十只,上有绯衣军士各五十余人,各自立旗击鼓。船头站着一个军官,舞旗指挥。又有虎头船十只,上面站着一个锦衣人,拿小旗立船头,其余都穿青色短衣,戴头巾,一起挥桨。

又有飞鱼船两只,船身彩画描金,精巧绚丽,上面有五十多个身着各色戏服的艺人,其间还竖有各色小旗、红伞,左右招舞,鸣小锣鼓铙铎之类的乐器。

又有鳅鱼船二只,为独木舟,只容一人划船,是进贡花石纲的朱缅进贡的。各艘小船前往存放大船的奥屋,将大龙船牵引至临水殿,小龙船在前组成方阵、变换队形、为之开路。虎头船用绳索牵引龙舟。

大龙舟长三四十丈,宽三四丈,头尾的龙鳞龙须,都是雕镂而成,并且加以金饰,船板都涂上退光漆,两边列有十个小阁子,中设御座龙水屏风。船板距离船底部深数尺,船底密排铁铸大银样,像桌面一样大,用来压重,令船稳不偏倚。龙船上有层楼、台观、栏杆,安设御座。龙头上有一人舞旗,左右水棚,排列六桨,宛若飞腾,至水殿舣之一边。

水殿前至仙桥,预先将红旗插在水中,标识地分远近。小龙船排列水殿前,东西相对;虎头船、飞鱼船,布在大龙船后,如两阵交战布阵。

水殿前水棚上,一个军校挥舞红旗作为比赛开始的信号,龙船各自鸣锣鼓出阵,划桨旋转,组成一个圆形阵局,称为"旋罗"。水殿前再用红旗示意,小龙船分为两队,各自组成圆阵,称为"海眼"。再次舞动红旗,两队船交互穿插,称为"交头"。再用红旗指挥,则

---

① (宋)孟元老著,邓之诚注:《东京梦华录》卷7,中华书局1982年版,第184—185、193、196页。

各船都排列在五殿的东面,面对水殿排成行列。有一小舟载一军校,拿着一根竿子,上面挂着锦彩银碗等,称为"标竿",插在靠近水殿的水中。红旗发令,小舟两两相较,鸣鼓并进,驶得快的小舟夺标,周围观众喝彩鼓舞。虎头船、飞鱼船亦同样竞渡,各夺标三次。

竞渡结束后,小船引大龙船入奥屋内。①

(二)赏心乐事:西湖竞渡

靖康之变后,汴京城被攻破,宋皇室南迁至临安(杭州),建立南宋。"龙舟竞渡"并没有因此中断,而是将金明池的竞渡传统移至西湖之上。

西湖本就是江南胜地,处处烟波画舫。据吴自牧《梦粱录》载:二月初八,为祠山大帝(祠山正佑圣烈昭德昌福崇仁真君)生日,自梁至宋,一直为人祀奉。为了纪念神诞,从这天开始要举行长达十一日的庆祝活动。这一天,苏堤上游人如蚁,六只龙舟戏于湖中,每只舟上装有十太尉、七圣、二郎神、神鬼、快行、锦体浪子、黄胖,船上装饰彩色旗伞、花篮、闹竿、鼓吹之类。舟上的人都簪大花、戴卷角帽子、穿红绿戏服,拿船桨划船。帅守出城,在一清堂中镇守,龙舟也都向官府报到。

在湖中树立标竿,上挂锦彩、银球、官楮,作为竞渡优胜者的奖品。有一小节级(低级武职官员),披黄衫,顶青巾,戴大花,插孔雀尾,乘小舟抵达湖堂,横节杖,唱喏,大概就类似于金明池竞渡中的"致辞"开场白,奏明比赛规则等。并指挥船只按秩序向圣旨行礼。

之后,用小彩旗发令,诸船鸣锣击鼓,分为两队划桨旋转,排列成行,再用小彩旗示意,两只龙舟并进;又用小彩旗指挥,开始竞渡夺标,胜利者获封赏,致敬后退下,其余船只也会获得酒钱作为奖励。

从早到晚,游人络绎不绝,正逢春光明媚,祭祀、龙舟竞渡、游春相结合,整个临安城无论贵族还是平民,都乐在其中。②

(三)逞凶斗狠:荆楚遗俗

与都城举行的官方竞渡相比,地方乡村的竞渡就要显得原始、简陋、彪悍。在民间,龙舟竞渡不再是皇家军威的彰显,亦非和乐融融的春游胜景,除了节日的快乐、乞求风调雨顺的美好愿望外,更多的却是村落坊巷间的竞争,涉及宗族荣誉、赌资利益,往往会引发多至百人的械斗。

---

①(宋)孟元老著,邓之诚注:《东京梦华录》卷7,第184—185页。
②(宋)吴自牧:《梦粱录》卷1,《丛书集成初编》本,商务印书馆1939年版。

刘敞《屈原煆辞序》称："梅圣俞在江南作文祝于屈原，讥原好煆辞，民习尚之，因以斗伤溺死，一岁不为，辄降疾疢，失爱民之道，其意诚善也。然竞渡非屈原意，民言不竞渡，则岁辄恶者，讹也，故为原作煆辞以报，祝明圣俞禁竞渡得神意。"①

庄绰《鸡肋编》载："湖北以五月望日谓之大端午，泛舟竞渡。逐村之人，各为一舟，各雇一人凶悍者于船首执旗，身挂楮钱。或争驶殴击，有致死者，则此人甘斗杀之刑，故官司特加禁焉。"②

洪迈《夷坚志》记载了一个和竞渡有关的故事，对当时的竞渡风气有所描述："庆元三年四月，鄱阳小民循故例竞渡于鄱江，率皆亡赖恶子。又无衣装结束，唯袒裼布裈。终日鸣金，喧噪下上。又有持酒赏犒，或以六七拨棹者，往往酣醉，才东西值遇，各叫呼相高。稍近，则抛石互击。甚者至射弩放弹，虽遭伤疾，亦不告官。五月二日，东湖一船与南岸一船斗，薄暮不解。湖船遂沉，所载五十人尽溺。叫呼乞救，时已曛黑，莫能审其存亡。"③

由此可知，民间竞渡往往是以祭祀屈原为名，以村落为单位，以凶悍的"无赖恶子"为主力，具有风险性，溺水、斗殴事件层出不穷，胡三省就曾说过"众船鼓楫竞进以争锦标，有破舟折楫至于沉溺而不悔者"；参赛者在比赛的时候难免会引发意气之争，群体斗殴事件屡见不鲜，划船桨楫变成行凶工具，动辄几百人一起下狱，文献中不乏记载，"岳州平江民以竞渡斗，死狱"④，"有竞渡殴人死，至系百人者"⑤，"竞渡者持仗而哗，官兵不能禁"⑥。这也导致政府禁令频出。

（四）小结

通过以上对龙舟竞渡的典型考察可以发现，宋代的龙舟竞渡其实存在分层的现象：官方系统中的皇家龙舟竞渡规模宏大，仪式庄重烦琐，军事色彩浓厚，同时又兼具综艺性、商业性、游园性，可谓一项综合的大型活动；地方政府举行的龙舟竞渡更偏重娱乐性与民间性，军事上的整齐划一与皇帝参与的庄严感、仪式性则明显淡化；而乡村里的龙舟竞渡则侧重于这项活动本身的竞技性，参与者甚至为此不惜付出生命代价。

---

① （宋）刘敞：《公是集》卷3，《丛书集成初编》本，第24—25页。
② （宋）庄绰著，萧鲁阳校点：《鸡肋编》卷上，中华书局1983年版，第20页。
③ （宋）洪迈著，何卓校点：《夷坚志》支癸卷第九《吴儿竞渡》，中华书局1981年版，第1287页。
④ （宋）汪藻：《左朝请大夫知全州汪君墓志铭》，《浮溪集》卷26，《四部丛刊》本。
⑤ （宋）晁补之：《朝奉郎致仕陈君墓志铭》，《鸡肋集》卷67，《四部丛刊》本。
⑥ （宋）罗愿：《显谟阁学士程迈传》，《罗鄂州小集》卷6，景印文渊阁《四库全书》本，台湾商务印书馆1986年版。

因此,可以说,龙舟竞渡活动在宋代自上而下,仪式性、军事性逐渐减弱,竞技性逐渐增强,娱乐性始终只是副产品。

造成这种分层的原因,主要和宋代的社会及阶层有关。

宋代拥有庞大的官僚机构,皇室及官员这些特权阶层的欲望,催动了都城的繁荣;而宋代经济、文化的发达也的确能够满足特权阶层的需求。

相应地,城市中涌现出一大批不再以农耕为生的市民,他们能够在春耕农忙季节,肆无忌惮地游春游园,甚至以此为契机开展包括饭店、旅店、赌场、戏院、当铺等方面的商业活动。

而宋代还有一大批"游民阶层",他们流动在城镇之中,没有固定的财富、生活极不稳定、具有反社会的倾向①,故而成为社会隐患。

随着宋朝国力的衰弱,再也无力支撑这项奢侈的活动,龙舟竞渡由盛而衰,日趋沉寂。《武林旧事》载:"茂陵在御,略无游幸之事,离宫别馆,不复增修。黄洪诗云:'龙舟大半没西湖,此是先皇节俭图。三十六年安静里,棹歌一曲在康衢。'理宗时亦尝制一舟,悉用香楠木枪金为之,亦极华侈,然终于不用。至景定间,周汉国公主得旨,偕驸马都尉杨镇泛湖,一时文物亦盛,仿佛承明之旧。倾城纵观,都人为之罢市。然是时先朝龙舫久已沉没,独有小舟号'小乌龙'者,以赐杨郡王之故尚在。其舟平底,有柁,制度简朴。或传此舟每出必有风雨,余尝屡乘,初无此异也。"②宋朝的国运也仿佛龙舟一般,倾覆不起。

在民间,龙舟竞渡由于存在负面影响,也多次被禁。它妨害春耕生产、劳民伤财,很容易导致赌博聚众、滋事械斗,在观看龙舟竞渡的过程中,很容易因人多而发生踩踏事故。

在农业社会,"龙舟竞渡"这样一个大型赛事的举行,恰逢春耕,往往会耽误农时,劳民伤财。唐诗人萧结就曾说:"秧开五叶,蚕长三眠,人皆忙迫,讵任渡船。"③

而到了宋代,《太平寰宇记》称:"五月五日竞渡戏船,楚俗最尚,废业耗民,莫甚于此。皇朝有国以来,已革其弊。"④《宋史·黄震传》:"劝民种麦禁,竞渡船,焚千三百余艘,用其丁铁,创军营五百间。"可见,当时对于民间竞渡,官方态度并不积极。⑤

---

① 王学泰:《游民文化与中国社会》,第111页。
② (宋)周密:《武林旧事》卷3,中华书局2007年版,第73页。
③ (唐)萧结:《批州符》,载《全唐诗》,中华书局1980年版,第9892页。
④ (宋)乐史:《荆州》,《太平寰宇记》卷146,中华书局2007年版,第2833页。
⑤ (元)脱脱等:《宋史》卷197《黄震传》,中华书局1977年版,第12991页。

高斯得《西湖竞渡游人有踩践之厄》一诗中写道:"杭州城西二月八,湖上处处笙歌发。行都士女出如云,骅骝塞路车联辕。龙舟竞渡数千艘,红旗绿棹纷相戛。有似昆明水战时,石鲸秋风动鳞甲。抽钗脱钏解佩环,匝岸游人争赏设。平章家住葛山下,丽服明妆四罗列。唤船催入里湖来,金钱百万标竿揭。倾湖坌至人相登,万众崩腾遭踏杀。府门一旦尸如山,生者呻吟胁胼折。西湖自是天下景,何况邀头古今压。一时死者何足道,且得嘉话传千叶。官御史门下士,九重天高谁敢说。溪翁聊尔作歌谣,谨勿传抄取黥刖。"① 歌舞喧哗、士女如云、珠玑罗列、豪奢相竞,然而这一派富贵繁华,却在顷刻间变得混乱惨烈,尸骨如山、伤者无数,鲜明的对比更令这场灾难触目惊心。

可以说,龙舟竞渡在宋代,呈现出官方兴盛、民间禁止的两重局面。

三 元代龙舟竞渡的衰歇

元灭金、宋,统一中国后,蒙古族入主中原。由于统治者是马背上的北方少数民族,"龙舟竞渡"这一水上活动并未能在全国范围内推广,而原本在金朝统治之下的北方人,也对这一活动感到陌生。

元人王恽《竞渡诗并引》:"予前年客福唐,寓舍在西湖上,问俗,自四月中为龙船戏,船凿长木为槽,首尾鳞鬛皆作龙形,以五彩妆绘,漆髹其腹,取其泽也,上坐五六十人,人一棹,江面对翻,并进如箭,铙歌鼓吹,自明竟夕,殊喧哗也。大率争取头标,以为剧戏,逾重午乃已。壬辰蕤宾节追念往事,偶为赋此,且记越俗之好尚焉。又平时花竹亭馆,四面环合,不减临安,故亦以西湖名之。"其诗曰:"五月沅江竞渡频,遗风此日见东闽。大夫沦溺甘鱼腹,舟子招呼问水滨。铙鼓轰翻鲛鳄室,繁华凄断绮罗尘。曲终人散青山暮,招屈祠前独怆神。"②

王恽本是金人,金朝灭亡后,长于元,后出仕元朝。至元二十六年(1289)升福建宪使,第二年因病归故乡卫辉,则这首诗是追忆在南方的见闻。从诗意来看,他应该是第一次在福建看见了龙舟竞渡的风俗,并将之归为"越俗"。可见北方并不常见"龙舟竞渡",南方依然盛行。

这一活动未在北方地区广泛流传,有其地理因素,因为这一活动依赖水域,而元代的

---

① (宋)高斯得:《西湖竞渡游人有踩践之厄》,《耻堂存稿》卷7,景印文渊阁《四库全书》本。
② (元)王恽:《竞渡诗》,《秋涧先生大全集》卷21,《元人文集珍本丛刊》本,台湾新文丰出版公司1985年版。

政治文化中心主要位于大都(今北京)及上都(今内蒙古锡林郭勒盟正蓝旗境内),旧有的南宋疆域只是辽阔元帝国版图中的一小部分。

但龙舟竞渡的一蹶不振,更与元代统治者的喜好有关。作为草原民族,元代蒙古贵族更喜欢赛马、摔跤,每年一度的"那达慕大会"更是成为盛典。

宋代统治者花费人力物力挖金明池、举办龙舟竞渡的初衷,是为了训练水师,但随着政局稳定,这项运动逐渐脱离了军事目的,成为娱乐休闲的活动。而讽刺的是,当1273年元朝大军南下,攻破固守十年的襄阳城、取得摧枯拉朽之势,其中奠定赫赫战功的,恰恰是投降元朝的南宋降将刘整建立的水师;1279年,张弘范与南宋小朝廷的厓山海战,彻底宣告了宋朝的灭亡。至元七年至至元十年(1270—1273)元朝造战船七千艘,至元十一年到至元二十九年(1274—1292)造海船九千九百艘,海外用兵动船近一万二千艘;①此外,元代发达的漕运、海运、通商港口,都显示了这个帝国的水上军事、商业实力。由此可见,龙舟竞渡的军事作用,不过是宋皇室的享乐借口,自然也会被元代统治者弃之不顾。

元代实行两都制,每年的三月到九月,元代皇帝都要带领皇室、大臣、军队前往上都避暑,皇帝有半年的时间居住在草原,处理政务。②而这段时间也正是龙舟竞渡盛行的时间,统治者的重心却转移到了草原上,皇室的风俗与中原的风俗截然不同,传统民俗自然会受到影响。

四　元代龙舟竞渡的禁而不止

至元二十九年(1292)端午,福建行省"龙舟竞渡"引发人命官司,一位名叫虞源的男子自龙舟船头坠落水中,其亲状告都头郑发,称其在船尾颠簸船身谋害虞源性命,而郑发称是虞源自己坠落水中而死,争执不下。以此为由头,福建行省官员提出禁止龙舟竞渡:"亡宋藐宾节日风俗,鸠敛钱物,拣掉龙船,饮酒食肉,男女水陆聚观,无所不为,以为娱乐,一时之具。江淮、江西、福建、两广诸路皆有此戏,归附后,未尝禁治,若不具呈更张,切思无益之事,不惟有伤人命,亦恐因而聚众不便与将来,拟合禁治,乞行。"③

---

①席龙飞:《中国造船史》,湖北教育出版社1999年版,第184—185页。
②陈高华、史卫民:《元代大都上都研究》,中国人民大学出版社2010年版,第176—187页。
③(元)无名氏:《大元圣政国朝典章》"禁约棹龙船"条,中国广播电视出版社1998年版,第208—209页。

福建官员指出,"龙舟竞渡"是宋国风俗,赌徒往往趁此聚敛钱财,而男女混杂观赏,有违礼制,竞渡游戏还会误伤人命,最关键的是,这是一项集体运动,往往导致聚众,不利于统治。承宋而来的元朝,对龙舟竞渡心存警惕。于是官员寻着借口便要求禁止,但是这一禁令并未严格执行,除了法律条文并没有严格规定相应的惩罚措施,还有就是这项运动内在的生命力。

由于几千年来的世代相传,由于人们在百舸争流中体会到的生命的快感,由于清明、端午风俗的浸染,与民俗相融的龙舟竞渡活动,已然成为人们的一种生活方式,很难通过简单的政令来杜绝,更何况,它曾在刚刚灭亡的宋国如此兴盛过。

五 元代士大夫对龙舟竞渡的一种想象：《龙舟夺标图》题咏

元代龙舟竞渡以另一种方式,受到士大夫阶层的关注,即《龙舟夺标图》题咏。

至大三年(1310),画家王振鹏为庆贺时任太子爱育黎拔力八达的生日,作《龙舟夺标图》,所描绘的是宋崇宁年间三月三日开放金明池、龙舟争标、万民同乐的景象。大长公主曾观赏过这幅画。十二年后,即至治三年(1323),王振鹏奉大长公主命再次绘此图敬献。

《龙舟争标图》是界画,"尺寸层叠,皆以准绳为则,殆犹修内司法式,分秒不得逾越",按照这个描述,王振鹏的画应该是类似于建筑图纸,风格写实、构图精确、线条严谨,而他高明的地方,则在于"以墨为浓淡高下,是殆以笔为尺也"[1],"运笔和墨,毫分缕析,左右高下,俯仰曲折、方圆平直、曲尽其体。而神气飞动,不为法拘"[2],说明他除了一板一眼的规则之外,还多了自己的风格与气韵。

也由此可知,界画的创作要求很高,与传统的中国写意画迥然不同,横平竖直、圆转曲折、一丝一毫都马虎不得,极为考验作者的目力、腕力与耐力。是以当十数年后,王振鹏再次创作此画时,自己也忍不住感慨起来："目力减如曩昔,勉而为之,深惧不足呈现"[3],相信这不仅仅是谦虚之词。

王振鹏在画后还题有一诗,其中一句"敬当千秋金鉴录",用张九龄献《千秋金鉴录》

---

[1] (元)袁桷:《题金明池争标图》,《清容居士集》卷45,四部丛刊本。
[2] (元)虞集:《王知州墓志铭》《道园学古录》卷19,四部丛刊本。
[3] (明)张丑:《清河书画舫》"王振鹏"条,景印文渊阁《四库全书》本。

贺唐玄宗生日之典,颇有深意。此画虽是应奉而作,但他也希望统治者以画为鉴,能够与民同乐。

在画卷之后,还有翰林侍读学士李道源、翰林直学士袁桷、集贤直学士邓文原、国子博士柳赞、赵岩、御史中丞王毅、玄教大宗师吴全节、中书平章政事张珪、集贤大学士王约、前集贤待制冯子振、集贤大学士陈灏、儒学提举陈庭实、李洞、翰林编修杜禧、集贤大学士赵世延、虞集题诗、题跋,而这些人大都是当时的馆阁文人。

这一组题诗,心态各异。有对前朝繁华、今成梦寐的唏嘘,"百年往事堪一笑,至今犹作图画看","惆怅金明池上水,至今呜咽不能平";有对奢侈玩闹的抨击与不屑,"前代池塘土一丘,荒淫无度恣嬉游","纵然夺得锦标回,鼓勇争先亦可咍"。这群文人没有机会亲身经历金明池"龙骧万斛纷游嬉,欢声雷动喧鼓吹。喜色日射明旌旗,锦标濡沫能几许"①的盛况,只能凭借图画作一番想象,留下或褒或贬的评论。

他们很欣羡当年百舸争流、热闹繁华、万民同乐的氛围,但对于宋人池中争渡的格局又觉太过狭小,而争渡奔竞这种奋争向前的态度,也令他们颇感陌生。其中,题咏者的身份,也令他们所作诗词,意味不同。南方文人,如袁桷、柳赞、邓文原、冯子振、虞集、吴全节,他们或者绕开,单论画作风格;或者描绘宣和盛日,颇有番追慕之心;或感慨世事无常,沧海桑田。北方文人,如王约、张珪、赵世延,则明显表现出对龙舟竞渡这一活动的轻视讥讽。在实行"四等人"制度的元代,南、北文人由于自身身份经历悬殊,面对同一话题发出的喟叹也体现出各自微妙的情感与体悟。可以说,《龙舟夺标图》犹如一面明镜,可以映见人心不同。

在元代,龙舟争渡早已失去了昔日风光,凝结为一幅静态图画,供后人题咏追忆。此画流传至今,现收藏于台北故宫博物院,王振鹏以细致如发的笔墨,记录历史的吉光片羽,又令今人悬想不已。

六 总结

龙舟竞渡在宋代兴盛、在元代衰落,很大程度上受到了统治者喜好的影响。但作为一种源远流长的体育项目、民俗活动,又有其自身的生命力。作为一项传统体育活动,它亦能折射出不同时代的社会特征,映照出不同阶层的心理需求。

古为今用,促进龙舟竞渡这一传统项目在当今社会的发展,政府的大力提倡与支持

---

① (明)张丑:《清河书画舫》"王振鹏"条,第218页。

是基础,而充分挖掘该活动的竞技性、娱乐性、综艺性,使得体育活动与商业服务、大众休闲相结合,金明池竞渡可供借鉴。如何将传统的皇家庆典、游春盛事转化为现代休闲体育活动,是另一个有趣的话题。

【作者简介】 辛梦霞(1982—),女,湖北襄阳人,武汉体育学院新闻传播学院讲师。

· 文学研究

上都天马歌之民族文化与文人心态初探

高林广

【提要】 至正二年(1342),拂郎国遣使至元上都进献天马,朝臣学士争相献诗作画、敷赞撰序,一时间华章迭现,蔚为大观。此为丝路文化背景下发生在元上都的一桩文坛盛事,记载了中西文化交流的历史事实,客观地反映了元人对外来文化的态度。上都天马歌多从中土传统文化中汲取思想材料,对贡马的体貌、形态、精神气质等作了生动形象的描绘;同时,也着意阐释和渲染了马的"神性",艺术地展现了贡马的灵心慧性;上都天马歌还从人文化育角度凸显了天子圣德、远裔归化的主题。动物性、神性和人性的完美融合,最终锻造了天马深沉、浓郁的文化品格。

【关键词】 元上都;天马歌;丝路文化;文人心态

欧阳玄《天马颂·序》载:"至正二年壬午七月十八日丁亥,皇帝御慈仁殿,拂郎国进天马。二十一日庚寅,自龙光殿敕周郎貌以为图。二十三日壬辰,以图进。翰林学士承旨巙巙传旨,命俟斯为之赞。"[①]拂郎国所献骏马被元顺帝称为"天马"。此事轰动一时,朝臣学士争相献诗作画、敷赞撰序以颂美西来贡马之神姿,并借以礼赞天朝之王政化育。著名文人揭傒斯、吴师道分别赋《天马赞》,欧阳玄、周伯琦、许有壬、陆仁、秦约、杨维桢、

---

① (元)欧阳玄《天马颂》,《圭斋文集》卷1,载魏崇武、刘建立校点《欧阳玄集》,吉林文史出版社2009年版,第4页。

杨载、管时敏、高丽人李齐贤等前后创作了天马诗十余篇。这些诗多取法汉乐府《天马歌》以名篇立意，形式上用七言，奢丽闳衍，秀气成采。其中，不乏鸿篇巨制，如许有壬《应制天马歌》有十六联二百余字，陆仁《天马歌》有二十六联四百余字，周伯琦《天马行应制作》二十四联，加上诗序近七百字。另外，宫廷画师周冰壶和道士张彦辅等还为贡马绘制了画像，由此又产生了不少题画诗，如马臻《题画海南入贡天马图》、丁鹤年《题茀郎天马图》、释静慧《题天马图》等。一时间华章迭现，精彩纷呈，蔚为大观。

贡马抵华之时，皇室恰在滦京清暑。顺帝亲御慈仁殿、龙光殿，敕命文人作画题诗，因此，天马题咏是发生在元上都的一件文坛盛事。其后，又有文人承衍前事，有感而作，其具体写作地或不在上都，但皆缘于上都天马之本事。鉴于此，为叙述方便，本文将这些作品统称为"上都天马歌"。上都天马歌从马的自然属性、神性及人文品质等方面，对西来贡马进行了描述和阐发，展示了丝绸之路背景下古代中国与欧洲文化交流的历史事实，突出地体现了元代后期的文人心态，具有鲜明的民族文化特色。下文尝试叙之。

一 圣人御天，臣不敢驾：丝路文化背景下的天马形象

元代疆域辽阔，对外交往邈远而频繁，与欧洲的经济、文化往来等亦绵远流长。如，《蒙古史》的作者意大利人普兰诺·卡尔平尼（Giovanni de plano Carpini），作为教皇使节于1245—1247年出使蒙古汗廷；1253年，法国人卢勃鲁克（Guillaume de Rubruquis）奉命以传教士身份前往蒙古，回国后著成《东方行记》；意大利人马可·波罗（Marco Polo）旅居中国达17年之久，其《寰宇记》（汉译本名为《马可波罗行记》）更是无人不晓。如此等等，不一而足。拂郎国遣使献马，亦为当时中欧宗教与文化往来中的一个著名事件。但此事在元代史籍和官方文献中的记载却语焉不详，如《元史·顺帝纪》至正二年（1342）秋七月条的记载只有寥寥数言："是月，拂朗国贡异马，长一丈一尺三寸，高六尺四寸，身纯黑，后二蹄皆白。"[①]不过，元代文学作品中对此事件却有比较详细和生动的描绘，足可补史之阙。除上述欧阳玄《天马颂》外，周伯琦《天马行应制作序》叙之更详：

> 至正二年岁壬午七月十有八日，西域拂郎国遣使献马一匹，高八尺三寸，修如其数而加半，色漆黑，后二蹄白，曲项昂首，神俊超逸。视他西域马可称者，皆在骣下。金辔重勒，驭者其国人，黄须碧眼，服二色窄衣。言语不可通，以意谕之，凡七度海

[①]（明）宋濂等：《元史》卷40《顺帝纪》，中华书局1976年版，第864页。

洋,始达中国。是日天朗气清,相臣奏进,上御慈仁殿,临观称叹。遂命育于天闲,饲以肉粟酒潼,仍敕翰林学士承旨臣巙巙命工画者图之,而直学士臣揭傒斯赞之。盖自有国以来,未尝见也。殆古所谓天马者邪?承诏赋诗题所画图。①

拂郎(Farang),又作"富浪""佛郎""法郎""茀郎""拂林""佛菻"等,原为阿拉伯及古波斯语称谓罗马帝国的译音,元代用以指称欧洲。1338年,教皇本笃十二世(Benedict XII)任命意大利方济各会修士马黎诺里(Giovannida Marignolli)等人为教廷专使,携教皇书信和礼品前来元廷。至正二年(1342),马黎诺里一行抵达上京,谒见了元顺帝,并以教皇名义敬献骏马一匹。② 上述欧阳玄和周伯琦的天马之作,对此马的体态、外貌、气质等都有详细刻画。周序还描述了来使的外貌、衣着及语言等,"黄须碧眼,服二色窄衣,言语不可通",虽只寥寥数言,却饶有情趣。对于中土士人来说,这是了解异域文化和外来文明的重要资料。

在元代文人眼里,拂郎国邈远、偏僻,颇有几分神秘色彩。许有壬《应制天马歌》中有"佛郎国在月窟西"③之句,"月窟"乃传说中月的归宿处,拂郎国又在月窟之西,可见其遥远难及。彼时文人对西方地理方舆并不熟识,对拂朗风土人情的了解少之又少,基本上是依照对西域的认知经验来推论拂朗国的情形的。为凸显帝国威仪,一些诗作甚至有意突出拂郎国的弱小和荒蛮。揭傒斯《天马赞》有"有产西极,神骏难名。彼不敢有,重译来庭。东踰月窟,梁雍是经"④之论,吴师道《天马赞》持同样的观点:"挺生雄姿,西极为空。圣人御天,臣不敢驾。四年在途,祗献墀下。"⑤在他们看来,天马神骏超逸,拂朗这样的小国不敢私自拥有,因此才作为贡品送至元廷,以充方物。周伯琦《天马行应制作》诗曰:"……佛郎蕞尔不敢留,使行四载数万里……黄须圉人服厖诡,弹控如萦相诺唯。群臣俯伏呼万岁,初秋晓雾风日美。九重洞启临轩观,衮衣晃耀天颜喜……""蕞尔",小貌,《左传·昭公七年》:"郑虽无腆,抑谚曰蕞尔国,而三世执其政柄。"⑥周诗以之形容拂郎国,言其土狭民寡。小国得到神驹,自然"不敢留",于是历时四载、行经数万里献于上国。对于拂郎国使臣,周诗目为"圉人",即养马放牧者。这些人黄须碧眼,衣装杂乱奇异,唯唯

---

①(元)周伯琦:《伯温近光集》,载顾嗣立《元诗选·初集·庚集》下,中华书局1987年,第1864页。
②参见张星烺《中西交通史料汇编》(第一册),中华书局1991年版,第240—244页。
③(元)许有壬:《圭塘小稿》,载顾嗣立《元诗选·初集·丙集》,中华书局1987年版,第792页。
④李梦生标点:《揭傒斯全集》文集卷9,上海古籍出版社2012年版,第465页。
⑤邱居里、邢新欣校点:《吴师道集》卷11,吉林文史出版社2008年版,第244页。
⑥李梦生:《左传译注》,上海古籍出版社1998年版,第991页。

诺诺,与天朝之"衮衣晃耀"形成了鲜明对照。这些描述固然展示了天朝上国的威仪与庄严,但同时也显露出了文臣们的傲慢和偏狭。王祎在《代佛郎国进天马表》中写道:

> 乾龙在御,通观至治之期。天马来廷,谨效遐方之贡。敢惮舟车之重译,恭伸臣妾之微诚……伏念臣化外穷邦,海滨僻壤。种分夷裔,遁居西域之西;心慕华风,引领北辰之北。岂登天之无路?每就日以瞻辉。幸此名驹,可充方物。①

因为语言不同,王祎代写了该表。表中以"臣妾""穷邦""夷裔"等指称拂郎国,全然不顾及对方的身份、地位和遣使来华的目的。在这种类似"自说自话"的话语情境中,天朝之尊荣与来使之谦恭尽显无遗。其"心慕华风""日以瞻辉""万国共为帝臣"云云,言语之中,在体现大国臣民自信与傲气的同时,实际上正流露出了传统儒学中华夷之辨的思想。作为应制之作,理所当然要歌功颂德,以突出文怀远人、四夷来服的主题。不过,润色鸿业之外,这些作品记载了中西文化交流的历史事实,客观上也反映了元人对外来文明的欢迎和重视,因此,是具有积极意义的。

拂郎至中土路途遥远,马黎诺里一行度流沙,过昆仑,逶迤而东,十分辛劳。对此,上都天马歌多有记载。如,吴师道《天马赞序》"佛郎在西海之西,去京师数万里,凡七渡巨洋,历四年乃至",周伯琦《天马行应制作序》"凡七度海洋,始达中国",揭傒斯《天马赞》"四践寒暑,爰至上京"。七逾大海,阅年四度,在交通极不发达的古代,其劳顿、疲困之状是现代人所难以想象的。陆仁《天马歌》的描绘更为细致:"佛朗之国邈西域,流沙弥漫七海隔。浪波横天马横涉,马其游龙弗颠踣。东逾月窟过回纥,陆地不毛千里赤。太行雪积滑如石,电激雷奔走飙欻。四年去国抵京邑,俯首阙廷拜匍匐。"②诗中之流沙、波涛、赤地、冰雪等,虽不免有作者臆度、猜想之成分,但揆情度理,亦非妄言。

据有关史料,马黎诺里一行沿商路东行,取道钦察汗国和察合台汗国,出河西走廊。这条路,也就是传统意义上的丝绸之路。之后,当沿元朝驿道,经纳怜道南端至中兴府(银川),东经大同路、兴和路,过李陵台(正蓝旗西南黑城子),至上都。③自张骞出使西域以来,中国内地与中亚及欧洲的经济往来、文化交流绵延不绝,日渐繁盛。公元初,中国的丝绸已经抵达了以罗马帝国为中心的欧洲地中海地区。13世纪,随着蒙古帝国的西

---

① (明)王祎:《代佛郎国进天马表》,《王忠文集》卷12,文渊阁《四库全书》本。
② 《乾乾居士集》,载顾嗣立《元诗选·三集·辛集》,中华书局1987年版,第643页。
③ 参见周清澍《元蒙史札·蒙元时期的中西陆路交通》,内蒙古大学出版社2001年版,第237—270页;党宝海《蒙元驿站研究》,昆仑出版社2006年版,第286页;叶新民《元代中国与欧洲友好往来的一段佳话——周朗〈天马图〉小考》,《内蒙古大学学报》2013年第6期等。

征和对中亚、西亚广大地区的直接统治,东西驿路畅通无阻,丝绸之路焕发出了新的生机。许多欧洲的使者、教士、商人和旅行家等,沿丝路来到元廷。马黎诺里一行32人在大都逗留了三年,于至正六年(1346)由泉州乘船西返,1353年到达阿维尼翁(今法国南部)向教皇复命。由泉州等中国沿海港口通往中东和欧洲,是当时中西贸易另一条重要通道,后世学者称之为"海上丝绸之路"。从这个意义上讲,拂郎献马是丝路交通背景下产生的一桩文化意蕴颇为浓厚的历史事件。由此而产生的大量诗、画、颂、赞等文艺作品形象地记叙和描述了这一盛事,提供了比史志更为具体和全面的历史事实,因此,其文学意义和史料价值都是非常明显的。此次拂郎使臣东行,同时担负着基督教事务方面的使命①,对此,诸天马之作均未作记载和反映。事实上,元代诗文典籍中反映基督教的内容非常稀少,上都天马歌有其基于基督教传播的创作背景,从一定意义上讲,也可从侧面体现基督教在中土流传的客观情形。

二 天生权奇,神俊超逸:契合中土审美标准的天马风姿

对贡马体貌、形态、精神气质等自然属性的描绘,是上都天马歌的重要内容。周伯琦在《天马行应制作》中写道:

> 昂昂八尺阜且伟,首扬渴乌竹批耳。双蹄悬雪墨渍毛,疏鬃拥雾风生尾。朱英翠组金盘陀,方瞳夹镜神光紫。耸身直欲凌云霄,盘辟丹墀却闲颐。

诗中对天马的首、耳、蹄、鬃、尾、眼等都做了精彩描绘,从整体上突出了天马的神气清劲,矫健不俗。前四句言,此马身高八尺,体态强健伟岸;曲项昂首有似"渴乌",双耳劲挺犹如削竹;通体玄黑而后两蹄洁白如雪,鬃、尾浓密飘逸,虎虎有生气。关于此马的身高、体长等形态特征的描述,各篇不尽相同。周伯琦此处言"八尺",而该诗"序"中的描述更为具体:"高八尺三寸,修如其数而加半"。许有壬《应制天马歌》讲"八尺真龙",张昱《天马歌》言"轩然卓立八尺高"②,与周诗的描述相同。但陆仁《天马歌》却说"崇尺者六修丈一",欧阳玄《天马歌》言"高逾五尺修倍之",《元史·顺帝纪》的记载是"长一丈一尺三寸,高六尺四寸,身纯黑,后二蹄皆白"。不过,八尺也好,五尺、六尺也罢,都属马中

---

① 参见白寿彝《中国通史》第八卷《元时期》(上册)乙编第十三章第八节,上海人民出版社、江西教育出版社2013年版,第568—570页。

② (元)张昱:《天马歌》,《张光弼集》卷2,《四部丛刊续编》本。

之伟岸雄健者,《新元史》载:"会佛郎国贡天马,置马群中,高大如骆驼。"①至于马的毛色,各篇的描述都是相同的。"渴乌"乃古代吸水用的曲筒,《后汉书·张让传》:"又使掖庭令毕岚……又作翻车渴乌,施于桥西,用洒南北郊路,以省百姓洒道之费。"②李贤注:"渴乌,为曲筒,以气引水上也。"以"渴乌"喻马,正突出了其矫首挺立、昂昂不俗之雄姿。"竹批",乃削竹,按照《相马经》的说法,耳如削竹正是良马之征。接下来,周诗又以"朱英翠组"描写天马鞍垫之华丽,以"方瞳夹镜"突出了天马之目光炯炯,光耀照人。"方瞳",乃得道成仙者之眼部特征,《拾遗记》卷三《周灵王》:"老聃在周之末,居反景日室之山,与世人绝迹。惟有黄发老叟五人,或乘鸿鹤,或衣羽毛,耳出于顶、瞳子皆方,面色玉洁,手握青筠之杖,与聃共谈天地之数……五老即五方之精也。"③此处以人写物,凸显了天马的灵秀和神异。在对天马外形进行细致、传神描绘的基础上,周诗还注重对天马内在精神和气度的刻画。"耸身直欲凌云霄"一句,写出了天马轻举飘逸、灵俊飞扬之态;"盘辟丹墀却闲颐"则突出了其回旋进退之中仪态娴习、从容自得之貌。在诗序中,周伯琦以"神俊超逸,视他西域马可称者,皆在髃下"等语评说天马,也正突出了此马的仪态娴雅、超凡脱俗。

与周诗相类似,其他以上都天马为题材的诗作,也都注重了对此马外形及神态的摹写。管时敏《敬赋天马歌》前段云:"昔闻天马不易得,房星降精产西域。双蹄并截白玉光,一身浑染玄云色。雄姿非骅亦非騄,八尺乃是真龙媒。天生权奇特神骏,乌骓赤兔皆凡材。风尾萧萧耳双耸,万里腾骧尘不动。"④此诗关于拂郎天马外形的描绘,与周伯琦诗大致相同;风尾、耳耸之说,亦见于周诗。不过,管诗注重运用比衬手法,通过与项羽乌骓、吕布赤兔的比较来突出天马的雄志倜傥、蹴踏善行。再如,陆仁《天马歌》中也写道:"崇尺者六修丈一,墨色如云蹄两白。天闲麒麟俱骏骨,天马来时皆辟易。骈骊屈桀未足惜,大宛渥洼斯与敌。穆王八骏思游历,汉武穷兵不多得。""天闲"乃皇家养马之所,据周伯琦《天马行应制作序》,拂郎国天马抵京后,"遂命育于天闲"。陆仁言,天闲中之诸骏马、汉武帝于渥洼水中所得之神马以及周穆王八骏皆难与此马媲美。据《穆天子传》卷一:"丙寅,天子属官效器,乃命正公郊父受敕宪,用申八骏之乘,以饮于枝洔之中,积石之南河。天子之骏:赤骥、盗骊、白义、踰轮、山子、渠黄、华骝、绿耳。"⑤穆王八骏为马中之

---

① 柯劭忞:《新元史》卷209,吉林人民出版社1995年版,第3141页。
② (南朝宋)范晔:《后汉书》卷78,中华书局1965年版,第2537页。
③ (晋)王嘉撰,(梁)萧琦录,齐治平校注:《拾遗记》卷3,中华书局1981年版,第79页。
④ 《蚓窍集》卷5,《四部丛刊》三编。
⑤ (晋)郭璞注,洪颐煊校:《穆天子传》卷1,中华书局1985年版,第5页。

神骏者,后人多有赞誉,如白居易《八骏图》"背如龙兮颈如象,骨竦筋高脂肉壮"①,顾况《露青竹杖歌》"穆王八骏超昆仑,安用冉冉孤山根"②等。陆诗以汉武神马以及穆王八骏等比况拂郎天马,由此,突出了拂郎贡马的高贵不凡。杨载《神马歌次韵陈元之》则用大量篇幅刻画了天马的神勇、迅捷:"神马来自昆仑西,有足未始行沙泥。朝趋欲出飞鸟上,夕逝直与奔星齐。绿鬃半散插双耳,赤汗交流攒四蹄。风神秀猛狭天地,岂顾燕蔡并渠黎。时时牵浴临清溪,对人夸杀黄须奚。玉沙之禾中刍秣,不啮隈头枯草梯。与君侧耳听长嘶,凡马不闻生駃騠。"③此诗大量运用了夸张手法,既刻画了马的形,也突出了马的气和神,气度不凡,节奏流畅。与欧阳玄、周伯琦、许有壬等人的应制之作不同,此诗将贡马作为马,而非龙或神来描述的,其主导倾向也在于突出马的神威,而非皇帝圣德、天朝化育。在同期众多的天马歌中,该篇矫饰的成分要少得多。

同期或稍后的几首元人题画诗对天马的神态和形象也多有涉及。如马臻《题画海南入贡天马图》有句曰"余吾天马生水中,毛如澄墨耳插筒"④,其"水中"云云,显然是附会汉武帝于渥洼水中得神马的故事。该诗关于马的体态特征的描绘与诸作同,只是马臻将拂郎国贡马误为来自"海南"。再如,戴良《题平章公所藏天马图》:"君不见,余吾水中天马出,赤鬣缟身朱两翼,割玉为鞍韂不得。锦衣使者捷若飞,紫韂金勒看君骑。却忆拂林初献时,凤城五门平旦启,驰道行骄耸耳耳,路旁见者谁不喜。"⑤"拂林"也即"拂郎",可见戴良所见之画与拂郎贡马有关。不过,此诗关于贡马颜色的描述与诸作有异,这或许是另有所指,其具体情形已很难推考。丁鹤年《题茀郎天马图》曰:"春明立仗气如山,顾盼俄空十二闲。一去瑶池消息断,西风吹影落人间。"⑥诗的前两句突出了贡马的气宇轩昂,卓立不凡。后两句用周穆王典故,又落回到了"天马"的窠臼。按,拂郎贡马入京之后,元廷特派专人来负责为此马画像。欧阳玄《天马歌序》:"二十一日庚寅,自龙光殿敕周郎貌以为图。二十三日壬辰,以图进。"又据陈基《跋张彦辅画拂郎马图》:"至正壬午,予客京师,而拂郎之马适至。其龙鬃凤臆,磊落而神骏者。既入天厩,备法驾,而其绘以为图,传诸好事者,则永嘉周冰壶、道士张彦辅,并以待诏尚方,名重一时。然冰壶所作,

---

① 顾学颉校点:《白居易集》卷4,中华书局1979年版,第76页。
② (唐)顾况:《露青竹杖歌》,《全唐诗》卷265,清文渊阁《四库全书》本。
③ 《仲弘集》,载顾嗣立《元诗选·初集·丁集》,中华书局1987年版,第962页。
④ (元)马臻:《题画海南入贡天马图》,载顾嗣立《元诗选·初集·壬集》,中华书局1987年版,第2399页。
⑤ 《九灵山房集》卷9《吴游稿》第2,载李军、施贤明校点《戴良集》,吉林文史出版社2009年版,第102页。
⑥ (清)顾嗣立:《元诗选·初集·辛集》,中华书局1987年版,第2313页。

识者固自有定论。至于彦辅,以其解衣盘礴之余,自出新意,不受羁绁,故其超逸之势,见于毫楮间者,往往尤为人所爱重,而四方万里亦识九重之天马矣。此卷乃其最得意者,俯仰八九年,复于顾仲瑛氏处见之。追怀畴昔,重为增慨。韩文公有云:千里马常有,伯乐不常有。吁!世岂惟无伯乐哉?虽欲求如彦辅之图写俊骨,亦不可复得,仲瑛其可不宝而玩之乎?"①可见,当时为贡马作画者绝非周冰壶一人。上述几首题画诗所咏未必就是周冰壶或张彦辅之画,但都与拂郎国贡马有关,这一点是毋庸置疑的。相关画作和题画诗的大量出现,也从一个侧面说明了拂郎国敬献天马一事在当时所产生的广泛的社会影响。

无论游牧社会还是农耕社会,马在生产、生活和军事上都有着无与伦比的巨大意义。不仅如此,马以其优雅矫健、沉稳坚毅的特点获得了人们的喜爱,进而具备了人文品质和审美价值。正缘于此,古代上至帝王将相,下至文士布衣,都有浓烈的爱马意识。周穆王驾八骏以西游,田忌赖赛马而扬名,汉武帝更不惜兵伐大宛以获取良马,并留下了两首传唱千古的《天马歌》。蒙古民族对马的情感尤其深厚,"元起朔方,俗善骑射,因以弓马之利取天下,古或未之有。盖其沙漠万里,牧养蕃息,太仆之马,殆不可以数计,亦一代之盛哉"②。因此,来自拂郎的骏马为元顺帝和朝臣所喜欢,当在情理之中。马黎诺里来华之前,元顺帝曾于后至元二年(1336)派遣一个使团出使教廷,并于诏书中明确提出:"朕使节归时,允其带回西方良马及珍奇之物。"③其爱马之情,于斯可见一斑。

诸诗关于天马形态和气度的描述,符合中国传统文化中对良马、神驹的认知经验,来自拂郎国的良驹显然符合中土的审美标准。甚至,一些意象、喻体及词语的使用,也可以在前代咏马诗文中找到依据。比如,周伯琦诗"首扬渴乌竹批耳"一句,言天马首如"渴乌"、耳似"竹批"。以"渴乌"拟写马首,许有壬《应制天马歌》"凤鬐龙臆渴乌首"等也有类似用法。最早以"渴乌"喻马者是李白的《天马歌》:"目明长庚臆双凫,尾如流星首渴乌,口喷红光汗沟珠。"④这里,周伯琦和许有壬化用了杜甫诗意以突出天马的昂矫挺拔。按照中国古代的相马之法,"耳欲得小而促,状如新斩竹筒"⑤。以"竹批"写马耳,前代文

---

① (元)陈基:《夷白斋稿外集》,《四部丛刊三编》景明钞本。
② (明)宋濂等:《元史》卷100,中华书局1976年版,第2553页。
③ 参见白寿彝《中国通史》第八卷《元时期》(上册)乙编第十三章第八节,上海人民出版社、江西教育出版社2013年版,第569页。
④ (清)王琦注:《李太白全集》卷3,中华书局1977年版,第186页。
⑤ (北齐)贾思勰:《齐民要术》卷6,中华书局1956年版,第79页。

学作品中亦不乏其例。杜甫《房兵曹胡马》有"竹批双耳峻,风入四蹄轻"①之句,李贺《马诗》也有"批竹初攒耳,桃花未上身"②的描述。可以看出,上都天马歌有关马的自然属性的描摹多从中国传统文化中汲取思想材料、意象和写作手法等,而且,与特定时代的民族文化及文人心态妙合无垠。在中土极富表现力的话语情境中,西来骏马的外在形象和内在品质都得到了完美的表现。

三　渥洼降精,房星下垂:符瑞光影中的凤臆龙媒

上都天马歌在注重对贡马体态、气度等进行细微刻画的同时,也大量融合神话传说、典籍文献、文坛掌故等渲染马的非凡身世与降生过程,既描摹了马的"兽性",同时也阐释和渲染了马的"神性"。这样一来,不仅艺术地展现了贡马的神情仪容,而且凸显了它的灵心慧性,进而实现了天马形象的升华。

在中国古代文化意识中,马不仅仅具有生产、生活和军事上的用途,更有其尊贵、神圣的意义。无论是周穆王借以越过茫茫昆仑的八骏,还是从遥远的天竺驮回佛经的白龙马,在这里,马都被赋予了某种灵异和神力。古人往往以龙、凤、麒麟等隐写或比喻骏马,更喜欢以天马、神驹等比况名驹。如,李白《天马歌》"天马来自月支窟,背为虎纹龙翼骨",唐彦谦《咏马二首》其一"紫云团影电飞瞳,骏骨龙媒自不同"③等。拂郎国天马是进献给元顺帝的贡马,雄志倜傥,神骏非凡,在元代文人看来,以"龙媒""凤臆"等形容之是再自然不过的事了。许有壬《应制天马歌》有言:

> 佛郎国在月窟西,八尺真龙入维縶。七逾大海四阅年,滦京今日才朝天。不烦翦拂光夺目,正色呈瑞符吾玄。凤鬐龙臆渴乌首,四蹄玉后磬其前。

诗中说,在遥远的拂郎国,有"八尺真龙"羁留。据《周礼·夏官·廋人》:"马八尺以上为龙,七尺以上为𬳿,六尺以上为马。"④可见,龙马也是马,只是身体更为修长、伟岸而已。许有壬以"真龙"状天马,在突出马的魁伟、壮健的同时,也为该马披上了一件神异、灵妙的外衣,进而使贡马更具神秘色彩。下文又以"凤鬐"喻马鬣,以"龙臆"喻其胸骨。

---

① 转引自(清)仇兆鳌《杜诗详注》卷1,中华书局1979年版,第18页。
② (唐)李贺:《马诗二十三首》其十二,载(清)王琦等注《李贺诗歌集注》卷2,上海人民出版社1977年版,第104页。
③ (清)曹寅等编:《全唐诗》卷671,文渊阁《四库全书》本。
④ 《周礼注疏》卷33,阮刻《十三经注疏》本,中华书局1980年版,第861页。

龙、凤意象的引入,使得拂郎贡马看起来已不再是普通的马,而是摇身变化为光彩夺目的神龙。类似的书写方法,在上都天马题材作品中非常普遍。如:

> 七渡海洋身若飞,海若左右雷霆随。天子晓御慈仁殿,西风忽来天马见,龙首凤臆目飞电。(欧阳玄《天马歌》)
> 至正壬午,予客京师,而拂郎之马适至。其龙鬣凤臆,磊落而神骏者。(陈基《跋张彦辅画拂郎马图》)
> 凤臆晶荧珠汗流,龙鬐绚烂朱幩色。(秦约《天马歌》①)
> 佛郎献马真龙种,六尺之高修倍之。(郭翼《天马二首》)
> 天马新从月窟来,一龙不数万驽胎。(梵琦《天马》②)
> 长风破浪云雷奔,海底乌龙欻飞起。龙耶马耶不可知,骨法谁问寒风子?(李齐贤《赵三藏李稼亭神马歌次韵》③)

上引诸诗句均以龙比况天马,以状其飘逸和灵秘。拂郎贡马七渡海洋,始达中土;既能渡海,非龙而何?这似乎也给元人的艺术想象提供了合理的现实依据。陆仁《天马歌》曰:"佛朗之国邈西域,流沙弥漫七海隔。浪波横天马横涉,马其游龙弗颠踣。东逾月窟过回纥,陆地不毛千里赤。太行雪积滑如石,电激雷奔走飙欻。"陆诗以天马为游龙,可以横涉波浪,疾如雷电,安稳前行。欧阳玄《天马歌》甚至想到,天马渡海时,"海若左右雷霆随",有海神和雷神陪伴左右。揭傒斯《天马赞》也有相近描述:"朝饮大河,河伯屏营。莫秣大华,神灵下迎。"诸作灵秀蕴藉,想象奇特,显示了上都天马歌的独特魅力。

以龙喻马,龙马并称,其渊源颇为久远。《礼记·礼运》有"河出马图"④之说,《尚书·中候》的描述更为具体:"帝尧即政,荣光出河,休气四塞,龙马衔甲,赤文绿色。"⑤《尚书》载"大玉,夷玉,天球,河图,在东序",孔传:"伏牺王天下,龙马出河。遂则其文,画八卦,谓之河图。"⑥这些都是关于龙马的较早的文献记载。自兹以降,历代有关龙马的附会和传说绵延不绝,龙马的指向和内涵也各有不同。在文学作品中,龙马多

---

① (元)秦约:《天马歌》,载杨镰主编《全元诗》第57册,中华书局2013年版,第239页。
② 载杨镰主编《全元诗》第38册,中华书局2013年版,第317页。
③ 《益斋乱稿》卷4,韩国民族文化推进会《韩国文集丛刊》卷2,景仁文化社1990年版,第531页。
④ 《礼记正义》卷22,阮刻《十三经注疏》本,中华书局1980年版,第1427页。
⑤ (唐)欧阳询撰,王绍楹校:《艺文类聚》卷11"帝王部一",中华书局1965年版,第213页。
⑥ 《尚书·周书·顾命》,载《尚书正义》卷18,阮刻《十三经注疏》本,中华书局1980年版,第239页。

喻指矫健善行之骏马,而非衔甲负图、龙头马身的神兽。如,梁简文帝"金鞍照龙马,罗袂拂春桑"①、李白"龙马花雪毛,金鞍五陵豪"②等。上都天马歌多用龙首、龙鬃、龙臆、龙媒、游龙甚至龙马等指称贡马,但显然都指以龙喻马,目的在于凸显贡马的神骏、超逸和昂然卓立。

上都天马歌对贡马的称颂,又往往将之与汉武帝渥洼之马相提并论。周伯琦《天马行应制作》首四句曰:"飞龙在天今十祀,重译来庭无远迩。川珍岳贡皆贞符,神驹跃出西洼水。"周诗言,此马乃天马,前身是在天之飞龙。自汉以来,历经十代,在山川皆合符瑞之时,跃出西洼,再现于人世。这显然是敷衍汉武帝渥洼神马故事,以突出此马身世之不凡。类似的描述还见于王祎《代佛郎国进天马表》"渥洼毓秀,载闻汉帝之时"、陆仁《天马歌》"骈骊屈桀未足惜,大宛渥洼斯与敌"等。据《史记·乐书》:

> 又尝得神马渥洼水中,复次以为《太一之歌》。歌曲曰:"太一贡兮天马下,霑赤汗兮沬流赭。骋容与兮跇万里,今安匹兮龙为友。"后伐大宛得千里马,马名蒲梢,次作以为歌。歌诗曰:"天马来兮从西极,经万里兮归有德。承灵威兮降外国,涉流沙兮四夷服。"③

前一首诗即是后人通常所说的《天马歌》,后一首诗有《西极天马歌》《蒲梢天马歌》等名称。《汉书》对两诗的写作年代有确切记载:"(元鼎四年)六月,得宝鼎后土祠旁。秋,马生渥洼水中。作《宝鼎》、《天马》之歌","(太初)四年春,贰师将军广利斩大宛王首,获汗血马来,作《西极天马之歌》"。④ 元人喜称拂朗国贡马为"天马",也多以《天马歌》名篇,其追慕、模拟、附会汉武帝渥洼神马的痕迹是十分明显的。汉武帝取天马,是国家大事,展现了大汉威震边陲、四夷来归的强大国势;拂郎国贡马,同样具有这样的意义和价值。因此,元人引汉武帝故事以描述贡马的用意也就不难理解了。

在古人看来,神马、龙马乃祥瑞之物,只有王者有仁德才会现身,因此,神马的出现往往会伴随有某种符兆。《孝经·援神契》曰:"德至山陵,则泽出神马。"⑤晋张华《博物志》

---

① (南朝梁)简文帝:《洛阳道》,载逯钦立《先秦汉魏晋南北朝诗》之《梁诗》卷20,中华书局1983年版,第1911页。
② (唐)李白:《白马篇》,载王琦注《李太白全集》卷5,中华书局1977年版,第279页。
③ (汉)司马迁:《史记·乐书》,中华书局1959年版,第1178页。
④ (汉)班固:《汉书·武帝纪》,中华书局1962年版,第184、202页。
⑤ 《孝经·援神契》,载(唐)欧阳询撰、汪绍楹校《艺文类聚》卷93"兽部"上,中华书局1965年版,第1612页。

亦曰："和气相感则生朱草,山出象车,泽出神马。"①沈佺期《答魑魅代书寄家人》诗也讲：
"河谶随龙马,天书逐凤凰。"②这种思维方式为元人所承续,因此,上都天马之作中多有
正色呈祥、妙合符祯一类描绘。上引周伯琦《天马行应制作》就曾讲,"川珍岳贡皆贞
符",然后神驹才跃出水面,降生人世。宋无《天马歌》云：

　　天马天上龙,驹生天汉间。两目夹明月,蹄削昆仑山。元气饮沆瀣,跃步超人
寰。天上玉帝老不骑,饥食虎豹晓出关。灭没流慧姿,欻忽紫电颜。黄道三十六万
里,日驰周天去复还。时乎降精渥洼中,龙性变化终难攀。天马来,瑞何朝,化为龙,
应童谣。驺虞仁兽耻在坰,龙亦绝迹归赤霄。风沙岂无大宛种,虽有八极安能超。
天马来,云雾开,天厩腰褭鸣龙媒,龙媒不鸣鸣驽骀。③

宋无言,天马原为天上之龙,其在人间的出现乃黄道驰周、天道轮回、适时而降的结
果。"降精"指良马诞生。杜甫《骢马行》："时俗造次那得致,云雾晦冥方降精。"仇兆鳌
注："杜修可曰：《瑞应图》：龙马者河水之精。《春秋考异邮》：地生月精为马,月数十二,
故马十二月而生。"④宋无同时强调,天马虽然诞生于渥洼中,但其"龙性"犹在,非凡马可
比；而且,天马的诞生是符瑞的象征,与民谣预言暗合。宋无诗还以"龙媒"指称天马。
《汉书·礼乐志》：载汉《天马》歌中有"天马徕,龙之媒"之句,颜师古注引应劭曰："言天
马者,乃神龙之类。今天马已来,此龙必至之效也。"⑤如此看来,天马之至,也正是真龙
降生的征兆。管时敏《敬赋天马歌》中也有类似的用法："昔闻天马不易得,房星降精产西
域。双蹄并截白玉光,一身浑染玄云色。雄姿非駻亦非騋,八尺乃是真龙媒。"奔突凶悍
之马称"駻",乃恶马之属；七尺以上的马为"騋"。管时敏以为,拂郎天马既非駻,也非
騋,而是龙媒。

上引管时敏《敬赋天马歌》中有"房星降精"之语,以星宿天象为符瑞之兆。揭傒斯
《天马赞》"维乾秉灵,维房降精"、吴师道《天马赞》"房星降精,龙出水中"都运用了相同
的表述手法。房星,乃二十八宿之一,为东宫苍龙七宿的第四宿,古时以之象征天马。
《晋书·天文志上》："房四星……亦曰天驷,为天马,主车驾……房星明,则王者明。"⑥以

---

①（晋）张华：《博物志》卷1,中华书局1985年版,第5页。
②（唐）沈佺期：《答魑魅代书寄家人》,载《全唐诗》卷97,文渊阁《四库全书》本。
③《子虚翠寒集》,载顾嗣立《元诗选·初集·戊集》,中华书局1987年版,第1262页。
④（清）仇兆鳌：《杜诗详注》卷4,中华书局1979年版,第256页。
⑤《汉书》卷22,中华书局1962年版,第1061页。
⑥（唐）房玄龄：《晋书》卷11《天文志上》,中华书局1974年版,第300页。

"房星降精"喻指天马诞生,实质上是"天人合一"思想的一种体现。陆仁《天马歌》有"房星下垂光五色,肉鬃巍巍横虎脊"之句,想象在房星下垂的五色光芒中,天马飘然立于赤墀之下。于是,来自西方拂郎国的外来文明,与中土厚重的儒家文化神奇相融,浑然一体。其实,这也正是上都天马歌的神奇和魅力之所在。张昱《天马歌》曰:"天马来自佛朗国,足下风云生倏忽。司天上奏失房星,海边产得蛟龙骨。轩然卓立八尺高,众马俯首羞徒劳。色应北方钟水德,满身日彩乌翎黑。纵行不受羲和辔,肯使王良驭锐轵。黄丝络头两马牵,金镫双垂玉作鞭。"上述管时敏《敬赋天马歌》、揭傒斯《天马赞》、吴师道《天马赞》以及张昱《天马歌》中,房星只是"降精"或"下垂",以天象的奇异变化为天马的诞生祐福兆祥;而在本诗中,房星则脱离天廷,化身为马,因此,天马就是房星!作者思出常表,以大胆的想象塑造了西来贡马的非凡身世,同时也赋予贡马合于天地之德的高贵气质。该诗"色应北方钟水德"一句,又从阴阳五行的角度叙写天马身世。在中国传统五行观念中,水代表冬天、北方和黑色。《史记·天官书》云:"察日辰之会以治辰星之位,曰北方水,太阴之精,主冬。"①张昱诗从"水德"层面写贡马,既喻示了马的毛色等体态特征,同时也暗含了这样的观念:此马得天与人文之兆。

拂郎国遣使献马是14世纪中欧文化交流中的一件盛事,因此,此马已非一般意义上的马,而是负载了更多的政治、宗教及文化内涵。与此相适应,对贡马的歌赞、题咏自然也不再是普通的文学活动。上都天马歌的作者多为朝廷重臣、文坛圣手,他们自然十分清楚其中的道理。上都天马歌在借鉴、吸纳前代优秀咏马作品创作经验的基础上,驰骋想象,推陈出新,时有创造。特别是在虚实、形神等问题的处理上,匠心独具,手法高妙,这在一定程度上反映了元后期的诗歌创作风貌。

四 远人慕化、四夷来服:润色鸿业语境下的天马主题变奏

在刻画贡马神姿、塑造马的灵异和神秘特性的同时,上都天马歌还着意从人文化育角度凸显了天子圣德、远裔归化的主题。由写马到写人、颂政,天马主题得到了升华。如此,此马不仅仅是"兽"或"神",而且负载了更多的教化意义和人文精神。动物性、神性和人性的完美融合,最终锻造了天马深沉、浓郁的文化品格。

上引许有壬作《应制天马歌》前段写道:

---

①《史记》卷27《天官书》,中华书局1959年版,第1329页。

臣闻圣元水德正色在朔方，物产雄伟马最良。川原饮齕几万万，不以数计以谷量。承平云布十二闲，华山百草春风香。又闻有骏在西极，权奇傲倪钟乾刚。茂陵千金不能致，直以兵戈劳广利。当时纪述虽有歌，侈心一启何由制。吾皇慎德迈前古，不宝远物物自至。

前六句言，圣德弘基，物产丰饶，良马难以数计。接着檃栝汉武帝天马故事及乐府《天马歌》，通过对比西极天马与拂郎天马不同的获得过程来赞誉天朝盛德。《汉书》载："太初元年，以广利为贰师将军，发属国六千骑及郡国恶少年数万人以往，期至贰师城取善马，故号'贰师将军'……汉军取其善马数十匹，中马以下牝牡三千余匹。"①可见，汉武帝是通过战争手段获取大宛善马的。而今皇帝慎身修永，德行超迈古人，无须劳师远征，而良马自至。该诗末六句写道："天成异质难自藏，志在君知不在物。方今天下有道时，绝尘讵敢称其力。臣才罢驽亦自知，共服安舆无罣轶。"天马傲倪奇谲，天生异质，奔逸绝尘，理应归于有道之君，驰骋于王化治政之途。如此，则诗的歌咏重点已不再是天马本身，而是转向了圣朝至治。

类似的思想倾向在上都天马歌中非常普遍，如管时敏《敬赋天马歌》："当今圣主修文德，远裔穷荒俱混一。不用劳师围太（大）宛，年年拟献三千匹。"张昱《天马歌》："大国怀柔小国贡，君王一顾轻为重。学士前陈天马歌，词人远献河清颂。鋋旗属车相后先，受之却之俱可传。普天率土尽臣妾，圣主同符千万年。"高丽诗人李齐贤对八方来贺、万国为臣的天朝盛世也不胜羡慕，于是以诗赞曰："大元盛德冠百王，一剑拨乱邦基肇……请持此马进天闲，得与多方瞻日表……人知感义面欲骍，马解承恩首频矫。"②在应制之作中，这种倾向无处不在。欧阳玄《天马歌序》曰："臣惟汉武帝发兵二十万，仅得大宛马数匹，今不烦一兵而天马至，皆皇上文治之化所及。"其思想观念、叙述方法与上述许有壬之作如出一辙。其诗在刻画天马"玄云被身""龙首凤臆"的同时，也将颂扬天子圣德作为重要内容："天子仁圣万国归，天马来自西方西……不用汉兵二十万，有德自归四海羡。天马来时庆升平，天子仁寿万国清，臣愿作诗万国听。"杨维桢《佛朗国进天马歌序》也讲："然汉之得天马，或出于汉贰师将军之伐宛，非德徕之。维我有元至正圣人，德被西裔，而佛郎马来。"其诗曰：

---

① 《汉书》卷61《李广利传》，中华书局1962年版，第2699—2702页。
② 《益斋乱稿》卷2，韩国民族文化推进会《韩国文集丛刊》卷2，景仁文化社1990年版，第520页。

龙德中,元气昌,天王一统开八荒,十又一叶治久长。前年白雉来越裳,中国圣明日重光,仁声驭沓动嘉祥。乌桓部族号佛郎,实生天马龙文章。玉台起,闾阖张,愿为苍龙载东皇。瑶池八骏若有亡,白云谣曲成荒唐。有元皇帝不下堂,瑶母万寿来称觞。属车九九和鸾锵,大驾或驻和林乡。后车猎侯非陈仓,帝乘白马抚八方。调风雨,和阴阳。泰阶砥平玉烛明,太平有典郊乐敷。尚见荣河出图像,麒麟凤鸟纷来翔。①

据《后汉书》:"交阯之南有越裳国。周公居摄六年,制礼作乐,天下和平,越裳以三象重译而献白雉。"②杨维桢将越裳献白雉与拂郎贡天马并举,两者既是嘉祥之兆,同时也是"仁声"的体现。天马至处,瑶母称觞,鸾称属车,仿佛神仙世界。在这里,大元皇帝既如"东皇"一类的天神,又如能令河图出献的帝尧和伏羲!周伯琦《天马行应制作》亦用大量篇幅渲染大元帝国幅员辽阔、远人慕化之盛况。"乃知感召由真龙,房星孕秀非偶尔",作者认为西来天马乃真龙感召所致,无须圣皇刻意求取。

诸作对于皇帝"圣德"的赞誉,除了"应制"的需要外,当与诗臣对顺帝、脱脱更化的肯定和期盼密切相关。顺帝十三岁继位,但政权旁落于权臣燕帖木儿、伯颜之手。后顺帝用计铲除二人势力,励精图治,锐意进取。改元至元(1335—1340),就显示了他效法忽必烈的雄心壮志;1341年,又改元"至正",宣布"更化",历史上称为"脱脱更化",元朝呈现出中兴迹象。因此,诸作有关圣主文德、四夷来服等的描述并非完全是毫无事实依据的阿谀奉承之言。同时,诸作在颂扬天子圣德的同时,也表达了通清彝之路、保天下晏安的良好愿望,客观上显示了中西互为交通、多所交流与往来的历史事实,其积极意义也是显而易见的。

如前所述,润色鸿业是上都天马歌的主体倾向,但这并不意味着所有天马题材的作品都持同样的观念和认识。陆仁《天马歌》末曰:"再拜歌诗思仿佛,愿帝爱贤如爱物。更诏山林访遗逸,□□治化齐尧日。帝业永固保贞吉,天子万寿天降福。"作者希望天子能像喜爱天马一样喜爱贤才,诏告天下,访求遗贤。在歌功颂德之时,也略具劝讽之意。郭翼《天马二首》其一曰:"佛郎献马真龙种,六尺之高修倍之。图画当今属周朗,歌诗传昔敕俟斯。空闻市骨千金直,不羡穷荒八骏驰。有客新来闻此事,与君何惜滞明时。"其二曰:"四年远涉流沙道,筋骨权奇旧肉鬃。晓秣龙堆寒虀雪,晚经月窟怒追风。汉文千

---

①(元)杨维桢:《铁崖古乐府》卷7,转引自杨镰主编《全元诗》第39册,中华书局2013年版,第63页。
②《后汉书》卷86《南蛮西南夷列传》,中华书局1965年版,第2835页。

里知曾却,曹霸丹青貌不同。拂拭金鞍被来好,幸陪天厩玉花骢。"①郭翼《和李长吉马诗》组诗中尽管也有"佛郎通上国,万里进龙媒。晓日开间阖,虹光射玉台"一类颂扬盛德之作,但其《天马二首》则隐约地显露出了不得用世的痛楚之情,于耿悒、清高之中,也不乏期许之盼,这与一味阿谀逢迎之作明显有别。杨维桢评价郭翼诗"皆悠然有思,淡然有旨,兴寄高远而意趣深长"②,以此二首诗证之,杨维桢所言不虚。释静慧《题天马图》:"八尺飞龙十二闲,飘飘来自峃岚山。曾陪八骏昆仑顶,宜逐群雄草莽间。落日倒行悲峻阪,西风苦战忆重关。拂郎可是无新贡,天步于今政险艰。"③此诗运用对比手法慨叹国运艰险,其立意与应制天马诸作全然不同。

作为"元上都文学研究"的一个话题,本文对上都天马歌所蕴含的文化密码和文学意义进行了粗浅的梳理和总结。元上都不仅有过辉煌的历史,也曾诞生了难以计数的精美华章。上都文学映射出了帝都的尊高与辉煌,也记录了王朝的超迈与荣光,具有鲜明的地域文化和民族文化特征,是元代文学不可或缺的重要组成部分。近年来,随着国家"一带一路""中蒙俄经济走廊"等战略的实施,发掘和整理元上都的文学、文化留存,对于开拓元代文学的研究领域,进而服务于国家和地区的文化建设,显然都具有十分重要的意义。

【作者简介】 高林广(1965—),男,内蒙古师范大学文学院教授。

---

① (元)顾瑛:《草堂雅集》卷9,文渊阁《四库全书》本。
② (元)杨维桢:《郭羲仲诗集序》,《东维子文集》卷7,《四部丛刊初编》本。
③ (元)赖良:《大雅集》卷6,文渊阁《四库全书》本。

略论元儒吴澄的集序文创作*

杜春雷

【提要】 吴澄作为元朝一代儒宗,现存集序文一百五十余篇,创作数量在元人中首屈一指。考察其集序文,可见出其"学古不媚,自出机杼","有为而作,贵乎自然","崇儒重文,理气论文"的文学思想。同时,吴澄的集序文创作有"以简驭繁,短小精悍","善用排比,喜用问句","谆戒直言,时有变调"等特色。

【关键词】 吴澄;集序文;文学思想;创作特色

吴澄(1249—1333)在元朝与许衡齐名,号称"北许南吴",可谓一代儒宗。他承继朱陆之学,本以理学名家,然诗文、文论成就亦颇高。吴澄生时即享有盛誉,故求其序题品评者众多。其所作集序文主要收录于文集中,《全元文》据以修纂,并新辑《二妙集序》《揭曼硕诗序》二文。至此,《全元文》收存吴澄集序文一百五十余篇,论数量,在元人中可谓首屈一指。本文即从文学思想、创作特色入手,对吴澄的集序文创作进行初步考察。

一 吴澄集序文中所见之文学思想

(一)学古不媚,自出机杼

像绝大多数文士一样,吴澄崇古,敬古,尊古,对自古以来公认的诗文盛世,极力推

---

*基金项目:本文为 2011 年国家社会科学基金项目"元人诗序整理与研究"(项目号 11BZW055)、2015 年教育部人文社会科学研究青年基金项目"元人集序与元代文学思想研究"(项目号 15YJC751012)的阶段性成果。

崇。关于古文的发展演进，他认为："古之文自虞夏、商、周，更秦历汉，至后汉而弊，气日卑弱，莫可振起。唐韩、柳，宋欧、曾、王、苏七子者作，始复先汉之风。他岂无人，要皆难与七子者并。"①明确提出以韩、柳、欧、曾、王、二苏为古文"七子"的概念。这种表述在其多篇集序中均有出现，如云："唐之文能变八代之弊、追先汉之踪者，昌黎韩氏而已，河东柳氏亚之。宋文人视唐为盛，唯庐陵欧阳氏、眉山二苏氏、南丰曾氏、临川王氏五家，与唐二子相伯仲。"②"唐宋六百年间，雄才善学之士山积，能者七人而已，不其难乎？"③"唐宋盛时，号为追踪先汉，而仅见韩、柳、欧阳、曾、王、二苏七人焉。"④

所谓"七子"，苏门有二人，苏轼自然在列。据吴澄《遗安集序》："唐宋二代之文可与六经并传者，韩文公自幼专攻古学，既长，人劝之举进士，始以策论诗赋试有司；欧阳文忠公、王丞相、曾舍人、苏学士皆由时文转为古文者也；柳刺史初年不脱时体，谪官以后，文乃大进；老苏亦于中年弃其少作而趋古。"⑤又《刘尚友文集序》云："唐文历五代复敝，而宋之五子出。文人称欧苏，盖举先后二人言尔。欧而下，苏而上。老苏、曾、王未易偏有所取舍也。"⑥可见，除苏轼外，苏洵作为二苏之一也在七子之列。吴澄的古文"七子"之说，与元末明初朱右编刊《八先生文集》，明中叶茅坤编选《八大家文钞》提出唐宋八大家，从而为世人广泛接受，只差苏辙而已。

吴澄对自古以来的诗文典范心存崇敬之意，主张学习古之典范，方能有所收获。他说："人病不学耳，学斯肖，肖斯成。"⑦诗人修养的培育，需要一个习得的过程，广泛汲取前贤佳士的养料，化为己用，充实自我，才有可能取得成就。因此，吴澄"每叹前辈流风余韵不可复得，一旦见有似之者焉，如之何其不跃然而喜哉"⑧，看到学而肖的年轻诗人，难免产生孺子可教的欣喜感情。如他评价年未三十的诗人曾志顺说："学简斋直逼简斋，可畏也已，其未尽肖者，百不一二，底于成也夫何难？"⑨称赞这位年轻的诗人，学习陈与义而酷似陈与义，令人心生敬畏，即使有不像的地方，通过进一步的努力，取得应有的成就亦

---

① （元）吴澄：《张氏自适集序》，载李修生主编《全元文》第14册，江苏古籍出版社1999年版，第322页。
② （元）吴澄：《临川王文公集序》，载《全元文》第14册，第350页。
③ （元）吴澄：《题李缙翁杂稿后》，载《全元文》第14册，第490页。
④ （元）吴澄：《题何太虚近稿后》，载《全元文》第14册，第533页。
⑤ 《全元文》第14册，第269页。
⑥ 同上书，第367页。
⑦ （元）吴澄：《曾志顺诗序》，载《全元文》第14册，第259页。
⑧ （元）吴澄：《邬性传诗序》，载《全元文》第14册，第255页。
⑨ （元）吴澄：《曾志顺诗序》，载《全元文》第14册，第259页。

非难事。由此可见,吴澄是主张学古的。

但是,吴澄的学古,并非毫无条件地唯古是尊,模拟蹈袭,而是通过学古这一途径充实提高自我,以期有所觉醒和超越,从而达到更高的境界。只是"字其字,文其文,形模謦欬,事事逼真,俨若孙叔敖之衣冠"①,停留在"肖"的层级上——学得像是不够的。吴澄曾鼓励年轻诗人胡琏说"他日当自为胡器之诗,不止肖魏、晋、唐、宋某人某人而已"②,传达的就是这个讯息。因此,总的来说,吴澄的学古观是在古为今用的大前提下提出的,学古是为了变今。他曾说:"世之诗人文人能为今之作者,特也,能如昔之作者,亚也。既不能以名于今,又不能以方于昔,而有作焉,妄人尔,庸人尔。噫!皆是也。"③将文士分成了"特""亚""庸妄"三类,其中的差别正在于能否化古为今,成就自我。用吴澄的话来说,即"品之高,其机在我,不在乎古之似也"④,"诗而似诗,诗也,非我也。诗而诗已难,诗而我尤难"⑤。对于"我"的强调成为吴澄论诗的特色。

提倡诗人能够自出机杼,突出自我,体现了吴澄"尚变""尚异"的诗歌观念。吴澄认为诗歌的发展史本身就是一个不断变化的过程:

> 三百五篇,南自南,雅自雅,颂自颂,变风自变风。变雅亦然,各不同也。诗亡而楚骚作,骚亡而汉五言作。讫于魏、晋,颜、谢以下,虽曰五言,而魏、晋之体已变。变而极于陈、隋,汉五言至是几亡。唐陈子昂变颜、谢以下上复晋、魏、汉,而沈、宋之体别出。李、杜继之,因子昂而变,柳、韩因李、杜又变。变之中有古体,有近体;体之中有五言,有七言,有杂言。诗之体不一,人之才亦不一。各以其体,各以其才,各成一家。信如造化生物,洪纤曲直,青黄赤白,均为大巧之一巧。自三百五篇,已不可一概齐,而况后之作者乎?宋氏王、苏、黄三家各得杜之一体。涪翁于苏迥不相同,苏门诸人其初略不之许。坡翁独深器重,以为绝伦。眼高一世,而不必人之同乎己者如此。⑥

自《诗经》而降,值得推崇的经典诗作和诗人都有自己独到的风貌和特色,他们戛戛独造,如木秀林,而非陈陈相因、人云亦云,正是这种"异"和"变",赋予了他们独特的不

---

① (元)吴澄:《刘志霖文稿序》,载《全元文》第14册,第290页。
② (元)吴澄:《胡器之诗序》,载《全元文》第14册,第268页。
③ (元)吴澄:《孙少初文集序》,载《全元文》第14册,第258页。
④ (元)吴澄:《孙静可诗序》,载《全元文》第14册,第376页。
⑤ (元)吴澄:《朱元善诗序》,载《全元文》第14册,第311页。
⑥ (元)吴澄:《皮照德诗序》,载《全元文》第14册,第270页。

可取代的诗史地位。为什么要强调相异？因为诗歌的体裁不同,人的才情也不同。因人制宜,发挥所长,才能成一家。这段描述,立据有依,言理透彻,阐释"尚异""尚变"妥帖到位,颇具说服力。

(二)有为而作,贵乎自然

吴澄在《张仲默诗序》中,开篇即言"诗必有其本"。何为诗之"本"？吴氏在下文中并未明确说明。但从他肯定张道济(字仲默)诗歌"知本",并称"读之可以见其志",而非"务声音采色","以衒于人而干于时"①,可知吴澄主张诗之根本在于"言志",在于有为而作,而非无病呻吟,取悦于人。这个"本",无疑是回答了诗歌为何而作,要表达什么这一重要的问题。其他如"古之诗皆有为而作,训戒存焉,非徒修饰其辞、铿锵其声而已。是以可兴可观,可群可怨"②,"诗言志,宁高无卑,宁纯无杂,宁正无邪"③,也都申发了这一观点。

诗言志,本是中国古代诗歌创作公认的"真理"。以"言志"为诗之本,似乎无须申说。吴澄如此强调"言志"的重要性,乃在于"近世"的"千百诗人""千百诗篇"虽用力甚勤,却已不再修本。吴澄分析这种局面的出现,与科举取士关系密切。一方面,经义策论等应试之学束缚了读书人的求知途径,使得诗歌创作"场屋举子多不暇为"④。另一方面,以声韵四六为取士之资,虽然客观上也促进了读书人重视文采,注意磨炼自己的文学技巧,但更导致他们"惟务采摘对偶,一韵争奇,一字竞巧"。这样写出的诗文,自然去本甚远。吴澄描述当时的社会:"父兄诏子弟,师长训生徒,皆汲汲孜孜焉,不为此(指科举时文),则不足以收声名、跻仕路,一旦得官,回视曩昔,刍狗之不如也。所用非所学,所学非所用,人才大坏,其害岂小小哉？"⑤鞭辟入里地斥责了科举时弊下的人情和士风,颇发人深省。

此外,吴澄论诗贵"自然",认为"诗以道情性之真,自然而然之为贵"⑥。在这里,"发乎自然"与"性情之真"是二位一体的。秉持真性情,不假图饰,即是自然而然。《谭晋明诗序》一文集中表达了这一观点:

---

① (元)吴澄:《张仲默诗序》,载《全元文》第14册,第265页。
② (元)吴澄:《刘复翁诗序》,载《全元文》第14册,第378页。
③ (元)吴澄:《丁叔才诗序》,载《全元文》第14册,第382页。
④ (元)吴澄:《出门一笑集序》,载《全元文》第14册,第250页。
⑤ (元)吴澄:《杂识十五》,载《全元文》第15册,第700页。
⑥ (元)吴澄:《陈景和诗序》,载《全元文》第14册,第383页。

诗以道情性之真。十五国风有田夫闺妇之辞,而后世文士不能及者,何也?发乎自然,而非造作也。汉魏逮今,诗凡几变。其间宏才硕学之士纵横放肆,千汇万状,字以炼而精,句以琢而巧;用事取其切,模拟取其似,功力极矣。而识者乃或舍旃而尚陶、韦,则亦以其不炼字、不琢句、不用事,而情性之真近于古也。今之诗人随其能而有所尚,各是其是,孰有能知真是之归者哉?宜黄谭德生晋明,天才飘逸,绰有晋人风致。其为诗也,无所造作,无所模拟,一皆本乎情之真。潇洒不尘,略无拘挛局束之态。世之以炼字、琢句、用事为工者,或不相合,而予独喜之深。盖非学陶、韦,而可入陶、韦家数者也。故观其诗,可以见其人。彼诗自诗,人自人,邈乎不相类者,又何足以知之?①

从上文中不难看出,吴澄结合诗史发展和接受的实际情况,极力推崇的是发乎自然,本乎情真,无所造作,无所模拟的诗歌创作观;矢力抵斥的是仅仅追求锻炼字句,藻绘修饰,做表面功夫的所谓"宏才硕学之士"。即使是诗坛大家,如黄庭坚、苏轼、王安石等人,吴澄仍对他们的锻炼工夫持否定态度。他曾说:"黄太史必于奇,苏学士必于新,荆国丞相必于工,此宋诗之所以不能及唐也。王实翁为诗,奇不必如谷,新不必如坡,工不必如半山,性情流出,自然而然。充其所到,虽唐元、白不过如是。"②"奇""新""工"皆为优点,本无不可,然加一"必"字,就多了一份执念和矫情,少了一份天真与自然。因此,受到吴澄的批评。

(三)崇儒重文,理气论文

"文"与"道"属于古代文学理论的核心范畴,文道关系的演进与发展亦是学界研讨的热门问题。一般认为,刘勰《文心雕龙·原道》已明确开始表述文道关系。发展到唐宋,"文以明道""文以贯道""文以载道"等命题相继提出,北宋理学家二程曾言:"古之学者一,今之学者三,异端不与焉。一曰文章之学,二曰训诂之学,三曰儒者之学,欲趋道舍儒者之学不可。"③将儒学与文学视为截然对立的两种学问,并认为儒学是追求"道"的真学问。由此延伸,程颐云:"问作文害道否?曰:害也……《书》云:'玩物丧志。'为文亦玩

---

① 《全元文》第14册,第303页。
② (元)吴澄:《王实翁诗序》,载《全元文》第14册,第308页。
③ (宋)程颢、(宋)程颐:《二程集》,中华书局1981年版,第187页。

物也。"①明确提出"作文害道"的理论,对后世理学家评论文艺创作产生了很大的影响。理学的集大成者朱熹,虽然也曾沿袭二程轻视文艺的观念而发出过"诗笔相仿,不须理会"的言论,但总体来看,他对文艺创作持较为肯定的态度,其建立的"这文皆是从道中流出"的文学本体论,便肯定了文学存在的合理性。

吴澄作为程朱传人,也曾将学问三分:"儒者之学分而三,秦汉以来则然矣,异端不与焉。有记诵之学,汉郑康成、宋刘原父之类是也;有词章之学,唐韩退之、宋欧阳永叔之类是也;有儒者之学,孟子而下,周、程、张、朱数君子而已。"②一方面肯定词章之学属于儒者之学的一种;另一方面强调其与纯粹的儒者之学有别。这种表述以"崇儒抑文"的姿态出现在大量集序中。如"文辞,学之末也;诗,又文辞之末也"③,"诗固游艺之一端也"④,"文章,一技耳;诗,又技之小者也"⑤,"夫文,小技也"⑥,"文者,儒之小技,诗又文之小技"⑦。

对于一个德高望重的理学名家来说,强调儒学比文学更重要,是再正常不过的事情。吴澄的特异之处在于除此而外,同时给予了词章之学足够的关注和重视。吴澄本身并非质木无华的苦参型理学家,他曾自述幼年时"好读诵,好评议"⑧,"好读先汉、盛唐、盛宋诸文人之辞"⑨,且用力颇多。在工诗词,好文章,对诗文创作抱有极大兴趣这一点上,吴澄与朱熹极为相似。

关于文道关系,吴澄曾表述为:"文之炳焕而晖,即道之贯彻而一。"⑩这已经初具将文道合而为一的倾向⑪。具体而言,吴澄对诗文创作的重视,体现在他所描述的诗文不可易能和诗文不可易视两个层面。

---

① (宋)程颢、(宋)程颐:《二程遗书》卷18,文渊阁四库全书本。
② (元)吴澄:《评郑夹漈通志答刘教谕》,载《全元文》第15册,第66页。
③ (元)吴澄:《熊希本诗序》,载《全元文》第14册,第285页。
④ (元)吴澄:《曾志顺诗序》,载《全元文》第14册,第259页。
⑤ (元)吴澄:《大酉山白云集序》,载《全元文》第14册,第320页。
⑥ (元)吴澄:《盛子渊撷稿序》,载《全元文》第14册,第370页。
⑦ (元)吴澄:《揭曼硕诗序》,载《全元文》第14册,第427页。
⑧ (元)吴澄:《盛子渊撷稿序》,载《全元文》第14册,第370页。
⑨ (元)吴澄:《孙履常文集序》,载《全元文》第14册,第369页。
⑩ (元)吴澄:《陈文晖道一字说》,载《全元文》第15册,第19页。
⑪ "文与道一"的观念在元代正式形成,许有壬《题欧阳文忠公告》云:"文与道一,而天下之治盛;文与道二,而天下之教衰。"(《全元文》第38册,第139页)吴澄作为承上启下的理学关键人物,在文道二元对立发展为一元认识的过程中,无疑发挥了一定的作用,详参查洪德《论元人文论的"文与道一"说》《文道合一:一个伪命题》等文。

其一，诗文不可易能。吴澄尝言：

  （文章）岂易能哉！能之不易，而或视以为易焉，昌黎韩子之所不敢也。且其为不易何耶？未可以一言尽也。非学非识不足以厚其本也，非才非气不足以利其用也。四者有一之不备，文其能以纯备乎？或失则易，或失则难；或失则浅，或失则晦；或失则狂，或失则萎；或失则俚，或失则靡。故曰不易能也。①

吴澄认为文章创作并非易事，它关涉"学""识""才""气"四方面的内容，缺一不可；稍不如意，就会陷入病文之列。正因为文章不易能，所以东汉迄元的八百多年时间里，能入吴澄法眼的，真正"可称"的文章家，只有七人而已。"文之一事，诚难矣哉"②的浩叹正是由此而发。关于诗歌创作，吴澄也曾感叹"诗虽小技，亦难矣哉"③，"鸣呼！诗不易能也"④。这与对待文章的感情基调是一致的。

诗文之中，吴澄认为作文更难，诗文兼备则难上加难，他曾说："诗之外有文，又难矣。"⑤"世有学术贯千载、文章妙一世，而诗语或不似者。唐宋六七百年间，有学有文而又能诗，不过四五人而已，兹事岂易言哉！"⑥

总之，从吴澄"（文章与诗）技虽小，岂易能哉"⑦的感叹中，不难读出他对诗文地位的看重。

其二，诗文不可易视。这一点顺承诗文不可易能而来，所回答的是为何如此多人明知诗文"不可易能"，还在坚持从事诗文创作。吴澄认为"（文章）高下兴衰关系天下之气运，亦岂可易视哉"⑧，"文章格力之高下，实由气运之盛衰，关系又岂小小哉"⑨，把文章视作反映世运盛衰的晴雨表，以突出其价值与地位。

综上所述，吴澄视诗文创作为一种技能，认为它并非人人都可以轻易掌握；同时，诗文之高下能够客观反映气运盛衰，具有相当的观政功效，不能等闲视之，玩忽急慢。总的来看，吴澄是重视诗文创作的，这一点在继承朱熹有关思想的基础上有所发展，

---

① (元)吴澄：《元复初文集序》，载《全元文》第 14 册，第 325 页。
② (元)吴澄：《临川王文公集序》，载《全元文》第 14 册，第 350 页。
③ (元)吴澄：《朱元善诗序》，载《全元文》第 14 册，第 311 页。
④ (元)吴澄：《刘巨川诗序》，载《全元文》第 14 册，第 321 页。
⑤ (元)吴澄：《陈善夫集序》，载《全元文》第 14 册，第 279 页。
⑥ (元)吴澄：《周栖筠诗集序》，载《全元文》第 14 册，第 366 页。
⑦ (元)吴澄：《大酉山白云集序》，载《全元文》第 14 册，第 320 页。
⑧ (元)吴澄：《孙履常诗集序》，载《全元文》第 14 册，第 368 页。
⑨ (元)吴澄：《题何太虚稿后》，载《全元文》第 14 册，第 533 页。

对元代文学的发展无疑是有益的推动。当然,我们也应该意识到,在一代大儒吴澄的学问分类体系中,"最上事业,坦若大路"①始终是儒学,而非文学。他曾告诫揭傒斯不要"专志于是(指诗歌创作),而忘其身;或务以骄人,至丧心自败"②,即体现了这一观念。

程朱理学以理与气作为世界的本源。其中,理为第一性,理在气先。朱熹曾言"天地之间,有理有气。理也者,形而上之道也,生物之本也。气也者,形而下之器也,生物之具也"③,"有是理,便有是气,但理是本"④,其基本论点是气生万物,而气之所以能生万物,在于理。吴澄同意朱熹关于理气先后的论点,也认为:"气之所以能如此者,何也?以理为之主宰也。"但同时,他也主张:"理者,非别有一物在气中,只是为气之主宰者。即是无理外之气,亦无气外之理。"⑤虽意在强调理气不相离,但实际上已初现理气一元论的萌芽,这与朱熹迥乎不同,对明人颇有启发。

"理"与"气"是万事万物存在的本源,属于学问之一端的文章之学自然不能例外。因此,吴澄评价诗文创作,也多用理气论之。其《东麓集序》云:"诗文以理为主,气为辅,是得其本矣。"⑥称赞东麓张君"理盛""气盛",是参得了为诗作文的根本。这里的"理""气",与哲学意义上宇宙本体论的"理""气"含义稍有不同,我们可以等而下之地将"理"更具体地解释为"义理",将"气"解释为"文气"。特别对是"气"的概念,吴澄认为:"人与天地之气通为一气,有升有降,而文随之。"⑦可见文章之"气"已带有个体的意味。"理""气"之中,吴澄论文更喜欢使用"气"的概念。其云"诗本乎气,而形于言"⑧,"诗也者,乾坤清气所成也"⑨,"诗与文有资于气也,尚矣"⑩,皆对"气"在诗文创作中的"本源"地位进行了阐发。

---

① (元)吴澄:《跋陈泰诗后》,载《全元文》第 14 册,第 577 页。
② (元)吴澄:《揭曼硕诗序》,载《全元文》第 14 册,第 427 页。
③ (宋)朱熹:《答黄道夫》,《朱子全书》第 14 册,上海古籍出版社、安徽教育出版社 2010 年版,第 2755 页。
④ (宋)朱熹:《朱子语类》卷 1,《朱子全书》第 14 册,第 114 页。
⑤ (元)吴澄:《答人问性理》,载《全元文》第 15 册,第 76 页。
⑥《全元文》第 14 册,第 278 页。
⑦ (元)吴澄:《别赵子昂序》,载《全元文》第 14 册,第 93 页。
⑧ (元)吴澄:《伍椿年诗序》,载《全元文》第 14 册,第 297 页。
⑨ (元)吴澄:《萧独清诗序》,载《全元文》第 14 册,第 336 页。
⑩ (元)吴澄:《李侍读诗序》,载《全元文》第 14 册,第 366 页。

二 吴澄集序文的创作特色

(一) 以简驭繁,短小精悍

一般而言,集序文中,序文篇幅较长,跋文篇幅较短。吴澄的集序文,虽不乏篇幅较长之作,但更多的是短制零章、篇幅狭小之作。局狭"方寸"间,叙咏诗文兴味,颇给人以耳目一新的感觉。

这些集序,字数不满一百的就有四十篇之多。其中既包含序文,也包含跋文。篇幅最小的一篇《龚德元诗跋》,全文仅一句话,寥寥二十六字。其文云:"龚德元诗已窥简斋门户,阔步勇进,由是而升堂焉,而入室焉,可也。"①另有《跋唐国芳诗》一篇,亦仅三十六字。其文云:"观子之貌,今人也;观子之诗,乃如与数百年前唐人相对如梦。伟哉!识趣进,学力进,子诗可仙。"②

序文中极短小的,如《詹天麟惭稿序》云:"乐安詹沂仲往年试艺,补太学诸生,名次冠天下,其雄文高论震撼一世。子天麟能传其家学,有诗有文如此,沂仲为不亡矣。"③仅四十八字。《新编乐府序》是一篇总集序文,其云:"诗骚之变至乐府长短句极矣,韵人才士之作不绝乎耳。午窗坐困,梦游钧天,忽闻此音,为之醒然而起。作手妙,选手尤妙。选者为谁?清江严以仁氏。"④亦仅五十七字。

以上所列数文,虽在篇幅上极尽短小,但亦蕴含可贵的信息可供解读,所谓壶中自有乾坤大,自不能以轻微而忽视之。如《龚德元诗跋》称赞龚德元学诗有成,已能窥见陈与义之奥妙。看似平常,但细究起来,这里为何独以陈与义为比较对象,就很值得探讨。

细绎吴澄的集序文会发现,陈与义的出现频率相当高,评价分量极重,远非其他诗人可以比拟。吴澄评价陈诗"至简而至精"⑤,"无可拣择"⑥,"比之陶、韦更巧更新"⑦,甚至认为"宋诗至简斋起矣"⑧,将其视作宋诗顶峰,可谓崇敬备至。吴澄《董震翁诗序》云:

---

① 《全元文》第 14 册,第 584 页。
② 同上书,第 496 页。
③ 同上书,第 301 页。
④ 同上书,第 292 页。
⑤ (元)吴澄:《邓性可删稿序》,载《全元文》第 14 册,第 256 页。
⑥ (元)吴澄:《黄养浩诗序》,载《全元文》第 14 册,第 380 页。
⑦ (元)吴澄:《何敏则诗序》,载《全元文》第 14 册,第 373 页。
⑧ (元)吴澄:《曾志顺诗序》,载《全元文》第 14 册,第 259 页。

"简斋陈公于诗超然悟入,吾尝窥其际,盖古体自东坡氏,近体自后山氏,而神化之妙,简斋自简斋也。近世往往尊其诗,得其门者或寡矣。"①透露出自己研习陈与义诗的经历,并对后人学习陈诗的情况深致不满。因此,在评论龚德元诗时,才在赞誉他"已窥简斋门户"的情况下,勉励他"阔步勇进"更进一层,以期最终"登堂入室"。

吴澄的集序文普遍篇幅短小,体现了他言简意赅、言精意明的创作追求,其思想根源可归结于"易简"二字。"易简"本是陆九渊所主张,陆氏将朱熹的治学之道批评为"支离",而总结自己的治学为"易简"。有诗云:"易简工夫终久大,支离事业竟浮沉。"②朱熹反对陆说,评价自己的学术是"遂密",即所谓"旧学商量加遂密"。

吴澄和会朱陆,既称赞"新安朱氏义理之精微"③,又对陆九渊的"易简工夫"甚为推崇。揆诸文中所述,吴澄似乎对"易简"原则的秉持更胜一筹。如其在传注方面,曾批评"汉儒说稽古累数万言",赞誉郑玄"于《中庸》二十九字,止以十二字注之"④。在诗歌创作方面,曾力赞"至简而至精,唯近世简斋陈去非诗"⑤。为文之病,也多以"冗羡""泛滥""繁碎"等词语概括之,深加痛斥。可见,"易简"是吴澄创作观的核心理念之一。

(二)善用排比,喜用问句

吴澄集序文的句法运用亦颇有独到之处,现以较为突出的"善用排比,喜用问句"论述之。

1. 善用比喻

运用排比句式结撰集序,一方面可以加强气势,使文句富有节律的美感,另一方面也是出于全面概括所述内容的需要。吴澄在论述作文的病症表现时说:"文之病或颇僻,或冗羡,或局促,或泛滥,或滞涩,或疏直,或繁碎,或浮靡,或枯槁。"⑥九条"或"排比出场,分别从不同角度阐述了"文之病",展现了十足的说服力。

在运用排比时,吴澄喜将引譬设喻置于其中,形成连喻的句式。如其云:"欧阳生歌行如夔峡春涛、浙江秋潮,其势如屋如山,如迅雷飓风不可御,何可近也?"⑦将欧阳齐汲的

---

① (元)吴澄:《董震翁诗序》,载《全元文》第14册,第253页。
② (宋)陆九渊:《鹅湖和教授兄韵》,《陆九渊集》,中华书局2008年版,第301页。
③ (元)吴澄:《陆宣公奏议增注序》,载《全元文》第14册,第338页。
④ (元)吴澄:《中庸简明传说》,载《全元文》第14册,第342页。
⑤ (元)吴澄:《邓性可删稿序》,载《全元文》第14册,第256页。
⑥ (元)吴澄:《刘志霖文稿序》,载《全元文》第14册,第290页。
⑦ (元)吴澄:《欧阳齐汲诗序》,载《全元文》第14册,第266页。

歌行诗比作"涛""潮""屋""山""迅雷""飓风",再加以排比组合,愈发突出了不可遏制的气势之美。

又如,吴澄称赞庐陵曾可则时,说他"才俊辞丽,如健鹘横空,如快马历块;如春园桃李,如秋汀蓼苹,超逸不群,而妩媚可爱"①,前二喻极言其"超逸不群",后二喻极言其"妩媚可爱",喻说有序,层次分明。在评价元代著名道士吴全节时,形容其诗"如风雷振荡,如云霞绚烂,如精金良玉,如长江大河"②,突出了气势、绚采、精致、雄阔等多样的诗风。在评价诗人萧独清时则说:"观其诗,莹莹如冬冰,滚滚如秋露;湛湛如石井之泉,泠泠如松林之风。"③集中描绘其清泠冷峭的诗风。

以上数例,皆就评析一人之诗风而言。连喻句式也可用以对整体的诗歌创作情况进行形象化的解说,如《刘巨川诗序》云:

  世之事斯技(作诗)也众矣,或如春华之炜烨,或如秋树之替零,或如洪河之汹涌,或如弱水之底滞,或如骐骥之驰骤,或如蚕虱之缘延。或如礼法进趋之士,折矩周规;或如狂病叫呼之人,踰垣上屋;或如三军一将之令,整肃精明;或如一皿百虫之蛊,蠕动杂揉。人之能不能,万不齐也,而岂可强哉!④

此段文字将诗歌整体的创作风格以各种物象及其象征的体貌特点作喻,既设象生动,入木三分,又巨细不捐,阐释周备,文采斐然之际,贴切扣题,令人心折。

又如,在《周栖筠诗集序》中,吴澄形容善诗者"譬如酿花之蜂,必渣滓尽化,芳润融液,而后贮于脾者皆成蜜;又如食叶之蚕,必内养既熟,通身明莹,而后吐于口者皆成丝"⑤,将作诗过程比喻为蜜蜂酿蜜,桑蚕吐丝,一重萃精去粗,另一重厚积薄发,颇能切中肯綮。

2. 喜用问句

吴澄的集序文还有一个句法特点——喜在序跋篇末使用问句⑥。按照用途的不同,这些问句可以分为以下几类:

(1)询问商量。即在表述完一己之见后,以问句的形式来征求诗文作者的意见。如

---

①(元)吴澄:《曾可则诗序》,载《全元文》第14册,第321页。
②(元)吴澄:《吴闲闲宗师诗序》,载《全元文》第14册,第364页。
③(元)吴澄:《萧独清诗序》,载《全元文》第14册,第336页。
④《全元文》第14册,第321页。
⑤同上书,第366页。
⑥据统计,以问句为结束的别集序跋文多达二十余篇。

"云仲其然之乎"①,"子容以余言为何如也"②,"少府君以为何如哉"③等,都是出现在文末的问句,是以询问的口吻结篇。这种情形下,甚至会提供几个选项,供诗文作者从中选择,如云:"子求求之言乎?似坡(指苏轼)而可矣。如将求之身乎?坡未足多也。而子之志何如哉?"④不但问询作者之意,还具体到了实际的选择。

(2)称誉赞美。即介绍完诗文作者的文学成就之后,在篇末以反问的语气予以赞美。如云"此衣此钵,舍君将谁归"⑤,"噫!非此人,安得有此诗"⑥,强调了非诗文作者不可的唯一性,极尽揄扬之情。有时则引入对比人物,以突出创作成绩,如云"参政公得专美哉"⑦,是将作者与陈与义(参政公)作对比,"成叔、泳之岂得专诗名于斯邑哉"⑧,是把作者置入郡邑先辈诗人赵成叔、甘泳之之列,来说明其不遑多让的艺术成就。

(3)质疑反诘。即在文末陈述完某种情境之后,以"岂"字反诘问句结尾,利用质疑和否定,来凸显不同于上文情境的某类状况。如云"然仲美,正人也,其辞丽以则,而岂丽以淫者之所可同也哉"⑨,否定张仲美诗歌的淫巧,意在突出其"丽以则"。"予之中子衮少亦学为诗文,亦年二十八而卒。垚之父之悲,犹予之悲也。而予之所以重惜之者,岂但如其父子之惜而已乎"⑩,强调创作此篇序文,所"重惜"的不仅是经历相同,更重要的是爱惜作者罗垚的创作才华。

(三)谆诫直言,时有变调

吴澄的集序文,多为后辈而作,虽不免爱才心切,奖誉溢量,但总体来看,期以远大,谆谆教诫而又直言不讳是其中较为突出的感情基调。如在《揭曼硕诗序》中,对当时还籍籍无名的揭傒斯,吴澄曾言:"或专志于是(指作诗),而忘其身;或务以骄人,至丧心自败,则又一技一能之不若。揭君其慎之哉!非予喜,弗及此言,其戒之哉!"⑪告诫揭傒斯作诗

---

① (元)吴澄:《出门一笑集序》,载《全元文》第 14 册,第 250 页。
② (元)吴澄:《戴子容诗词序》,载《全元文》第 14 册,第 253 页。
③ (元)吴澄:《丁晖卿诗序》,载《全元文》第 14 册,第 285 页。
④ (元)吴澄:《黄少游诗序》,载《全元文》第 14 册,第 276 页。
⑤ (元)吴澄:《谢仰韩诗序》,载《全元文》第 14 册,第 261 页。
⑥ (元)吴澄:《王实翁诗序》,载《全元文》第 14 册,第 308 页。
⑦ (元)吴澄:《董震翁诗序》,载《全元文》第 14 册,第 253 页。
⑧ (元)吴澄:《邓性可删稿序》,载《全元文》第 14 册,第 256 页。
⑨ (元)吴澄:《张仲美乐府序》,载《全元文》第 14 册,第 323 页。
⑩ (元)吴澄:《罗垚诗序》,载《全元文》第 14 册,第 318 页。
⑪ 《全元文》第 14 册,第 427 页。

之余应修身养性,谦虚谨慎。并解释说,之所以如此直言相诫,是因为喜欢他的诗,以消除揭氏的疑虑。在为另一位年轻诗人朱望题跋时,吴澄首先称道其"年未三十而能诗,不陈不腐,美矣哉",接着便以轻松且略显幽默的对话体语言直陈道:"吁!望来前,吾语汝:陈腐,诗之病;强学俊逸语,亦诗之病。望也审诸。"①正像一位蔼然长者以关切的语气说道:"朱望,你到前面来,我告诉你,你小子可要好好记住!"诙谐与严肃巧然相容。

吴澄的"直言",还表现在敢于抒发不同见解上。如他在《诗珠照乘序》中对"采诗"的看法就颇为出人意表。在历代文人的知识接受中,采诗是上古三代一项重要的政治制度。贤明的"君主"依靠采诗听取民声,遵从民意,改善施政。因此,历代文人大都对采诗怀有景慕和向往之心,呼吁重置采诗官。这种美好愿景,明显掺杂着文人地位自我提升和认可的需求。《诗珠照乘》是庐陵郭友仁行走四方,广泛采诗而成的一部诗歌总集,吴澄一方面称赞了采诗的做法,举出"诗之不可以不遇夫采者"的原因,另一方面则质问道:"虽然,唐之翰林、工部,当时有采其诗者否?今五百余岁,而光焰万丈,愈久愈明,又不止如珠之照乘而已。诗若二子,虽不采,庸何伤?"②以光焰万丈长的李杜诗作比,对采诗提出质疑,其意认为,诗歌的传与不传,不在于采诗,而在于诗歌质量本身,好的诗歌,自然会流传下去。这种看法自然有其合理的一面,特别是在为他人采诗总集的序文中表达出来,其直言不讳,难能可贵。

此外,吴澄的集序文在正常体式之外,尚有两篇"别调",值得特别介绍。

一篇是《钟山泉声序》,其文云:

> 王翊圣韶以《钟山泉声》号其诗,为之序引者三,为之选点者一。引者任耳听于无声,曰锽锽,曰泠泠,疑若殷师之斗牛、石勒之闻金鼓。其曰沉沉,盖进于聪者也,庶几乎耳病减矣。选者任目视于有形,采其四句者曰"万室机杼夜,千村场圃时。山中有痴事,秉烛报新诗";曰"苍白云边天上下,紫玄洞口日方圆。三千世界残棋局,百万尘身一蜕蝉"。采其二句者曰"不见重来燕,空令半卷帘";曰"不知春几许,两月住江城";曰"炎凉翻覆手,络纬夜如何";曰"细雨斜风里,池亭得此人";曰"江城昨夜西风急,明月寒砧十万家";曰"衣冠不群俗眼笑,山川出色韵士来"。采其一句者曰"无言领取青山意";曰"江湖路熟水云酣"。殆犹纪昌之视虱、秦越人之视五藏,精矣哉!非诗人,安能识诗如此!予不敢再为殷、石之耳,故且同于纪、秦之目。③

---

① (元)吴澄:《题朱望诗后》,载《全元文》第14册,第515页。
② 《全元文》第14册,第371页。
③ 同上书,第312页。

全文以摘引警句的形式突出王韶的诗歌成就,形象自然,说服力强。

另一篇是《题刘爱山诗》,其文云:

> 至后八日,天寒闭扃。有客及门,启扃出迎。髯翁姓刘,世居庐陵。爱山其字,济翁其名。诸公贵人,礼为上宾。以其能医,以其能诗。医有还童却老之方,诗有去文就质之章。余爱其方,而不敢尝;余爱其章,而不敢忘。诵者琅琅,听者锵锵。虽穷冬沍阴,而春风满堂。昔欧公于诗,尊韩抑杜,尝云:"'老夫清晨梳白头,玄都道士来相访',韩必不肯道。"或应之曰:"'昔在四门馆,晨有僧来谒',非此类也耶?"欧遂语塞。然则杜为诗家冠冕,固亦以如此诗而鸣于盛唐,况其集中如"黄四娘家花满蹊",如"南市津头有船卖",此类非一。盖杜诗兼备众体,而学之者各得其一长。翁诗不专学杜,而与此体合,声情自然,不事雕镂。众之所同其籁以人,翁之所独其籁以天。①

此文前半部分以韵文形式介绍刘济翁出场,文脉清晰,节奏宛然,颇为出彩。不但在吴澄序跋中独此一篇,在元人集序中亦不多见。

【作者简介】 杜春雷(1984—),男,山东淄博人,四川大学古籍整理研究所助理研究员,主要从事古典文献整理与研究。

---

① 《全元文》第 14 册,第 493 页。

多重身份的认同

——赵孟頫形象的符号化历程

杨 亮

【提要】 赵孟頫是元代最重要的文化符号。从明清以来到今天,赵孟頫不仅作为一个文人,而且作为一个文化符号被不断关注和消费。回归历史,寻绎元人视野下的赵孟頫形象,就会发现,后世弥久不衰的对赵孟頫的评议和消费,在元代就已经出现,说明了赵孟頫形象的复杂性。本文通过归纳整理有元一代士人对于赵孟頫的评价,从其爱财、仕元、与姚燧的交往、在元代的诗歌地位和后世对其诗文书画评价等不同方面,还原赵孟頫在元代士人心中的形象和地位。可以提示赵孟頫真实历史形象的构建的过程,同时也说明其价值的不断增值和符号化的历程。

【关键词】 元代;赵孟頫;诗文;书画

引言

赵孟頫是一个神话。作为神话的赵孟頫,具有很强的话语生产性和不断被重新阐释的可能性。一个人如果想被关注,那么一定要有故事,身上有值得被人关注的地方,才能成为大众关注的对象。赵孟頫作为元代最著名的书画家,其出身、经历、艺术造诣无疑为后世文人所瞩目。他和妻子管道升的琴瑟和谐,其中所衍生的各种故事,足以让赵孟頫成为公众人物,伴随而来的是其书画作品的广泛流传。"人类世界本质上是一个符号世界,所有的日常物品都变成符号",当赵孟頫在世时,他就已为当世文人所推崇,其诗、书、画及音乐上的成就,使他在后世享有崇高的地位和广泛影响。可以说赵孟頫是元代最为多才多艺的文士。元代后期文士代表欧阳玄曾为赵孟頫撰写神道碑,其中称他:"为文清约典要,诸体诗造次天成,不为奇崛,格律高古不可及。尺牍能以数语曲畅事情。鉴定古器物、名书画望而知之,百不失一。精篆、隶、小楷、行、草书,惟其意所欲为,皆能伯仲古人。画入逸品,高者诣神。四方贵游及方外士,远而天竺、日本诸外国咸知宝藏公翰墨为贵。"①欧阳玄主要活动在元顺帝年间,与赵孟頫并不相识,他所作神道碑来自赵孟頫的学生杨载的记录。然而从欧阳询的评价中可以看出赵孟頫的诗文、绘画、书法的地位与价值,足以说明在元人眼中赵孟頫就已经是世不二出的人物。通过元人流传的各种趣闻逸事以及元人对于赵孟頫人格和诗书画的评价,就可发现赵孟頫的形象的演变有一个极为复杂的过程。我们说一个人物经典化的历程,也包含对其不断改造的历程。这里包含,首先,经典既可以成为社会权力的产物,也能成为艺术发明的档案。其次,经典是由知识界发明出来的。最后,经典提供捷径、建立标准并明确研究的起始点。② 可以发现,赵孟頫的形象是一个真实形象基础上的二次塑造,这种塑造不妨看作对历史人物的二次书写。

一 李白、苏轼再世与生活贫窭、姿容秀丽的交织——元人眼中真实的赵孟頫

(一)

赵孟頫是元代文坛最显赫的人物,很多文人羡慕他"被遇五朝,官登一品,名满天下"的荣耀,即便是后世也欣赏和消费他诗、书、画三绝之艺。然而这仅仅是"远观"而得到的赵孟頫形象。真实的赵孟頫形象要复杂得多,从赵孟頫的日常生活入手,可以发现其真实的一面。因为日常生活的压力往往是人们进行最重要选择的出发点,赵孟頫也不例外。

赵孟頫日常生活最显著的特点便是贫窭。元末孔克齐《至正直记》中记载赵孟頫一事,以近似小说的笔法记载了赵孟頫的生活状态:

> 其(赵孟頫)敏慧格物理、参造化之巧如此者,岂凡俗之所能拟其万一哉!但亦爱钱,写字必得钱,然后乐为之书。一日,有二白莲道者造门求字。门子报曰:"两居

---

① (元)欧阳玄:《圭斋文集》卷9《赵文敏公神道碑》,四部丛刊影明成化本。
② [美]卡茨等编:《媒介研究经典文本解读》,常江译,北京大学出版社2011年版,第4—5页。

士在门前求见相公。"松雪怒曰:"甚么居士?香山居士、东坡居士邪?个样吃素食的风头巾,甚么也称居士!"管夫人闻之,自内而出,曰:"相公不要恁地焦躁,有钱买得物事吃。"松雪犹愀然不乐。少顷,二道者入谒罢,袖携出钞十锭,曰:"送相公作润笔之资。有庵记,是年教授所作,求相公书。"松雪大呼曰:"将茶来与居士吃!"即欢笑逾时而去。①

孔克齐的记载有趣而生动,目的似乎是要讽刺赵孟頫爱钱贪财,有辱斯文。虽然这种文字类似小说家言,不足为据,但也客观上反映了赵孟頫在一部分人心目中的形象,也是赵孟頫作为文化符号被消费的结果。即便如此,从这则记载来看,赵孟頫非是聚敛之徒,只是家庭贫困,为生活所迫,为了"有钱买得物事吃",不得已而收"润笔之资"。材料背后反映的是赵孟頫家庭经济困难的现实。孔克齐在《至正直记》中也有记载,说赵孟頫"入国朝(元朝)后,田产颇废,家事甚贫,所以往往有人馈送钱米肴核,必作字答之"②。卖画鬻文一种常见现象,贫穷文人常借此谋得生活之资。然而赵孟頫作为南宋皇室后裔而如此贫穷,这在不知实情的文人眼里,自然难以想象。

宋元易代,对于赵孟頫而言,作为南宋皇室所受冲击巨大,是不争的事实。从赵孟頫的诗歌来看,赵孟頫表现出的是一个寒门贫士的形象,不敢露出丝毫的家世煊赫之意,"敝裘拥衰疾,风雨何凄其"③。"夜雨鸣高枕,春寒入敝袍"④。这样的反复述说,显然不是纯粹的文学修饰,而是生活境遇的真实写照。赵孟頫身为南宋皇室之后,基本的物质生活得不到满足,可见其贫穷的程度。这样描写家庭贫穷、生计无着的诗歌在赵孟頫集中非常普遍,可以说是他诗歌极为重要的主题。"生事怜吾拙,怀人阻道修"⑤,慨叹自己拙于谋生。"无钱频贳酒,多病倦登楼……世已无刘表,家徒有孟光。故衣寒未初,发箧动幽香。"⑥当日常维生都已十分艰难时,再要竭力维持南宋宗室后裔的操守,显然不切实际。所以出于谋生的目的而进行妥协,也是赵孟頫出仕元朝的一个原因。"何非亲友赠,蔬食常不饱。病妻抱弱子,远去万里道。"这四句出自赵孟頫《罪出》一诗,正是他因贫穷而万里赴大都出仕的写照。

---

① (元)孔克齐:《静斋至正直记》卷1《松雪遗事》,清毛氏钞本。
② 同上。
③ 任道斌校点:《赵孟頫集》卷3《病中春寒》,浙江古籍出版社1986年版,第43页。以下所引《赵孟頫集》均为此版本。
④《赵孟頫集》卷4《春寒》,第59页。
⑤《赵孟頫集》卷4《独夜》,第61页。
⑥《赵孟頫集》卷4《次韵冯伯田秋兴》,第62页。

然而即便是仕元,赵孟頫生活困难的状况也没有改善多少。赵孟頫在刚到大都之时,主动为出身于康里贵族的不忽木写诗,他在大力夸赞不忽木的同时,也牢骚满腹地说明了自己的生存窘境:"赋诗时遣兴,好客恨无钱。正尔韦编绝,俄闻束帛戋。风尘驱驿骑,霜雪洒鞍鞯。别妇经春夏,离乡整四千。家书愁展读,旅食困忧煎。"①而赵孟頫描写大都官宦生活的诗歌说:"清晨骑马到官舍,长日苦饥食还并。簿书幸简不得休,坐对枯槎引孤兴。"②可见赵孟頫在大都的官职也俸禄甚薄,仍要着清贫的生活,以至于"帝闻孟頫素贫,赐钞五十锭"③。皇帝救助的行为虽然可以说是优待臣子,但是赵孟頫生活的艰难并非夸张。

元贞元年(1295),因世祖去世,元成宗敕修《世祖实录》,赵孟頫又被召回大都。由于备受朝中蒙古、色目大臣猜忌,赵孟頫便借病乞归回到了吴兴,闲居了四年。闲居吴兴时,赵孟頫拙于谋生,生活复又陷入困境:"已无新梦到清都,空有高情学隐居。贫尚典衣贪购画,病思弃研厌求书。圃人焚积夜防虎,溪女叩扉朝卖鱼。困即枕书饥即饭,谋生自笑一何疏。"④赵孟頫家本贫穷,仍不惜典当衣服,购买历代名画。这当然加剧了他生活的困窘。

甚至到了人生的晚年,赵孟頫叙述自己的人生期望是:"且将闲散乐余生,岂望残念给残俸。"⑤由壮年时的大都谋生出仕到晚年的隐居生活,赵孟頫最终实现回归田园的理想。

终其一生,赵孟頫诗文中表现的生活似乎都是贫寒的。虽然赵孟頫曾仕至翰林学士承旨的从一品高官,但是所任都非枢机要职,多为清要的翰林官。这也是赵孟頫在仕途时依然贫穷的原因。赵孟頫的生活拮据,拙于谋生的现实境遇,使我们可以从中一窥这位赵宋王孙显赫的仕途经历之外不为人知的一面。也使我们对以赵孟頫为代表的南人,在大都的政治生活中的真实地位有一个不同角度的感性理解。

南宋皇室后裔的身份,既使赵孟頫在元朝官场顺风顺水,不断升迁,也使他生前身后招致不尽的骂名,也使他一生进退之中动辄得咎,一直怀有矛盾心理。在赵孟頫生前,对他的批评主要来自南宋遗民。自陆秀夫抱南宋幼帝赵昺蹈海后,南宋彻底灭亡,而赵孟頫等赵宋后裔,自然而然成为南宋皇室的最后象征,在遗民看来,他应该为南宋守节。因

---

① 《赵孟頫集》卷4《投赠刑部尚书不忽木公》,第72页。
② 《赵孟頫集》卷3《兵部听事前枯柏》,第47页。
③ (明)宋濂等:《元史》卷172《赵孟頫传》,中华书局1976年版。
④ 《赵孟頫集》卷4《德清闲居》,第87页。
⑤ 《赵孟頫集》卷3《赠相师王蒙泉》,第58页。

此他的"出仕胡元"最难为南宋遗民文人所接受,以至于出现其弟赵孟坚不齿其出仕元朝,令仆人洗其坐具①之故事广泛流传。

然而对于赵孟頫个人而言,为赵宋守节的担子显得过于沉重,他不仅是赵宋皇室后裔,还是个读书人,要恪守儒家济世致用的社会伦理,也想有所作为,在《送吴幼清南还序》中他说:"士少而学之于家,盖亦欲出而用之于国,使圣贤之沛然及于天下,此学者之初心。然往往淹留偃蹇,甘心草莱岩穴之间,老死而不悔,岂不畏天命而悲人穷哉!诚退而省吾之所学于时有用耶?无用耶?可行耶?不可行耶?则吾出处之计了然定于胸中矣,非苟为是栖栖也。"②赵孟頫也希望自己所学能有用于世,而不是"淹留偃蹇,甘心草莱岩穴",老死不悔。据传母亲邱夫人也劝他:"圣朝必收江南才能之士而用之,汝非多读书,何以异于常人。"③这种记载出现在杨载的墓志里,显然是来自赵孟頫的叙述,真实性虽可怀疑,但反映出读书入仕以用于国家是社会普遍认同的价值取向。

南宋遗民对赵孟頫出仕的批评与他经世致用的个人理想之间的矛盾贯穿了赵孟頫一生,这种矛盾心理在赵孟頫的诗文中随处可见。而赵孟頫正是在这种矛盾心理之中,出仕新朝,并做出了一番事业。

(二)

元人对于赵孟頫的认识,还有一个特别的一面,即赵孟頫的姿容秀雅,为时人所叹赏。在杨载所撰行状和欧阳玄所撰神道碑中都有一段意思相同的文字:

> 仁宗圣眷甚隆,字而不名,尝诏侍臣曰:"文学之士,世所难得,如唐李太白、宋苏子瞻,姓名彰彰然,常在人耳目。今朕有赵子昂,与古人何异!"有所撰述,辄传密旨,独使公为之。闻与左右论公,人所不及者数事:帝王苗裔,一也;状貌昳丽,二也;博学多闻知,三也;操履纯正,四也;文词高古,五也;书画绝伦,六也;旁通佛老之旨,造诣玄微,七也。④

这是元仁宗对赵孟頫的一个评价,概括很全面,是元人对赵孟頫的最高评价。可以看出,赵孟頫深受元皇室尊崇。元仁宗将赵孟頫比作李白、苏轼一般的人物,足见对赵孟

---

① 按此事最早见于元人姚桐寿《乐郊私语》,民国宝颜堂秘笈本。此事之不经,王作良《赵孟頫仕元问题再探》已作说明,详见《西安电子科技大学学报》(社会科学版)2007年第6期。
② 《赵孟頫集》,第131页。
③ 同上书,第268页。
④ 同上书,第273页。

頫的重视。另一方面,姿容秀雅居然是赵孟頫为他人所不及的条件之一,应该可以想见,赵孟頫的容貌、仪度确实非常出众。《元史·赵孟頫传》中也有描写:"至元二十三年,行台侍御史程钜夫奉诏搜访遗逸于江南,得孟頫,以之入见。孟頫才气英迈,神采焕发,如神仙中人,世祖顾之喜,使坐右丞叶李上。"①元人陆友仁说:"鲜于伯机目赵子昂神情简远,为神仙中人。"②元末的陶宗仪说:"又独引公(赵孟頫)入见,神采秀异,照耀殿庭,世祖称之为神仙中人。"③陶宗仪还有评价为"丰姿凝粹,内严外恕"④。元人陈基在《题赵魏公墨竹》中写道:"魏公仙者徒,清风动千古。梦断江南春,飘飘游帝所。"⑤这些记载大同小异,叙述的是赵孟頫神情仪度非凡,如神仙如人,可见赵孟頫的容貌、仪度都给人留下了深刻的印象。

可以推测的是,赵孟頫的这种姿容仪态,一方面确实与他容貌秀雅有关,另一方面与他造诣精绝的艺术气质相联系,因此才能被目为神仙中人。

有高贵出身,有俊朗秀丽的外貌和出众的气质,而且有杰出的文学和艺术才能,连皇帝看了都赞赏不已,这恐怕也是赵孟頫在元代名扬天下的原因,但这似乎并没有改变赵孟頫的生活状态。有元一代,南人的生活状态值得关注,赵孟頫便提供了观察元代南方文人生活状态的一个视角。

二 隐含的矛盾与歧异——北人、南人视界的不同

(一)

赵孟頫是南方文士的杰出代表,而姚燧则是北方文宗,两人同在大都的翰林国史院任职,因而在赵孟頫的交往中,和姚燧的关系很有研究的必要,这不仅仅涉及元代南人在大都的地位问题,而且还涉及二人在元代文坛的地位及文风的变化等问题。

有关二人的交往,翻检姚燧的《牧庵集》和赵孟頫的《松雪斋集》不见二人有诗文往来的记录。姚燧在元世祖至元二十七年(1290)担任大司农丞。元成宗大德五年(1301)任江东廉访使,九年(1305)任江西行省参知政事。到了元武宗至大元年(1308)担任翰林

---

①《元史》卷172《赵孟頫传》。
②(元)陆友仁:《研北杂志》卷下,民国影宝颜堂秘笈本。
③(元)陶宗仪:《书史会要》卷7,文渊阁四库全书本。
④同上。
⑤(明)偶桓:《乾坤清气集》卷6,文渊阁四库全书本。

学士承旨,而此时赵孟𫖯由元仁宗提拔担任了翰林直学士的职务,应该说姚燧是赵孟𫖯的直接上级,两人应该非常熟知才对。但二人并没有诗文往来的任何记录。

《元史》的《姚燧传》透漏出一些信息:"然颇恃才,轻视赵孟𫖯、元明善辈,故君子以是少之。"①《元史》表达出的观点一定有所依据,这可能是两个文集中未见往来的原因。然而姚燧轻视赵孟𫖯、元明善的原因并没有说清楚。

清人姜宸英在读《姚燧传》时便大为不满,认为有悖于大儒的身份。② 姜宸英认为《元史》中的《姚燧传》评价最为名不符实,他认为姚燧空有大儒之名但是却行为乖张,而且没有资格轻视赵孟𫖯等人。姜宸英的评价并不客观,而且没有点到问题的要害。但这说明至少在清人那里,对姚燧轻视赵孟𫖯、元明善等人的原因,已不很清楚了。

首先可以肯定的是,赵孟𫖯与姚燧身份、地位有很大差距。赵孟𫖯尽管是南宋皇族出身,但从身份和地位上来说,仍是地位最低的南人。姚燧是元世祖忽必烈的潜邸旧臣姚枢之侄,从出身来说,姚燧是金莲川幕府勋旧之后;从学术渊源来说,他是元朝大儒许衡的嫡传弟子。就入仕经历来说,赵孟𫖯也是不能和姚燧相比的,姚燧不仅入仕较早,不仅仅是一般的词翰之臣,他是元初文坛领袖,而且担任实职的时间较长,地位也较高。

姚燧是否从元代民族身份地位的角度来轻视赵孟𫖯呢?并非如此。《元史》中其他文士的传记中,看出姚燧对人评价的事例:

> 翰林学士承旨姚燧以书抵渼曰:"燧见人多矣,学问文章,无足与子翚比伦者。"③

> 谢端,字敬德,蜀之遂宁人……史杠宣慰荆南,数加延礼,荐之姚燧,燧方以文章大名自负,少所许可,以所为文畀端,端一读,即能指摘其用意所在,燧叹奖不已,语人:"后二十年,若谢端者,岂易得哉!"④

> 李泂,字溉之,滕州人。生有异质,始从学,即颖悟强记。作为文辞,如宿习者。姚燧以文章负大名,一见其文,深叹异之,力荐于朝,授翰林国史院编修官。⑤

---

① 《元史》卷174《姚燧传》。
② (清)姜宸英:《湛园札记》卷3,文渊阁四库全书本。
③ 《元史》卷183《孛术鲁翀传》。
④ 《元史》卷182《李端传》。
⑤ 《元史》卷183《李泂传》。

孛术鲁翀是色目人，李洞是汉人，谢端是南人，说明姚燧不会因为民族身份的原因轻视赵孟頫，而且说姚燧轻易不许可人也不太正确。如果还原当时的文坛地位和二人对文章的见解则可能找到姚燧轻视赵孟頫等人的原因。

赵孟頫的南人身份，不可能成为姚燧轻视赵孟頫的原因。《元史》中称姚燧颇轻视赵孟頫、元明善辈。元明善是大名清河（今河北邢台）人，是地地道道的北人，《元史·元明善传》中有一段话这样写道：

> 董士选之自中台行省江浙也，二人者俱送出都门外……"如复初（元明善）与伯生（虞集），他日必皆光显，然恐不免为人构间。复初中原人也，仕必当道；伯生南人，将为复初摧折。今为我饮此酒，慎勿如是。"明善受卮酒，跪而酹之。起立，言曰："诚如公言，无论他日，今隙已开矣。请公再赐一卮，明善终身不敢忘公言！"①

细绎董士选最后一句话，就会清楚，元初士人官吏似乎都明白这一点，尽管虞集是南方的博学大儒，但他的南人身份使他不可能在元廷受到重用。所以董士选说元明善一定会仕至要职，担心他因为虞集的南人身份而在仕途上阻挠、压迫虞集，当然元明善后来也没有这么做。既然元明善身为北人尚受到姚燧的轻视，那么南人、北人的身份差别必定不是赵孟頫受到轻视的原因。并且当时许多汉文化修养很深的北人和色目人倒并不十分轻视南人，比如董士选，以及阎复等北方儒士。

就二人在当时的文坛地位来讲，姚燧无疑处于儒学领袖和文坛盟主地位，张养浩评价姚燧说："皇元宅天下百许年，倡明古文，才牧庵姚公一人而已。盖常人之文，多剽陈袭故，窘于识趣，弗克振拔。惟公才驱气驾，纵横开阖，纪律惟意。"②张养浩说姚燧之文气势豪迈，为文开合有法度，认为在元代文坛上姚燧是当之无愧的第一人。《元史》评价姚燧："燧之学，有得于许衡，由穷理致知，反躬实践，为世名儒。为文闳肆该洽，豪而不宕，刚而不厉，春容盛大，有西汉风，宋末弊习，为之一变。盖自延祐以前，文章大匠，莫能先之。"③《元史》的评价和张养浩的评价有内在的一致性，不过更具体地点出姚燧的古文基础来源于儒家，其文风和西汉散文有相似之处。

清代四库馆臣在继承张养浩、柳贯、宋濂的评价基础上引用了黄宗羲的话："国初黄

---

①《元史》卷181《元明善传》。
②查洪德辑校：《姚燧集》附录二《牧庵姚公文集序》，人民文学出版社2011年版，第654页。
③《元史》卷174《姚燧传》。

宗羲选《明文案》，其《序》亦云：'唐之韩、柳，宋之欧、曾，金之元好问，元之虞集、姚燧，其文皆非有明一代作者所能及。'则皆异代论定，其语如出一辙。燧之文品，亦可概见矣。"①在黄宗羲眼中，金元的大家只有元好问、虞集、姚燧，其文学成就远在明人之上。并没有提到赵孟頫，说明在清人看来姚燧在古文上的地位和成就要远高于赵孟頫。

（二）

作品筛选、历史遗忘与激活是一位作家通过"选本"进入文学史的必然历程，随着时间推移，我们对当时作家和作品会进行遗忘，这是文学史研究中的必然现象。如果从元人苏天爵编选的《元文类》（《国朝文类》）来看，则更能说明问题，苏天爵编选的这部书可以说是元人心中本朝作家的"座次表"，可以看出当时作家在元代文坛的地位，对认识元代诗文有重要价值。

从作品类别上来看，《元文类》共收 851 篇。其中，诏敕 24、册文 16、制 54、奏议 9、表 26、笺 4、箴 2、铭 16、颂 3、赞 17、碑文 31、记 47、序 76、书 11、墓志铭 216、题跋 22、杂著 17、策问 18、启 2、上梁文 6、祝文、祭文 9、哀辞 3、说议 4、行状 4、墓志 10、墓志铭 21、墓碣 12、墓表 12、神道碑 40、传 10、赋 10、乐章 5、四言诗 2、五言古诗 36、乐府歌行 33、七言古诗 23、杂言 6、杂体 2、五言律诗 28、七言律诗 90、五言绝句 61、七言绝句 13。从作家作品来看，共有作家 164 位。涵盖了从窝阔台时期到元顺帝时期的大多数作家，比较有代表性的作家及所收篇数依次为：虞集 113 篇、姚燧 82 篇、刘因 63 篇、马祖常 36 篇、元明善 27 篇、吴澄 26 篇、赵孟頫 23 篇、袁桷 21 篇、元好问 20 篇、阎复 17 篇、宋本 15 篇、王构 15 篇、欧阳玄 14 篇、程钜夫 11 篇、李材 11 篇、孛术鲁翀 10 篇、许衡 10 篇、邓文原 10 篇。《元文类》实际上是元人自己编选的元人文学地位的"座次表"，可以看出，姚燧在元代文坛的实际地位要远远高于赵孟頫。

从选文上来说，《元文类》中赵孟頫只有神道碑一篇，其余均为诗歌，以七言律诗为最多。从《元文类》中所选赵孟頫诗文比例来看，至少赵孟頫的古文在当时并不占重要地位。也说明了杨载提到的元仁宗让赵孟頫单独起草诏旨的描述很有可能是夸大之词，并不一定符合历史的事实。反倒是张养浩等人及《元史》的评论更为符合元代文坛的实际，所以姚燧的自负以及不轻易对别人许可也是有其渊源所自。

从二人对古文的理解上来看，也能找到一点根据。姚燧为文基础实际上来自韩愈，其文章风格和韩愈确实有神似之处，并且对韩文下过苦功："余年二十四，始取韩文读之，

---

① 《姚燧集》附录二《四库全书总目·牧庵集》提要，第 658 页。

走笔式为,持以示人。譬如童子之问草,彼能是,余亦能是;彼有是,余亦有是。特为士林御海之一技焉耳。"①在文学主张上源于儒家的道德修养论:"玩其文之一二,大抵体根于气,气根于识。识正而气正,气正而体正。故劲特而伟健,明白而洞达,激烈而恳到。望而知其为威仲之文,盖君子之文也。"②为文要达到上佳的境界就是君子之文,而这要有儒家的道德修养作为基础,有此基础才能由气正达到识正,最后达到体正。内在的儒家修养正是姚燧的学术渊源,这也是姚燧从许衡那里学到的。翻检元人文集就会发现元代有一个很有意思的现象,来源于金源区域的文人往往比来自南宋区域的文人有更为浓厚的儒家正统论和纲常意识,更强调对君主的忠诚和自身的责任感,有着强烈的参政意识。其文风往往汪洋恣肆但流于粗豪,由于过分强调道统,为文较为质朴而缺少情致,过分强调实用性而忽视了艺术性,还有一点就是模仿的痕迹较重,导致文章生硬晦涩难读的一面较多,这在原来金源区域的文人中是一种普遍现象。

而来源于南宋区域的赵孟頫对古文的见解则为:"文者,所以明理也。自六经以来何莫不然。其正者自正,奇者自奇,皆随其所发而合于理,非故为是平易险怪之别也。后世作文者不是之思,始夸诩以为富,剽疾以为快,恢诡以为戏,刻画以为工,而于理始远矣。"③赵孟頫的儒家道统意识并不强烈,他认为为文要言之有物,不要为文造情,不要有意追求险怪的汪洋恣肆的文风。赵孟頫的批评不知是否有意针对姚燧,但是他和姚燧的文风明显不同则是显而易见的事实。

《元史·赵孟頫传》评论其"诗文清邃奇逸,读之使人有飘飘出尘之想"④,倒不似评价诗文,而像是评价人了。不过说明赵孟頫的诗文具有老庄文字的特点。元初文人中,同为南人的戴表元与赵孟頫相交好,他曾为赵孟頫诗文集作序,文中称:"吴兴赵子昂与余友十五年,凡五见,必以诗文相振激,子昂才极高,气极爽,余跂之不能及……子昂古赋凌厉顿迅,在楚汉之间,古诗沉潜鲍、谢,自馀诸作,犹傲睨高适、李翱云。"⑤以朋友的身份评价赵子昂,虽稍有溢美之嫌,但戴表元作为宋末元初南方文坛巨擘,其评价还是很独到的。方回在《送赵子昂》诗中这样写道:"文赋早知名,君今陆士衡。真能辨龙鲊,未可忘莼羹。"⑥则将赵孟頫比作魏晋时的陆机,间接夸赞了赵孟頫的文章。张之翰在《赵学士

---

①《姚燧集》卷4《送畅纯甫序》,第68页。
②(元)姚燧:《牧庵集》卷3《卢威仲文集序》,武英殿聚珍版丛书本。(查洪德辑校本无此篇)
③《赵孟頫集》卷6《刘孟质文集序》,第137页。
④《元史》卷172《赵孟頫传》。
⑤(元)戴表元:《剡源集》卷7《赵子昂诗文集序》,四部丛刊影明本。
⑥(元)方回:《桐江续集》卷12,文渊阁四库全书本。

子昂画选诗湛湛长江水上有枫树林扇头见贶》中写道：

> 子昂作选体，尝爱阮嗣宗。阮诗清绝处，江水上有枫。参透句中禅，诗工画尤工。①

诗中言赵孟頫作选体即古体诗，喜爱阮嗣宗，阮籍的诗歌风格清绝遥深，透露出潇洒遗世的特点，这与赵孟頫希望归隐山林的理想一致，因此他于古诗崇尚阮籍，诗风也相似。

欧阳玄之婿何贞立在《松雪斋集跋》中称：

> 假是集观之，若制诰，若碑志、记、序、铭、赞，若诗，若乐府与它杂著，皆读之一再过，益信公为世所称慕者，名非虚也。然犹惜今人徒称公书法妙绝当世，而未知公学问之博、识趣之深、词章之盛，乃以其游艺之末盖其所长，是固不得为知公也。②

从何贞立这则跋文中可知，在赵孟頫在世时，世人已多不知其文名，皆称其书法。然而尚有一部分深知赵孟頫者如何贞立、杨载辈，皆知赵孟頫学问词章，不在其书画名声之下。

总的来看，姚燧之所以轻视赵孟頫，主要是由于文章的关系，赵孟頫的文章数量很少，也不为时人所关注，而姚燧则是元初文章大家，这方面的关系可能使得姚燧轻视赵孟頫。另外，姚燧的另一个身份是北方儒者，而赵孟頫则全然文士做派，以书画称名大都，在儒学兴盛的当时，儒学之士轻视文学之士是很正常的。我们可以发现的是，随着时间推移，姚燧几乎被后世"遗忘"。一个作家的作品传世，要经过历时的筛选，一方面是时人的批评，另一方面是随着时间的变迁而发生的"遗忘"。还原姚燧与赵孟頫的文学史"座次"，可以看出元人对赵孟頫在文学地位上的认识。

三 书法晋，画师唐，为一代之冠：元人对赵孟頫的书画评价

（一）

相比较赵孟頫的诗文，他的书画造诣和成就显然更受时人推崇。其书法诸体皆精，

---

① （元）张之翰：《西岩集》卷1，文渊阁四库全书本。
② （清）陆心源：《皕宋楼藏书志》卷96，清万卷楼藏本。

杨载《翰林学士承旨赵公行状》云："公性善书，专以古人为法。篆则法《石鼓》、《诅楚》；隶则法梁鹄、钟繇，行草则法逸少、献之，不杂以近体。"①元鲜于枢《困学斋集》称："子昂篆、隶、真、行、颠草为当代第一，小楷又为子昂诸书第一。"到了元末的陶宗仪评价就更高了："魏国赵文敏公（赵孟頫）以书法称雄一世，画入神品。其书，人但知从魏晋中来，晚年则稍入李北海耳。尝见《千字文》一卷，以为唐人书，绝无一点一画似公法度，阅至后，方知为公书。"②他在《书史会要》中，又称赵孟頫"尤善书，为国朝第一"③。元郑玉《苏字》云："未须好古谈颜柳，当代争夸赵子昂。写出眉山元祐脚，世人都道是疏狂。"④元陆友仁《研北杂志》载："胡汲仲谓赵子昂书上下五百年，纵横一万里，举无此书。"元倪瓒在《题赵松雪诗稿》中说："赵荣禄高情散朗，殆似晋宋间人，故其文章翰墨，如珊瑚玉树，自足照映清时。虽寸兼尺楮，散落人间，莫不以为宝也。"⑤宋末元初人俞琰在《林屋山人漫稿》中说："兰亭已矣，定武刻本且不可见，何况真迹乎？呜呼！羲之之书吾不得而见之矣，得见子昂者斯可矣。"⑥元陈高在《赵子昂学士帖跋》中记：

> 吴兴赵魏公以善书名当代，片纸遗幅人争宝之，而流落人间者固亦不少……上人出示此帖乃公得意之书，尤可宝也。⑦

赵孟頫的片纸墨迹在元代就被当作珍宝收藏，可见元人对赵孟頫书法的推崇。元人给赵孟頫书法极高的评价，认为他的书法从晋人书意中来，与晋宋相似，不输于唐代的颜真卿、柳公权。元人以身处盛世自居，诗文宗唐复古，欲与唐代相比肩，这种风气也影响了书法评论，将赵孟頫的书法评价推到了与魏晋时同等的水平。

赵孟頫开创了元代文人画的时代，他的山水、花鸟、动物等，都精细入微，富有雅趣。赵孟頫的山水画中，最重要的一幅是《鹊华秋色图》（今尚存），画中元人题跋有杨载、范梈、虞集、钱溥等，都高度评价这幅画的艺术价值。其中杨载题跋说："观鹊华秋色一图，自识其上，种种臻妙，清思可人，一洗工气，谓非得意之笔可乎？诚羲之之兰亭，摩诘之辋

---

① 《赵孟頫集》，第 275 页。
② （元）陶宗仪：《南村辍耕录》卷 7，中华书局 1959 年版，第 81 页。
③ （元）陶宗仪：《书史会要》卷 7，文渊阁四库全书本。
④ （元）郑玉：《师山集》卷 5，文渊阁四库全书本。
⑤ （元）倪瓒：《清閟阁遗稿》卷 11，明万历刻本。
⑥ （宋）俞琰：《林屋山人漫稿》，清钞本。
⑦ （元）陈高：《不系舟渔集》卷 14，文渊阁四库全书本。

川也。"①将他比作王羲之、王维这样的人物。范梈则在题跋中说:"赵公子昂,书法晋,画师唐,为一代之冠。荣际于五朝,人得其片楮,亦夸以为荣者,非贵其名而以其实也。今观此卷,殊胜于别作,仲弘所谓公之得意者,信矣。"②后来杨载在赵孟頫的行状中谈及他的画艺时说:"他人画山、竹石、人马、花鸟,优于此或劣于彼,公悉造其微,穷其天趣,至得意处,不减古人。"③

这些评价是说赵孟頫不仅仅是凭借地位使作品得到流传,而是凭借作品的艺术水准得到认可的。

赵孟頫的书画在元代时已风靡天下,元代各地碑志、匾额都以赵孟頫书写为尚,他的书画真迹被当时的名公巨卿和文士雅士所经眼、收藏,并在这些书画上写下大量的题跋,这些题跋记录了元人对赵孟頫书画的评价。元代文坛名宿如戴表元、方回、虞集、袁桷、马祖常、杨载等人文集中均有题跋赵孟頫书画的文字。可以说,赵孟頫的书画是元代文人收藏题跋最多者。

有元一代,虽然赵孟頫以宋宗室之亲出仕元朝而为遗民所批评,尚未有批评其书画者。然而明清时,多有因其入仕元朝而薄其人乃至其书画者。如明清之际的傅山曾这样说道:"贫道二十岁左右,于先世所传晋唐楷法,无所不临,而不能略肖。偶得赵子昂《香光诗》墨迹,爱其圆转流丽,遂临之,不数过而欲乱真。此无它,即如人学正人君子,只觉孤棱难近,降而与匪人游,而无尔我者然也。行大薄其为人,痛恶其书浅俗,如徐偃王之无骨。"④傅山处明清之际,欲砥砺名节,故而批评赵孟頫出仕元朝。虽然有批评赵孟頫仕元而及于其书画者,然而正因于此却使得赵孟頫的书画更广为人知。因此近七百年来,谈书画者无有不知赵孟頫者,以至于民间产生了这样的谚语,"宋徽宗的鹰,赵子昂的马,都是好画(话)",文人进入民间谚语之中,反映了他的影响力已经超越精英阶层进入民间了。

(二)

在元文人中,赵孟頫诗书画三绝的名声,已经普遍传播,为南北文士共同认同。如北方文士许有壬在《题龙处厚所藏子昂画马并书杜工部诗》中写道:

---

① (清)张照:《石渠宝笈》卷33,文渊阁四库全书本。
② 同上。
③ (清)孙岳颁:《佩文斋书画谱》卷53,文渊阁四库全书本。
④ (清)傅山:《霜红庵集》卷43,清宣统三年丁氏刻本。

书具画原柢,画寓书象形。诗于二者间,神功毒而亭。工诗岂暇画?能画书或拙。独有郑伏虔,当时号三绝。湖州松雪翁,清风玉堂仙。三事各臻妙,前身是伏虔。世知公书画,不知诗更雅。时还写杜诗,千金莫酬价。①

许有壬诗已经隐含称赞赵孟頫是类似三绝的人物之意,元末明初林弼在《题赵文敏公与袁礼部诗简》中称:"赵文敏公诗画皆妙绝,而世称其书为盛。噫,岂惟书哉!虽称三绝可也。"②赵孟頫高超的画技配合其俊逸的书法,书画一体,构成了独具个性特点的文人画。这是赵孟頫名播天下的原因,也是其诗名被掩的原因,正如杨载在为赵孟頫所撰行状中所写的那样:"公之才名颇为书画所掩,人知其书画不知其文章,知其文章不知其经济之学也。"③而这也影响了人们对赵孟頫的全面了解。真正能全面了解赵孟頫者的,只是一二文人而已。

但是为赵孟頫作盖棺论定者,大都能给予其全面客观的评价。南方大儒吴澄在《别赵子昂序并诗》中说:

> 识君维扬驿,玉色天下表。伏梅千载事,疑谳一夕了。诗文正始上,白昼云龙矫。《乐经》久沦亡,黍管介毫杪。瑟笙十二谱,苦志谐古调。科蚪史籀来,篆隶楷行草。字体成七家,落笔一如扫。草木虫鱼影,自植自飞跳。曲艺天与巧,谁实窥奥突。肉食肉眼多,按剑横道宝。鹤书征为郎,瑚琏惬清庙。班资何足计,万世日厉杲。蹇驽厉十驾,天下君共操。④

吴澄这首诗可以说是对赵孟頫的全面概括。既写了赵孟頫想要归隐的理想(即畸人),又描写了赵孟頫的擅长音乐,同时精于诗文,更兼七种书体,以及高超的绘画技巧。吴澄对赵孟頫在诗、书、画、音乐等艺术造诣,进行了极为精当的概括。

在赵孟頫文集中,元廷为赵孟頫所定谥文中则代表了官方的定评:

> 公于诸经无所不通……发为词章,雄浑调研,柄文衡,掌帝制,有古作者之风,兹非公文章之可宗者欤?官登一品,名高四海,而处之恬然若寒素,未尝有矜己骄人之色,兹非公德行之可尊者欤?而又善书绝伦,篆隶行楷,各臻其极,缝掖之士,皆祖而

---

① (元)许有壬:《至正集》卷3,文渊阁四库全书本。
② (明)林弼:《登州集》卷23,文渊阁四库全书本。
③ 《赵孟頫集》,第275页。
④ (元)吴澄:《吴文正集》卷25,文渊阁四库全书本。

习之;海外之国知公名,得其书,裦袭珍藏,如获重宝。鉴品古器玩物、法书名画,一经目,辄能识其年代之久近,制作之工拙,此又公学问文章之绪余也。宜乎弼亮五朝,宠数优渥,而非他词臣之可比。①

这一官方性质的评价,可视为对赵孟𫖯一生艺业的肯定。虽然有夸饰之处,但是所述之事也是言必有据,代表了朝野上下的看法。赵孟𫖯的学问、词章、音乐、书画技艺,均为当时词臣之翘楚,这是他能够在元代得享令名的原因。

遗憾的是,能够这样全面认识赵孟𫖯艺术成就的,只是与他相交甚深的好友。而在普通文人士夫之间,人们关注更多的是其书画艺术成就,赵孟𫖯在诗文上的成就逐渐被遗忘。

四 余论:多重价值的体现与当下的回应

从同时代人物对赵孟𫖯的遴选到后世对他的重新符号化编排,世人对赵孟𫖯呈现的记忆已不再是原来的模样,而是一番改造之后的新面孔和新的言说方式。"所有的思想靠符号。"②我们说思想是对符号的操纵,构成符号的过程是靠符号自身、被表现的物体(Represrentamen)和阐释的意义(Interpretant)。赵孟𫖯的形象构成了一种符号,他的符号化过程在不同的时代能赋予他不同的意义,同时能在当下找到回应。赵孟𫖯没有随着时间的推移而被遗忘,有着多重的原因。

首先,赵孟𫖯的身份特殊性使他具有了特殊的消费价值。他的南宋皇室身份、出仕元朝、姿容秀丽等特点,使他在元代成为备受争议的对象。这种争议本身可能给赵孟𫖯带来很多"痛苦",但这种"争议"为赵孟𫖯带来了巨大的知名度,"传播和传播媒介都有偏向"③。无论是在口头传播还是在书面传播中都有偏向,都隐含了各种意图。在很多南人眼里赵孟𫖯是有才而无行的;在蒙古人眼里,赵孟𫖯是可供展示的才子;在很多求仕的南人心中,赵孟𫖯是他们的"偶像",可以帮助他们得到一官半职。可以说,赵孟𫖯是元代最有故事的一个人,后世对赵孟𫖯的各种故事的衍生、流变,使赵孟𫖯在存在"争议"的同时,也成为一个备受关注的公众人物。这一点,实际上偏离了赵孟𫖯作为单纯的文人或

---

①《赵孟𫖯集》,第 266 页。
②Charles S. Peirce. the writings of Charles S. Peirce : a chronological edition. Indiana University Press 1982 8. Eds Volume2 , p213.
③[加]哈罗德·伊尼斯:《传播的偏向》,何道宽译,中国人民大学出版社 2009 年版,第 6 页。

艺术家的身份。可以说元代的很多文人和艺术家都没有赵孟頫的知名度高,这应该是很重要的一个原因。

其次,就赵孟頫的文学才能来说,他的文坛地位在当时与北方的姚燧,甚至阎复等人不能相比。但随着时间的流逝,姚燧文集的散佚,这些当时的文坛大家都被后世逐渐"遗忘",甚至文学史也不怎么提及。当时的地位也重要,不见得后世的地位也重要。如果从这点来看,单纯地讲还原历史原貌,有意义吗?而赵孟頫不同。我们认为这和他多方面的艺术才能有关。元人都认为他是诗、书、画三绝,在元代和后世的文坛中,各方面都突出的人物并不多见,多方面的艺术才能在赵孟頫身上得到了完美体现。这点只有唐代的王维、宋代的苏轼、黄庭坚等人可以相比,这正是赵孟頫的价值所在。

最后,赵孟頫留下的众多书画作品,及各种托名的仿作,市场价值巨大,不断受到"关注",这使赵孟頫获得了很大的知名度,不仅元代的其他文人难以望其项背,就是在中国文学史和艺术史上,也很少有人能与之相比。赵孟頫顺利度过了文学史上的"遗忘",其作品广为流传,而且到今天成为一个文化消费符号,这是十分值得研究的。在元代的作家中,很难再找到一个诗、书、画这么全面,又有大量的书画作品传世的人才。很多作家和艺术家虽然当时名气很大,但后世流传的作品太少,也妨碍他进入公众的视野中,最后仅仅是被研究者关注才避免了被"遗忘"。湖州市曾举办了"归去来兮——赵孟頫书画珍品回家展特集",展览了赵孟頫的书画作品39幅,这也仅仅是他流传后世的作品的一小部分,恐怕到现在想真正弄清楚赵孟頫的作品数量,也是一件难度比较大的事情,明清时期很多托名他的作品,也流传下来。我们可以从中看出赵孟頫的价值。能引起研究者的关注,得到大众的喜爱的赵孟頫,对其作品的研究至今仍然十分活跃。这样看来,赵孟頫既是一个历史人物,又是一个现实人物,我们通过各种媒介,通过对赵孟頫的作品的欣赏重新确认了赵孟頫的价值,也产生了图腾式的崇拜幻觉,"制造"了一种自发的信仰。

对历史人物的研究,文学史、哲学史、思想史等领域都习惯于"扁形人物"形象[①],习惯于从文献资料的记载中构建出一个统一的人物形象。赵孟頫从元代开始就是市场的宠儿,这决定了赵孟頫不仅能顺利避免被遗忘,而且随着时间的推移他显得越来越重要。比如赵孟頫留下数量众多的书画作品,就说明了他在元代书画市场的重要性,比如《千字文》就留下不止一种,这些使他获得了上层和底层的一致喜爱。这种喜爱使赵孟頫的价值不断显现,他的作品是每个时代收藏的精品,可以说赵孟頫创造了市场,市场也使他保持着巨大的影响力,从而不可能被遗忘。这一过程,使他在古代成为一种流行符号,代表

---

① [英]福斯特:《小说面面观》,朱乃长译,中国对外翻译出版社2002年版。

了一种格调；在现代,他代表了一种传统,一种品味。这种品味使他具有了各种被阐释的可能性。他创造的画风和理论对元代和后世产生了巨大的影响,这种影响目前仍在持续。从这一角度来说,他开创了真正的文人画的传统,因为他凭借着众多的作品影响了大众的审美。虽然有很多类似的画家,但是作品太少,无疑妨碍了大众的审美趣味的形成。如果说赵孟頫凭借其广泛流传的作品取胜,一点也不夸张。和赵孟頫同时的姚燧、元明善、王恽、虞集、袁桷在文坛上是名声显赫之辈,但他们都是凭借诗文创作取胜,所以他们的影响一直局限于专业的文学史的范围之中,至于一般人就很难知晓了。但赵孟頫不同,按照今天的标准,他具有持续的、可以不断被"消费"的影响力。这也说明,赵孟頫从没有消亡,仍"活跃"在当下。

【作者简介】 杨亮(1975—),男,河南卫辉人。文学博士,河南大学文学院副教授,研究方向:宋元文献、古籍整理。

·元代艺术类典籍提要

《梓人遗制》提要[*]

崔 璨

  《梓人遗制》八卷,薛景石撰。作者生平不详,书前段成己序言"景石,薛姓,字叔矩,河中万泉人",段成己为金末元初人,薛景石应与之同时。

  段序作于中统四年(1263)十二月十六日,则《梓人遗制》成书亦当在此前不久。此书著录于明焦竑《国史经籍志》卷三事类及黄虞稷《千顷堂书目》,均题作八卷。以此知,有明一代,此书尚完备。此书曾收入《永乐大典》中,《永乐大典目录》卷四十八下"匠氏诸书"下标明卷一万八千二百四十五至卷一万八千二百四十八均为《梓人遗制》,然而此书未辑会于《四库全书》,或因四库馆臣鄙于工匠之书,或由于《营造法式》已被收入,再录之,已无必要。而此类工匠技艺,多以口耳相传,从旁亦难以窥见,加之《永乐大典》等散佚,故现难以知晓其全貌。唯捡拾残章,广罗片叶,从《永乐大典》遗卷中辑出部分内容。

  现所存《梓人遗制》多出于《永乐大典》卷一万八千二百四十五。此卷的获得十分不易,乃中国营造学社通过国立北平图书馆从大英博物馆获得此书的胶片拷贝,1932年曾经朱启钤、刘敦桢先生校注后刊行于世。其中包括五明坐车子、华机子、泛床子、掉篗座、立机子、罗机子、小布卧机子七个部分。每一条目均说明其用材与功限,五明坐车子与华机子条下还有叙事一篇,征引文献,概述此工艺之源流,条理清晰,有凭有据。段成己序言薛景石"夙习是业,而有智思,其所制作不失古法,而间出新意,耆断余暇,求器图之所

---

 *以下二十三则提要为下列基金项目的阶段性成果:中央高校基本科研业务费专项资金资助2015年度北京师范大学自主科研基金项目"元代艺术类典籍整理与研究";2012年度国家社科基金重大项目"现存元人著作(汉文部分)总目提要"(12&ZD157)。

自起,参以时制而为之图,取数凡一百一十条,疑者阙焉。每一器必离析其体而缕缕之,分则各有其名,合则共成一器。规矩必度,各疏其下"。

此外,陈明达先生曾于《中国大百科全书——建筑·园林·城市规划》中言《永乐大典》卷三千五百一十八至卷三千五百一十九《九真门制》中包含《梓人遗制》内容,而张昕、陈捷在《〈梓人遗制〉小木作制度考析》[①]一文中进一步说明此观点,以为卷三千五百一十八中多处言及《梓人遗制》且不见于卷一万八千二百四十五。

此书乃造车技术史上之重要文献,有助于人们了解古代造车、织机技术,尤其是金元时期独特的造车形制。而其中叙事部分征引了大量文献,具有校勘价值与实用价值。

《梓人遗制》一书现有中国营造学社汇刊的校刊本,以及山东画报出版社所出郑巨欣先生注释的《梓人遗制图说》。《图说》之后附上了《永乐大典》卷第一万八千二百四十五中《梓人遗制》的图片,使得我们可以窥其原貌,格外珍贵,尤便学者。

【作者简介】 崔璨,女,北京师范大学古籍与传统文化研究院研究生。

---

① 陈捷、张昕:《〈梓人遗制〉小木作制度考析》,载《中国建筑史论汇刊》第三辑,第198—223页。

《香谱》提要

崔 璨

《香谱》四卷,元陈敬撰。敬字子中,河南人,生平不详。《四库全书总目》及《四库全书简明目录》均将陈敬归于宋,《浙江采集遗书总录》则归于元。此书卷首有熊朋来序,言"河南《陈氏香谱》自子中至浩卿,再世乃脱稿"。由此知该书实际作者为陈敬及其子陈浩卿二人。朋来自题作序于"至治壬戌兰秋",其子陈浩卿携书来求序当在元中期,故知此书成书不晚于至治壬戌(1322),而熊朋来亦在作序次年去世。

此书名《香谱》,历代藏书目录在其前题"陈氏"二字,或标明其作者,以为《香谱》作者明确,不若题名洪刍之《香谱》实作者未确,《四库全书简明目录》仅言"或题洪刍,与晁公武《读书志》所说亦不合,疑即《书录解题》所载侯氏《萱堂香谱》二卷也"。《读书敏求记》《铁琴铜剑楼藏书题跋集录》《著砚楼书跋》等又题作《新纂香谱》。严小青先生以为《新纂香谱》在陈氏《香谱》之基础上有所增补:"从内容可以发现,元至治年初刻之后,在传钞过程有补入、删除的现象。《新纂香谱》诸多香方有'补'、'增补'、'新'等小字注文,又改题'新纂'两字。"[1]

《四库全书总目》《四库全书简明目录》及《读书敏求记》均作四卷,适园丛书、铁琴铜剑楼所藏本仅二卷,《铁琴铜剑楼藏书题跋集录》言:"原书四卷,此从淮阳马氏借得,尚缺二卷,何时更求别本足之,庶几珠联璧合,不亦称艺林中一快事耶?"[2]此书有"内府元人钞本"(《读书敏求记》《铁琴铜剑楼藏书题跋集录》)、"明钞本"(《著砚楼书跋》[3])等钞本,据章钰先生校证知亦有"万历《文房奇书》本"、崇祯十三年益府据元至治壬戌刻本重雕本。[4]

---

[1] 严小青:《新纂香谱》,中华书局2012年版,第5页。
[2] 瞿镛:《铁琴铜剑楼藏书题跋集录》,上海古籍出版社2005年版,第164页。
[3] 潘景郑:《著砚楼书跋》,古典文学出版社1957年版,第188页。
[4] 傅增湘:《藏园批注读书敏求记校证》,中华书局2011年版,第166页。

此书内容广博,文献征引丰富,分门别类,条理清晰。《四库全书总目》言:"是书凡集沈礼、洪刍以下十一家之香谱,汇为一书。征引既繁,不免以博为长,稍逾限制。若香名、香品、历代凝和制造之方,载之宜也。"但此书并非毫无缺点,《四库全书简明目录》更言此书"所载颇泛滥无律",然而最终得以编入《四库全书》,可知其亦有价值。《四库全书总目提要》言:"十一家之谱,今不尽传,敬能荟萃群言,为之总汇,佚文遗事多赖以传,要于考证,不为无益也。"作为一部征引广博的书,它的功能近似类书,可用以窥得前人不存之书之一隅,亦可对现存之书比对校勘。然而局限在于,这样的征引往往不能够严格摘录原书,或有失实之处。征引繁杂,所失亦繁,故而馆臣对此颇有微词。

【作者简介】 崔璨,女,北京师范大学古籍与传统文化研究院研究生。

《画继补遗》提要

翟 丹

《画继补遗》二卷,元庄肃撰。庄肃,生卒年不详,字幼恭,一字恭叔,号蓼塘,松江府青龙镇(今属上海市)人。咸淳中为秘书小史,宋亡后隐居不仕。性嗜书,收藏书画极富,且精于鉴赏。著有《艺经》《画继补遗》。生平事迹详见《(正德)松江府志》卷三十、《宋史翼》卷三十六。

是书成于元大德二年(1298),因补邓椿《画继》之所未备,故称《画继补遗》。书前有作者自序,述著书之由及收录范围。是书辑录南宋绍兴至德祐年间(1131—1276)画家传记八十四篇(其中有合传,且亦杂有个别北宋画家,如赵令穰、蔡肇等),共计画家九十人。载其字号、里籍、主要事迹、师承、专擅画科、画法风格以及所见作品,亦略有评价。分为上下两卷,上卷记帝王、士庶、僧道,下卷记宫廷画家①。对为封建上层所不齿的"皂隶"赵大亨,于太行山"为盗"的萧照亦予以收录,并给以相当高的评价,为此书一大特色。是书多舛错脱漏,且对部分人物的评判也有偏颇失当之处,如论定夏珪"画山水人物极俗恶,宋末世道凋丧,人心迁革,珪遂滥得时名,其实无可取"②,则太过偏激。《画继补遗》所载均为画家传记,缺乏理论性,难以构成真正的画史著作体系。故长期以来未得重视,地位难与《画继》比肩,但其为宋末元初人撰写,记录了南宋绘画的基本情况,具有一定参考价值,不应忽视。

元明两代以抄本行世,流传不广。③至乾隆五十四年(1789)始有黄氏醉经楼刻本行世。刻本附有黄锡蕃、吾进二人之题跋,记是书刊刻经过。黄跋曰:"《补遗》一书,向无传

---

① 下卷主要载"画院众工",但亦载有一二"非画院中者"。详见《画继补遗》黄锡蕃跋。
② 《中国书画全书》第二册,上海书画出版社1993年版,第916页。
③ 据黄跋"《补遗》一书,向无传本,即诸家书目中亦未之见。戊申秋仲,借抄于查氏顾顾斋,为明人罗凤手抄本也"推知。

本,即诸家书目中亦未之见。戊申秋仲,借抄于查氏顾顾斋,为明人罗凤手抄本也。"吾题曰:"《补遗》二卷……乃元大德间庄肃幼恭所著者……余既抄录以附公寿《画继》之后,并怂恿黄君付诸剞劂。"①国家图书馆有藏。整理本有《中国美术论著丛刊》本,人民美术出版社1963年版。此本据郑振铎藏黄锡蕃刻本排印,黄苗子点校。

是书未见于《四库全书总目》,仅于"艺术类存目"收"《画纪补遗》二卷,《元画纪》一卷(浙江范懋柱家天一阁藏本)",曰:"不著撰人名氏。载宋高宗以后元至正以前诸画家,颇多舛错。如马远之父名公显,兄名逵,乃以逵为远之弟,以公显为远之孙,并云'传家学,不逮厥祖',颠倒甚矣。其他脱漏,更指不胜屈也。"②

《四库全书总目》云"载宋高宗以后元至正以前诸画家",是总《画纪补遗》《元画纪》两者而言,其上限与庄肃《画继补遗》合。而《总目》对此书内容的引述恰与《画继补遗》同。且两书书名相近。《四库全书总目》著录之《画纪补遗》极可能为庄氏之《画继补遗》。《四库存目丛书》中收有《画继补遗》二卷(黄氏醉经楼刻本),即认定《画继补遗》为《四库全书总目》著录之《画纪补遗》。

另,钱大昕《补元史艺文志》卷三著录有"庄肃,《画继馀谱》",不载卷数③。明顾清《(正德)松江府志》卷三十亦载有"庄肃……有《艺经》《画继馀谱》传于时"④。顾氏、钱氏于庄肃著述之著录不及名声更著的《画继补遗》而载《画继馀谱》,疑此《画继馀谱》即《画继补遗》。而陶宗仪《辍耕录》卷十八《叙画》篇,记载"又有《画继补遗》一卷,不知谁所撰,则自乾道以后至理、度间,能画者八十余人……仅可考阅姓名,无足观也"⑤。此本《画继补遗》与庄氏之书同名,但据陶氏言推知前者之著录类似画家姓名簿,其书之起迄为南宋乾道至宋理宗、宋度宗时期,与庄书相异,且卷数分合亦不同于庄氏,实别为一书。

【作者简介】 翟丹,女,北京师范大学古籍与传统文化研究院研究生。

---

① 《中国书画全书》第二册,第917页。
② 《四库全书总目》卷114子部二十四,清乾隆武英殿刻本。
③ (清)钱大昕:《补元史艺文志》,《二十五史补编》,《二十五史》刊行委员会编集,开明书店上海总店1936年版,第8420页。
④ (明)顾清《(正德)松江府志》卷30载:"庄肃,字幼恭(一字恭叔),号蓼塘,上海青龙人……有《艺经》《画继馀谱》传于时。"
⑤ (元)陶宗仪:《南村辍耕录》卷18,四部丛刊三编景元本。

《画鉴》提要

吴　冕

　　《画鉴》一卷,元汤垕撰。汤垕,生卒年不详①,字君载,号采真子,丹阳②(今江苏镇江)人。大德年间③任绍兴路兰亭书院山长,除播州儒学教授,不赴,改授嘉兴路儒学教授,又不赴,后辟为都护府令史,卒于官。汤垕十余岁起即雅好书画,见佳作辄赏玩不释手,故精于鉴赏,著有《画鉴》《法帖正误》二书,今仅存《画鉴》(附《画论》)。

　　《画鉴》评述元代及之前画坛名家名作,依时代先后,分吴画、晋画、六朝画、唐画(附五代)、宋画(附金元)、外国画,于东吴曹弗兴以下诸家一一评点,多以过目之佳作为例,品鉴诸家之笔墨用法,心得颇多,而见解亦精湛。故《四库全书总目》曰:"大致似米芾《画史》,以鉴别真伪为主。所辨论皆在笔墨气韵间,不似董逌诸家以考证见长也。"④所谓"不似"句,温肇桐编著之《中国古代画论要籍简介》以为殊不可解,然比观《广川画跋》,可知《画鉴》所留心者非以他证考作品之真伪,而实从画作本身之"笔墨气韵"而论,

---

①汤垕生平,今人多据《画鉴》卷首题词而论,周永昭则撰《元代汤垕生平之考证》一文驳之,赵盼超《元汤垕生平及〈画鉴〉之编撰年代考》亦有辨正,可资参考。二文考辨颇有得,然持论稍异,汤垕生平之确切年代实未可遽断,故此仍从旧说。

②据《至顺镇江志》,汤垕先世为山阳人,自祖父汤孝信起徙居京口。父汤炳龙尝为庆元市舶提举,戴表元《汤子文诗序》已径称其为"丹阳汤子文",王德毅等编著之《元人传记数据索引》亦称汤炳龙为丹阳人,今从之。《嘉庆丹徒县志》有汤炳龙小传,故其又一作丹徒人,然无论丹阳、丹徒,俱属镇江府。

③此据戴表元《临池亭记》。《万历绍兴府志》及《乾隆绍兴府志》皆言元时始置兰亭书院并设山长,《浙江通史》同此,而《浙江古书院》《教育政策与宋代两浙教育》二书则上溯至宋时。合而观之,可断宋时兰亭书院只为私学,元时方立为官学。《浙江通史》明言兰亭书院建于大德年间(1297—1307),周永昭断为大德五年(1301)始建,汤垕为第一任山长。而考《临池亭记》曰:"按郡乘所载,兰亭旧迹,以全氏庐为之,官为置塾长,聚生徒,讲学其中。及是十年,而东楚汤君垕实来。"则兰亭书院似于元世祖至元二十八年(1291)即为官学。今未有他证,故只言汤垕在大德年间曾任山长。

④《景印文渊阁四库全书》第3册,台湾商务印书馆1986年版,第439页。

宜乎四库馆臣不以考证视之。余绍宋《书画书录解题》亦赞曰："凡所论辨,皆甚精到。"①熟读此书,可得鉴画之一法也。

《画论》"专论鉴藏名画之方法与其得失,凡二十三条,深切著明,又多从画法立论,尤得其要领"②。其论藉谢赫六法之辞,而颇以己意诠释之,时有迥异常人之处,实为作者毕生经验之总结,可为鉴画之资。

《画鉴》与《画论》,实为一书之两部分③,陶宗仪《辍耕录》已明言之。今存各本,仍有合于一处作一书者,然颇多断为二书者④。别为二书之流传者,往往称前一部分为《画鉴》,或称之为《古今画鉴》⑤,后一部分《杂论》则改题为《画论》。为叙述方便,仍将《画鉴》一书分为两部分论述,前一部分但于行文中称《画鉴》,而所指究为一书或其部分,依行文具体而定,后一部分称《画论》,盖因传布有年,骤然间不可改矣。

《画鉴》之著录版本颇多,以编纂时间而言,最早应为《说郛》本,然《说郛》之版本情况复杂⑥,今通行之《说郛三种》,皆分《画鉴》《画论》为两书。陶宗仪于《南村辍耕录》中明言《画鉴》为一卷,且已摘录《画论》(文中称《杂论》)之文字,故其在编纂《说郛》时应不当有误分两书之举,因《说郛》初未能刊刻行世,唯赖抄本流传,恐后人重辑而致有此误。《程氏丛刻》与《四库全书》所收之《画鉴》,俱有《画鉴》《画论》两部分。故《画鉴》此两部分之分合关系,各本间颇有异,后人刊刻流传,多赖手中之本,而未及遍考诸本,详为编次厘定,故成今日分合无定之复杂情形,此中详情,亦难考也。《画论》凡二十三条,而首条实为《画鉴》全书之小引,支解入此部分,以充首尾之全⑦,全书面貌遂变矣。

今人考论《画鉴》写定年代与汤垕之生平,多依据《画鉴》卷首之题词,而此题词各本所载颇有不同,《四库全书总目》曰:"惟题词不著名氏,遂不能详考其人耳。"⑧余绍宋《书画书录解题》则曰:"今本题词上俱有'勾曲外史题'五字。"⑨二者之言迥异,今考之《说

---

① 余绍宋:《书画书录解题》,北京图书馆出版社2003年版,第432页。
② 同上书,第277页。
③ 谢巍《中国画学著作考录》之辨之细密详允,足可破惑,当从之。
④ 《程氏丛刻》本、《四库全书》本、《群芳清玩》本俱作一书,《说郛》本、《丛书集成初编》本、《画论丛刊》本、《美术丛书》本皆别为二书以行。
⑤ 《学海类编》本、《美术丛书》本即称《画鉴》为《古今画鉴》。
⑥ 参见昌彼得《说郛考》,文史哲出版社1979年版;应再泉、徐永明、邓小阳编《陶宗仪研究论文集》,浙江人民出版社2006年版。
⑦ 参见谢巍《中国画学著作考录》,上海书画出版社1998年版,第237页。
⑧ 《景印文渊阁四库全书》第3册,台湾商务印书馆1986年版,第439页。
⑨ 余绍宋《书画书录解题》,北京图书馆出版社2003年版,第432页。

郛》本、《程氏丛刻》本及《四库全书》本等,俱未见"勾曲外史题"五字,《画论丛刊》本亦未见,而《美术丛书》本、《中国书画全书》本则皆有此五字,馀之版本未能一一尽考,故此五字何时附于题词,各本间关系如何,仍不能明。而题词之真伪,今人已有考辨,周永昭疑其为后人添加,汤垕实未与柯九思论画[1];赵盼超则言汤垕与柯九思或曾论画,然二人观点颇异,《画鉴》并非因此成书,题词当系后人误添,且其中言语颇有误[2]。周赵二人因断汤垕生平有异,故于题词之判断亦稍有不同,然皆断题词为后人添加,可从。唯张雨果真系编次《画鉴》者否,仍未可遽断。

【作者简介】 吴冕,男,北京师范大学古籍与传统文化研究院研究生。

---

[1] 参见周永昭《汤垕〈画鉴〉版本之流传及汤垕著作之影响》,《故宫博物院院刊》2004年第6期。
[2] 参见赵盼超《元汤垕生平及〈画鉴〉之编撰年代考》,载《北京大学全国美术学博士生论坛论文集》,陕西师范大学出版社2011年版。

《文房图赞续》提要

张 南

《文房图赞续》一卷,元罗先登撰。罗先登,生卒年不详,字瑞卿,号雪江子。据其《文房图赞续》自序,自称"秋浦雪江子罗先登",知其为秋浦(今安徽池州)人;一说罗先登为江西庐陵人。[①]

《文房图赞续》又名《续文房图赞》《续文房职方图赞》,高儒《百川书志》、祁承爜《澹生堂藏书目》、焦竑《国史经籍志》、丁丙《善本书室藏书志》、丁仁《八千卷楼书目》、黄虞稷《千顷堂书目》、陆廷灿《续茶经》、倪灿《宋史艺文志补》以及黄谦《古今文房登庸录》等书皆有著录。

据其自序,《文房图赞续》当作于宋宝祐二年(1254),后经元苏州人王起善补订。《文房图赞续》书前除自序外,又有元统二年(1334)雪舟樊士宽序,书后有长洲沈周题跋。全书体例仿照《文房图赞》而作,其自序曰:"可山林君《文房图赞》一十八人,可谓尽录善庸艺之美矣。一日有友以十夫来献,曰此文房中之未见知者。岂可山举人之未周乎?否则未之思耳,敬续引以进偿其爵图且赞,庶几乎云台四七之盛云。"《文房图赞》(又名《文房职方图赞》),南宋林洪著。林洪,字龙发,号可山,自称为隐士林和靖七世孙,泉州人。著有《西湖衣钵》《山家清供》《山家清事》及《文房图赞》等,多为后世所重。《文房图赞》仿唐代韩愈《毛颖传》将文房用具十八种拟为十八学士,各予官职、名姓和字号,白描绘图并作辞赞之。明祝允明称赞该书:"此作辞旨简雅,亦欲寓史法于协调,称名小而取类大,其所长也。"罗先登《文房图赞续》在林洪纪文房通用之器十八类后又续之以十八类,分别名为朱检正、木奉使、平待制、明诏使、房刺史、廉护军、高阁学、棕将军、石鼓院、利通直、清音居士、烂柯仙客、丰城隐君、圆明上座、夔罔老人、玉川先生、分石高士、香山道人,其中后八者,罗先登又以其"皆高尚其事,不屑仕进"而号为八仙。《文房图赞续》非仅记十

---

① (清)谢旻《(康熙)江西通志》卷50载"罗先登,庐陵人",清文渊阁四库全书本。

八类文房用具,更以职官、隐士为喻,以史事、文典详述其才,揭橥各自品质,褒贬自寓,志趣彰明,非"徒为文房之美观而已"。如其记"明诏使",谓其能以光明洞照见,故"惟兹明公,耿耿不寐,善开人之昏,善继人之晷,有所使令,诏之而已,其明德远矣";其记"清音居士",以伯牙绝响、渊明无弦之典,赞其"大音希声,静中之仙人";又以廉颇之典喻"廉护军",以岐山之石氏兄弟喻"石鼓院",凡此云云。故沈周跋云:"其具乎史才不获登承明奉常之署,以直笔衮钺是非之用,特假是以见志耳。"

现存《文房图赞续》有《欣赏编》本(万历刻),题为元罗先登撰《续文房图赞》一卷,又有沈津辑、茅一相续辑《重订欣赏编》本(明刻),题为元罗先登撰《新刻续文房图赞》一卷;《百家名书》本(万历刻),题为《新刻续文房图赞》;《说郛》本(宛委山堂刻),题为元罗先登撰《文房图赞续》。此外,台湾图书馆藏有抄本,为《文房图赞》一卷续一卷中部分。

【作者简介】 张南,男,北京师范大学哲学学院研究生。

《云烟过眼续录》提要

王博涵

《云烟过眼续录》一卷,元汤允谟撰。允谟字仲谋,逢泽(今河南开封东南)人。《中国画学著作考录》称其约德祐至景炎年间生,泰定年间卒,年五十左右。少习举业,仕至掾吏,工翰墨,好古玩,知鉴藏。按汤氏资料甚少,考书中所记人物,似曾活跃于元中后期。汤氏曾整理《云烟过眼录》,此外未见其他著作。古书有以汤氏为他书撰人者,如《六艺之一录》引汤允谟《古今石刻辨》,《研山斋杂记》《居易录》亦引,而引本书则称逢泽汤允谟,引《古今石刻辨》则径称汤允谟。又有认为汤允谟作《古砚辨》者。然此二篇实为赵希鹄《洞天清录》中文,考以上诸家引文内容,与《洞天清录》对应章节尽同,可知其误。按《都氏铁网珊瑚》将《洞天清录》载于本书之后,并将部分章节错题为汤氏撰,疑前文三书皆沿袭其误。

又明初有大梁人汤仲谋,作《握奇衍义》(一作《握机衍义》)。疑此二人并非一人:其一,由籍贯观之,逢泽与大梁位置虽近,并非一地。大梁为古称,元明时并无独立行政单位,而明人以大梁题籍贯者颇多,其所指应为今开封市。逢泽位于今开封市与古开封县(今朱仙镇附近)之间,秦以后附属于古开封县,元明皆不单独设立行政单位,而以逢泽题籍贯,并不多见。各版本皆题逢泽,则或为汤氏强调己身出于此地,而非他处。由此观之,二人所在地应不同。其二,由年代观之,《握奇衍义》有唐肃跋,而刘基集中有一诗题目涉与其交游者若干,其一为汤仲谋。诗题中提及他人皆称名,则此仲谋亦应是名而非字。唐肃与刘基年代相近,所结识之汤仲谋为一人之可能性较大,也即明之汤仲谋。而《云烟过眼续录》并不见与明时有关之记载。此二汤一名为仲谋,一字为仲谋,仅姓相同。何况若是一人,则汤氏与唐、刘结交时已为耄耋老翁,以此高龄交游撰书,颇不可思议。综上,《云烟过眼续录》作者应为元人无疑。

本书体例近于《云烟过眼录》,载赵仁举、祝永昌、杨瑀、杨元诚、靳公子藏品,并汤氏家中旧藏及所见某家藏品。兼记古玩、书画,而以古玩为多,是书画著录中较有特色者,对于考辨藏品源流颇有帮助。其所录之物多精巧有趣,并涉及若干宗教文物。《四库总目》云:"董其昌《戏鸿堂帖》定绢本《黄庭经》为杨许旧迹,盖本此书,则亦以其赏鉴为准矣。"此说虽有据,但此《黄庭经》未必为真。杨许所传手迹为上清至宝,此派传人陶弘景曾悉心收集于茅山,唐时亦历代有道士管理,故唐前相关记载较为可靠。后世战乱中颇有散佚,故宋元纷纷出世之所谓真迹多不可信。今人有藏杨许手书《黄庭经》者,应非真迹,但此或为汤氏所见之本,则亦为宋元旧物。本书又言许逊斩蛟剑在张雨处,亦不见他载。关于宗教文物之记载,考辨真伪源流只为其功能之一斑,窥见时人之宗教心态与体验则是其中要义,本书于此或亦有裨益。

版本方面,因本书为续录,故往往附于《云烟过眼录》后。据《元史艺文志辑本》《中国书画著作考录》等著录,此书现存有十余种版本,可大致归为三组:一组祖于宝颜堂本,包括宝颜堂本、四库本、日写本和国图清抄本、古今图书集成本。从宝颜堂本出者有"清和季子张昹"跋,较易识别。四库本与宝颜堂本在各本文字出入都较大的前提下差异极小且以形误为主,并皆阙文两处,位置亦同,两本或有同源关系。域外汉籍珍本文库第三辑收录有日写本,末曰"浪速木孔恭识",则其为木村蒹葭堂旧藏,考其文字及所录旧跋,应出于宝颜堂本。日藏本书不少,然写本似仅有大阪市立中之岛图书馆之江户中期写本,二者年代、地点皆相近,珍本文库所收或为此本。国图藏清抄本九行十八字,无格,从宝颜堂本出,经赵宗建校并跋。赵跋云:"余病后,偶至陈希诜斋中,见案头有何小山校本,假归临之……希诜为稽瑞楼之孙,当时藏书甚富,劫后散失殆尽,此犹是楼中剩物也。非昔又记。"稽瑞楼陈揆无子,此之陈希诜不知是否为其族中孙辈,而赵跋甚详细,似较可信。而观赵校,改字与他本有不同,判衍字时又言己藏抄本无某字,则赵氏或另藏有不同于今本之校本。《古今图书集成》本为节录,文字近于宝颜堂本,故亦归于此。第二组为奇晋斋本、《都氏铁网珊瑚》本、《一瓻笔存》本。奇晋斋本后有陆烜手跋,其中云:"烜访求十余年,近始得都元敬手抄本,相其体例错杂,当是未完之书。"又言不敢妄改。按奇晋斋本与《都氏铁网珊瑚》本虽亦有不同,而较接近,此两本或有同源关系。《都氏铁网珊瑚》其书虽伪,因年代尚不晚,其文仍可参考。陆氏抄自手稿且沿袭未改,故误字较多。国家图书馆藏有吴翌凤校奇晋斋本。《一瓻笔存》本据其标注,乃从奇晋斋丛书中抄出。第三组为十万卷楼本及据其排印的《丛书集成初编》《美术丛书》等,此本较完备。《丛书集成初编》本即据此排印,排印识中亦称其较善。然亦有错漏。此本后有跋,称"此张青甫所校,犹有未尽,余复重加考证"云云,末曰林村题。《丽宋楼藏书志》于《云烟过眼续录》目下引此跋,而前书"某氏手跋曰",盖此本经张青甫、林村、陆心源三人之手,张青甫似为张丑,而林村为谁则不详。《美术丛书》本位于《美术丛书》第二集第二辑。台湾学生书局版《草窗韵语》后附录《云烟过眼录》及本书,亦为此本。另有佩文斋本,属于节录,与各版皆有个别文字不同,盖出自不同底本,而观其对宫词之描述,编入时似经删改。以上诸本分行不同,条数有异,四库总目云三十九条,仅为一本之数。

【作者简介】 王博涵,女,北京师范大学古籍与传统文化研究院研究生。

《书画目录》提要

王博涵

《书画目录》一卷，元王恽撰。王恽（1227—1304），字仲谋，号秋涧，谥文定，卫州汲县（今属河南）人。为元好问弟子，博学多识，善属文，有史才，工书爱画。为官有政声，《元史》有传。著述甚丰，有集百卷，其记事多为史家所采。

本书辑自《玉堂嘉话》卷二、卷三，又称《元破临安所得故宋书画目》。记元廷所接收亡宋所藏书画。有自序述创作缘起："圣天子御极十有八年，当至元丙子春正月，江左平，冬十二月，图书礼器并送京师，敕平章太原张公兼领监事，仍以故左丞相忠武史公子杠为之贰。寻诏许京朝士假观。予适调官都下，日饱食无事，遂与左山商台符叩合披阅者竟日，凡得书画二百余幅"云云。注曰："书字一百四十七幅，画八十一幅"。①可见本书为王恽于至元年间任翰林待制时据所见杭州南宋内府北运大都的藏品编纂。此序各版本文字有出入，而数字皆同。序末言"作书画目录序"，则"书画目录"之名当较早，"元破临安所得故宋书画目"应为后出。本书前为书字，后为古今画，随见随记，详略不一，有一人前后多记者。除作者、作品名外，个别作品并附作者小传、作品内容、艺术特点、题跋、用印、装裱等，尤以南宋宫廷著录为详。所记法书墨迹以晋、唐、北宋诸大家较多，如钟繇、王羲之、颜真卿、怀素、苏轼、黄庭坚、米芾等；绘画名迹自顾恺之以下唐宋为多。除记录书目外，文中亦有王恽个人观点，其中不乏精辟之见，亦有论及书画技巧者。

版本方面，题为"元破临安所得故宋书画目"者有上海图书馆藏卢文弨校清抄本；分别附于孙承泽《庚子销夏记》（有国家图书馆藏清抄本）、《砚山斋墨迹集览》（有南京图书馆藏清抄本）之二本；清黄安涛真有益斋抄书四种本。关于孙氏二书，《四库总目》于研山斋墨迹集览目下云："其文亦与《庚子销夏记》同，惟前后编次颇异，盖即《销夏记》之稿本也。后附元人破临安所得宋书画目一卷，前亦有承泽序。今本《销夏录》无之。核其所

---

① 序及注并出自《全元文》卷174《书画目录序》。

列,即元王恽《玉堂嘉话》之文。殆以与《秋涧集》重出,故始载之而终删之欤?"今二本皆有此附录,似从一本出。题为"书画目录"者有《美术丛书》本,此本前有自序,内容较《玉堂嘉话》为多。《玉堂嘉话》本身亦有若干版本,据《元明史料笔记丛刊》本序,单行之《玉堂嘉话》有四库本、墨海金壶本、首山阁丛书本、丛书集成初编本(底本为墨海金壶);又因《秋涧先生大全集》版本不同而有他本。序认为《玉堂嘉话》诸本源头相同。《中国画学著作考录》云:"《玉堂嘉话》本之文字与《美术丛书》本颇有出入,若重新整理,不能取《美术丛书》本作底本。两种清抄本可作参校本。现易见四种本子《玉堂嘉话》,皆有逸文,宜觅善本方妥。"褚德彝曾校之,见于1911年《国粹学报》第七期,可供参考。

由于此书所记宋遗书画为作者所亲见,可信度较高,诸家多从之,如杨慎《丹铅馀录》、汪珂玉《珊瑚网》和顾起元《说略》即采其说。因元代内府书目数据不足,故学者往往参照此书以补其阙。加之所载藏品多贵重,故更有价值。其中书画不乏至今可见者。此书对研究书画名迹的传世情况及真伪考证具参考价值,可供艺术史考证之用。如"远涉帖"条云:"予二十年前观于大名魏氏家,未敢必为孔明书,及入秘监,见《宣和书谱》,乃知宋御府所收,为武侯书明矣。"所谓见《宣和书谱》,则证宋时确有此书而早于吴文贵刊本入元内府,可祛此书为元吴文贵裒集之疑。关于王维作品之流传,本书中有题为王维作之《山水图》《辋川图》《骊山图》,可供考证;亦多二王之书,可供学者考其流传。褚德彝之校文中就若干条目中作品真伪所发之议论,亦可供参证。

【作者简介】 王博涵,女,北京师范大学古籍与传统文化研究院研究生。

《畴斋墨谱》提要

张 南

《畴斋墨谱》一卷,元张仲寿撰。张仲寿(1252—1323)[①],字希静,号畴斋,晚号自怡叟,钱塘(今浙江杭州)人,官至翰林学士承旨。张仲寿以书法名于当时,诸贤赞誉颇多。陶宗仪《书史会要》称其"行草宗羲、献,甚有典则,亦工大字"[②]。《石渠宝笈三编》著录何澄绘《陶潜〈归去来辞〉》一卷,接幅为张仲寿书《归去来兮辞并序》,其后有至大己酉姚燧跋云:"畴斋之书出李北海,而韵胜过之。"畴斋诗文亦有时名,今存自书《畴斋文稿》,不分卷,稿本,延祐六年(1319)所录,藏于国家图书馆,影印本收入《北京图书馆古籍珍本丛刊·集部·元别集类》第九十五册。另著有《墨谱》和《琴谱》,并称《畴斋二谱》,有光绪年间丁氏八千卷楼丛刻本,又收入《丛书集成续编》第一百七十册。仲寿家有自怡轩、有何不可之阁,与许衡、谭振宗、张伯淳、陈巨夫、陈宜甫、马臻、赵明远等人多有交往。史书无传,生平见《全元文》卷五五九、《元诗选癸集》丙集、《书史会要》卷七等文献。

《畴斋墨谱》又名《张畴斋墨谱》《墨谱》,作于至元二十三年(1286),1922年收入吴昌绶编集《十六家墨说》,是较早专门记载历代制墨名家及其所制之墨的文献。记墨之书始于有宋一代,[③]如苏易简《文房四谱》中《墨谱》一卷、李孝美《墨谱》、晁贯之《墨经》以

---

① 张仲寿生年,可据《畴斋文稿跋》定为1252年,而其卒年有颇多争议:一说为1321年,《全元诗》持此说,其据虞集为张仲寿所书《归去来辞》写的跋语中说张仲寿"年几八十而终"(《秘殿珠林石渠宝笈合编》第11册,第2702页);一说为1324年,其卒年七十三,《全元文》持此说,不知何据;一说为1323年,据张仲寿为定武兰亭序摹本所作的跋语,至治癸亥(三年,1323)时,张"今行年七十二岁"(《式古堂书画考》卷5),又据《畴斋文稿》一书后有近代无名氏跋云:"畴斋卒于至治三年,年七十二"。由张仲寿所作之跋可见,将其卒年定为1321年是错误的,且虞集所谓"年几八十而终"也并非确指八十。综上,将其卒年定为1323年似更为妥恰。

② (元)陶宗仪:《书史会要》,上海书店据1929年武进陶氏逸园景刊明洪武本影印,1984年版,第341页。

③ 周珏良:《蓄墨小言·序》,北京燕山出版社1998年版,第1页。

及何远《春渚纪墨》中的记墨部分，这些书多涉及墨史、制墨方法以及墨的名目等方面，然并未如本书专门就制墨家及墨本身的特质与收藏展开介绍。该书首列李廷珪、潘衡、蒲大韶、叶茂实、王大用等三十余品墨，其中将李廷珪排为墨谱第一品。墨谱后记试墨序文中有作者对李廷珪墨的介绍，认为其珍贵可谓"黄金可得，李墨不可有"，又记作者在钱塘等地亲见李廷珪等人所制墨之名品，记载了朋友杨好谦请自己试墨数十笏等事。后附墨工蒲大懿简介以及对部分制墨家作品的品评，如认为叶茂实之墨"虽经久或色黯淡，而无胶滞之患，胜他人多矣"。时人赵水月伯鹿"亦能用雪斋法，其号为'超然清芬，如在祝梅'"；而林泉东卿"亦能制墨汶阳香剂，人云'一点如漆，百年如石'"，然张仲寿皆以为不及业墨。

现存《畴斋墨谱》有三种版本：《墨苑丛谈》本（清抄本），藏于国家图书馆，题为张寿撰《张畴斋墨谱》一卷；又有丁丙辑《武林往哲遗著》本（光绪年间刻），题为元张仲寿撰《畴斋二谱》二卷外录一卷；此外还有《十六家墨说》本，1922年由吴昌绶编集刻入，题为张寿《畴斋墨谱》。赵孟𫖯尝书写《畴斋墨谱》，著录于丁福保、周云青编道光二十七年（1847）刻本《四部总录·艺术编·补遗法帖汇刻丛帖·耕霞溪馆集帖四册》（广陵书社2006年版）。《畴斋墨谱》的部分内容也被收入桑行之等编著的《说墨》（上海科技教育出版社1994年版）。

【作者简介】 张南，男，北京师范大学哲学学院研究生。

《写山水诀》提要

贾　薇

　　《写山水诀》，不分卷，元黄公望撰。黄公望（1269—1354），本姓陆，名坚，字子久，号一峰，又号大痴道人，晚号井西道人，家苏之常熟子游巷（一说富阳，一说衢州），龆龀时随母改嫁温州黄氏，故易其姓①。子久"天资孤高，少有大志"（杨维桢《西湖竹枝词》），中年为官，后遭囹圄之灾而归隐，近花甲而皈依全真道教。工书法，善绘画，长于山水，师董源、巨然，而晚稍变之，自成一家，最为清远②。倪瓒《清閟阁遗稿》以之与赵孟𫖯、吴镇、王蒙为元四家③。传世画作有《富春山居图》《九峰雪霁图》《丹崖玉树图》《天池石壁图》等，画论有《写山水诀》。

　　考《写山水诀》之内容，均为黄公望作画经验之总结。其内容庞杂，有树、石、水、山之画法，用笔、着墨、设色、远近、矾绢之技巧，亦谈及立意、托喻之门径，及"三远""四时"之要领。其中有"公望四说"之谓者，一曰"或画山水一幅，先立题目，然后着笔，若无题目，便不成画"，二曰"山水之法，在乎随机应变"，三曰"作画只是个理字最要紧"，四曰"作画大要，去邪、甜、俗、赖四个字"，大抵总括画诀之秘要。此前之论山水，唯郭河阳、韩纯全两家，且皆主法度立言。子久之论画，不纯主法度，寥寥数句，语出新意，言简意深，颇似南宗禅风，故有"真南宗衣钵"之称。今人常以黄公望之画诀与饶自然《绘宗十二忌》相提并论，然较饶自然论作画之重"防堵"，黄公望更重启明新意之"疏导"，为艺坛所崇，亦为后学奉为学画之金科玉律④。虽然，其画论间有杂芜之言、恍惚之意，亦不免支离破碎、语焉不详之病，更涉风水之论，故读者不可不深思精研，去其弊而取其精也。

---

①参见张希清、赵一新、徐文光主编《黄公望与〈富春山居图〉研究》，文物出版社 2011 年版。
②参见（明）王世贞《艺苑卮言·论画》。
③一说无赵孟𫖯，为倪云林。
④参见汤麟《中国历代绘画理论评注·元代卷》，湖北美术出版社 2009 年版。

《写山水诀》始见于陶宗仪《南村辍耕录》第八卷，凡三十二则，应为后世可见三十二则《写山水诀》之祖本。明慎懋官编《华夷花木鸟兽珍玩考》、明唐顺之编《荆川稗编》、清孙岳颁编《佩文斋书画谱》、清陈梦雷编《古今图书集成》、近人于安澜辑《画论丛刊》、汤麟编《中国历代绘画理论评注·元代卷》及潘运告编注《中国历代画论选》均全文收录，参比《南村辍耕录》本，仅文字稍有讹误或脱衍。俞剑华辑校《中国画论类编》以《南村辍耕录》为底本参校他书，亦为三十二则。中国书画全书编纂委员会所编《中国书画全书》第二册所载《写山水诀》，以《画论丛刊》本参校《南村辍耕录》排印，仍全文收录。近人余绍宋《书画书录解题》谓二十二则，疑为"三十二"之讹。托名唐寅之《六如居士画谱》有题名黄子久《画诀》者，共录十九则，其间有郭熙画诀七则，宋迪画诀一则，故实为黄公望撰者仅十一则。近人郑武昌《中国画学全史》重组其文并编联为十一则。明王绂《书画传习录》收画诀九则，余绍宋疑为改纂之本。清秦祖永《画学心印》转自《传习录》，更名为《山水树石论九则》。沈子丞辑《历代名著论画汇编》题名《论山水树石》，亦收九则，较王绂本与秦本，文字略有增益。明唐玄生有《绘事微言》，其卷四《山水节要》题名大痴黄子久，内容杂取荆浩、郭熙，本自《写山水诀》者，仅录五则，文字亦有所删节。另清人王棠之《燕在阁知新录》有题名《画山水诀》者，乃摆其要论联缀成章之文，其所秉画诀次序亦异于《南村辍耕录》本。

　　附：《大痴画诀》，旧题黄公望子久著，凡一卷，共二十一则。仅见于《清瘦阁读画十八种》。考其内容，杂取郭熙、黄公望诸家之画论，应属后人删改篡写之伪作。如其中有"大松大石不可作于浅滩平渚边，必置于大坡"之论，实自郭熙之"大松大石必画于大岸大坡之上"；又如"树要有身，画家谓之纽子。要折搭转化得势，便有生意"一例，改自黄公望《写山水诀》之"树要有身分，画家谓之纽子，要折搭得中，树身各要有发生"。诸如此类，不胜枚举。盖若《清瘦阁读画序》中所言，乃"东涂西抹""借观抄录之历久成卷"之作。

【作者简介】　贾薇，女，北京师范大学古籍与传统文化研究院研究生。

《墨竹谱》提要

王若明

《墨竹谱》一卷,元吴镇撰。吴镇(1280—1354),字仲圭,号梅花道人、梅花庵主、梅沙弥,浙江嘉兴魏塘(今浙江嘉善县城关镇)人。祖上为宋勋戚,宋亡后以海运为生,家巨富,人号"大船吴"。镇为人耿直孤洁,高自标誉,少与兄师毗陵(今江苏常州)柳天骥,得其性命之学,一生隐居不仕,垂帘卖卜,晚年皈依佛教。博通经史,学贯三教,工词翰,善书画。长于草书,仿杨凝式;画擅山水、墨竹,山水师法董源、巨然,墨竹取法苏轼、文同,为元四家①之一,有《渔父图》《秋江渔隐图》《墨竹谱》《双桧平远图》等传世,著有《梅花庵稿》,多散佚,清顾嗣立《元诗选》二集上收其诗,清钱棻捃拾其题画之作为《梅道人遗墨》。生平事迹见顾嗣立《元诗选》二集卷十四、明孙作《沧螺集》卷三、钱棻《梅道人遗墨》。

《墨竹谱》作于至正十年庚寅(1350)五月至六月间,清高士奇《江村销夏录》卷一记录:"元梅道人为佛奴作《墨竹谱》卷,绢本,高七寸余,凡三接,长一丈六尺余,作竹八种,各有题识。"今台北"故宫博物院"藏《墨竹谱》共二十二页,每页纵四十点三厘米,横五十二厘米,纸本,墨笔。前两页书"苏轼题文同画竹记"(即《文与可画筼筜谷偃竹记》),后二十幅分别画新篁、嫩枝、垂叶、雨竹、风竹、雪竹、坡地竹林、悬崖竹枝八种不同姿态之墨竹,预留题文位置,以书法入画,又于画上题诗文,融诗书画于一体,相得益彰,时人号为三绝,影响后世甚为深远。明李日华《六研斋三笔·竹谱》按顺序详细著录《墨竹谱》中题识,顺序与台北"故宫博物院"藏本有异,而《江村销夏录》中记载《墨竹谱》为绢本,今藏本为纸本,故今日流传的《墨竹谱》是否为吴镇真迹,还有待进一步考察。

---

①元代山水画四位代表画家的合称,对此有两种说法:一是指赵孟頫、吴镇、黄公望、王蒙四人,见(明)王世贞《艺苑卮言·附录》;二是指黄公望、王蒙、倪瓒、吴镇四人,见(明)董其昌《容台别集·画旨》,也有将赵孟頫、高克恭、黄公望、吴镇、倪瓒、王蒙合称为"元六家"。

《墨竹谱》中诗文题跋传达了吴镇创作墨竹的技法和主张,他既师法他人,更师法自然,转益多师,自成一家。吴镇墨竹主要师法文同、苏轼和李衎,在此基础上又有自己的见解,第三幅竹题识中写道:"古人画竹之法,当先师意,然后以笔法求之可也。倘得意在笔前,则所作有天趣自然之妙。如其泥于笔法,求之形似者,岂可同日语耶……"还表现了吴镇不慕功利、淡然高洁的隐逸情怀,如第十三幅题曰:"抱节元无心,凌云如有意。置之空山中,凛此君子志。"第十六幅题诗道:"径深茅屋陋,树倚夕阳斜。行遍青山路,何丘不可家。"值得注意的是吴镇的诗文题跋亦是书法创作,创作中书法画法化,画法书法化,两相契合,渗透融合,诗书画"附丽成观"。

【作者简介】　王若明,女,内蒙古民族大学文学院副教授、北京师范大学古籍与传统文化研究院博士生。

《文湖州竹派》提要

翟 丹

　　《文湖州竹派》一卷。是书作者两题，一曰吴镇，一曰释莲儒。吴镇（1280—1354），字仲圭，号梅花道人、梅沙弥、梅花庵主，嘉兴魏塘（今浙江嘉善）人。镇性高介，不求仕进，以教书、卖卜为生。① 善画山水竹石，又工诗词书翰。每画辄题诗其上，诗、书、画皆精，时人号为"三绝"。与黄公望、倪瓒、王蒙合称"元四家"。生平详见《义门吴氏谱》《新元史》卷二三八、《（康熙）嘉善县志》卷九。其墨迹存世者有《双桧图》《渔父图》《长松图》《草书〈心经〉》，另著有《文湖州竹派》一卷、《梅花道人遗墨》二卷，《元诗选》二集戊集编录其诗一百四十二首。释莲儒，明僧人，号白石山衲子。据载著有《文湖州竹派》一卷、《画禅》一卷，馀不详。《画禅》书末有其自跋，曰："右古尊宿六十余家，见于王氏《画苑》及夏士良《图绘宝鉴》，盖皆德成而后一艺之名随之，非捐本而务末也。"则《画禅》一书乃采王世贞《画苑》诸书及夏文彦《图绘宝鉴》而成，而王世贞生卒年为1526年至1590年，则莲儒为嘉隆后之人。

　　文湖州即北宋画家文同（1018—1079），曾知湖州，后人因称之为"文湖州"。文同善画墨竹，知名于时，追随者甚多，而形成"湖州竹派"。吴镇亦属此派。是书列宋元间效文氏画竹技法者二十五人，故名《文湖州竹派》②。亦有题名《竹派》③《湖州竹派》④者。内容或载人物生平，或记其轶事，或品其画技，体例不一。湖州竹派的形成，对墨竹一科的

---

①《中国古代书法家辞典》指出吴镇"教书于村塾，卖卜于崇德（今桐乡市崇福镇）、武林（今浙江杭州）等地，其行为非为生计，而是其所信奉'全真教'教义所使然（以往美术史及各辞书谓其'一生清贫，卖卜为生'、'隐居乡里'等词不确，现据《义门吴氏谱》等史料订正）"。余辉《吴镇世系与吴镇其人其画——也谈〈义门吴氏谱〉》（《故宫博物院院刊》1995年第4期）对此说有详细考订。
②《宝颜堂汇秘笈》本、《学海类编》本中是书著录为《文湖州竹派》。
③《说郛续》本、《广百川学海》本、《绘事晬编》本中是书著录为《竹派》。
④《四库全书总目提要》、《中国书画全书》中是书著录为《湖州竹派》。

确立以及中国文人画的形成和发展有很大影响。是书对研究以文同、苏轼为首的湖州竹派有重要参考价值。

主要版本有：① 明刻《广百川学海》本；② 明万历秀水沈氏刻《宝颜堂汇秘笈》本[①]；③ 清顺治三年宛委山堂刊《说郛续》本[②]；④民国九年涵芬楼影印道光十一年六安晁氏活字《学海类编》本[③]；⑤ 清道光邹氏依样壶卢山馆辑抄《绘事晬编》本。此五个版本在人物收录、排列次序、传记内容上一致，属于同一个版本系统。其中《广百川学海》本为所见存世最早版本。另，除《学海类编》本作者署为"吴镇"外，馀皆题为"释莲儒"。

《四库全书总目·艺术类存目》收"《湖州竹派》一卷"，亦署名莲儒，并考辨曰："莲儒在明中叶以后，而书中称山谷为余作诗云云，又称余问子瞻云云，而后乃及金、元诸人。时代殊相刺谬。今以所载考之，李公择妹、苏轼二条乃米芾《画史》之文；黄斌老、黄彝、张昌嗣、文氏、杨吉老、程堂六条乃邓椿《画继》之文；刘仲怀、王士英、蔡珪、李衎、李士行、乔达、李倜、周尧敏、姚雪心、盛昭十条乃夏文彦《图绘宝鉴》之文；吴瓘、虞仲文、柯九思、僧溥光四条乃陶宗仪《画史会要》之文，皆剽窃原书，不遗一字。惟赵令庇、俞澄、苏大年三条未知其剽自何书耳。可谓拙于作伪。"[④]此论断有误。按"书中称山谷为余作诗"指"黄彝"条之"黄彝，字子舟，斌老之弟……山谷《用赠斌老韵谢子舟为余作风雨竹》两篇，前篇云'岁寒十三本，与可可追配'，后篇云'森削一山竹，牝牡十三辈。谁言湖州没，笔力今尚在'"。考黄庭坚诗作，所谓《用赠斌老韵谢子舟为余作风雨竹》两篇当指《用前韵谢子舟为予作风雨竹》《再用前韵咏子舟所作竹》，小传所载前篇、后篇诗句即分别出自两诗。四库馆臣不辨篇名，以"余"为莲儒自称，误。而"又称余问子瞻"指"苏轼"条之"苏轼，字子瞻，作墨竹从地一直起至顶。余问：'何不逐节分？'曰：'竹生时何尝逐节生。'"确如《四库》所言，"苏轼"条全抄自米芾《画史》。且于人物称谓未作改动。故小传中"余问"之"余"实为米芾。四库馆臣断章取义，因苏、黄为宋人，莲儒为明人，以时代跨度上的交往的不可能性论定题名之伪，误。

且以版本论，明人所辑《广百川学海》《宝颜堂汇秘笈》《说郛续》三书皆作"莲儒"，自清代曹溶、陶樾所辑《学海类编》始改题为吴镇撰，而其后道光时邹氏《绘事晬编》抄本亦作"莲儒"，《学海类编》本的署名没有版本上的继承和延续性。除署名外，《学海类编》本

[①]《四库全书存目丛书》中所收录的《文湖州竹派》之版本为《宝颜堂秘笈》本。
[②]《中国书画全书》中所收录的《文湖州竹派》之版本为李际期宛委山堂《说郛续》本。
[③]《美术丛书》《丛书集成新编》中所收录的《文湖州竹派》之版本为《学海类编》本。
[④]《四库全书总目》卷114子部二十四。（清）永瑢、纪昀主编，周仁等整理，河北人民出版社1999年版，第593页。

还有一点明显不同——其"盛昭"条下多出一句:"(盛昭)侨寓嘉兴。与余比邻而居,最称莫逆。"他本仅载:"盛昭,字克明,扬州人,竹、石师文湖州。"而吴镇在画史上有一则与邻居相关的著名逸事,见于多书,如明董其昌《画禅室随笔》就载有:"梅花道人吴仲圭……本与盛子昭比门而居,四方以金帛求子昭画者甚众,而仲圭之门阒然,妻子颇笑之。仲圭曰:'二十年后不复尔。'果如其言。"[①]此盛子昭即盛懋,字子昭,嘉兴魏塘人,是吴镇同乡,亦是元代一位重要画家。盛昭、盛子昭名相近,强调两人邻居关系,此句独见于《学海类编》,《学海类编》始署名吴镇,将这些线索连缀起来,基本可认定此句应是改本书署名之人欲增吴镇为作者的可信性而加,其误当盛懋为盛昭,便化用吴镇这一耳熟能详的画坛掌故,附于"盛昭"条原文后。可谓画蛇添足。

《文湖州竹派》所收人物下限为元中后期,而吴镇是元末画坛名家,且为湖州竹派一员,不仅声名高于莲儒,身份亦更合此书,是托名的极好人选。而《学海类编》所收之书颇有以明人或清初人之书伪托元人者,如谭贞默《孟子编年略》改题《孟子年谱》,伪托元程复心撰。故《学海类编》本有篡改《文湖州竹派》作者之嫌疑,莲儒编撰者之身份不能轻易否定。

【作者简介】 翟丹,女,北京师范大学古籍与传统文化研究院研究生。

---

① 陈洙龙编:《中国历代画论·山水画语录类选》,人民美术出版社2008年版,第286页。

《歙砚说》提要

张 南

《歙砚说》一卷,旧题元曹绍撰。曹绍(1286—1361)①,又名曹庆孙,字继善,号瀼东漫士。所居堂曰安雅,人称安雅先生。华亭(今上海松江)人,居贞溪。曹绍本为宋文林郎、处州州学教授邵桂子之子,邵桂子娶司户公曹应符之女而生庆孙,后以庆孙继其舅氏。然庆孙晚年念其邵氏本祖,尝曰:"吾本邵氏子,利赖之者不为不多矣。"因考字书,复名曰绍,以志不忘本也。延祐四年(1317),以荐充平江路吴县县学教谕,后徙淳安,皆得士论。未几,告归,年四十即家居读书,不复求仕进。杜门力学,必得古人之意而止。《正德松江府志》卷三十称其"为人敦尚信义,家无余赀而周人之急如不及。岁时祭祀一遵古礼,进退惨怆,如闻见容声"②。为文平易条畅,以理为主,能尽其所欲言。诗清润古淡,根柢于陶、孟、韦、柳,自成一家。同时虞集、柯九思、杨载辈,皆与为文字交。其生平详见邵亨贞《野处集》卷三、《正德松江府志》卷三十、孙星衍等《松江府志》卷十七"建置志·二陆祠"、杨维桢《东维子集》卷十九《安雅堂记》、陈梦雷《古今图书集成》"文学典"等。曹绍尝因浙西水著《水利论说》数卷,著述有《安雅堂酒令》《副墨集》《东山高蹈集》《瀼东漫稿》等。

《歙砚说》题名为曹绍所撰,较早见于陶宗仪《说郛》(陶珽重编宛委山堂本)以及《百川学海》(弘治华氏刻本),后世如陈元龙《格致镜原》、施闰章《砚林拾遗》、黄钦阿《端溪砚史汇参》、朱玉振《端溪砚坑志》、王耤《艺苑丛钞》(稿本)等书皆题为曹绍撰。然据《四库全书总目提要》载:"《歙砚说》《辨歙石说》原本不著撰人名氏,陈振孙《书录解题》载之

---

①据邵亨贞《野处集》卷3《元故建德路淳安县儒学教谕曹公行状》载:曹绍生于至元二十三年(1286)七月二十四日,卒于至正二十一年(1361)二月二十六日。
②详见(明)陈威、(明)喻时修,(明)顾清纂《正德松江府志》卷30"曹庆孙"条,明正德七年(1512)刻本,天一阁藏明代方志选刊续编,上海书店1990年影印本。

亦云皆不著姓名。左圭《百川学海》刻之唐积谱后,卷末有跋,称绍兴三十年十二月,弟左承议郎尚书礼部员外郎兼国史院编修官迈跋。跋中称:景伯兄治歙,既揭苏氏《文房谱》于四宝堂,又别刻《砚说》三种云云。按景伯为洪迈兄洪适之字,则此二书似出于适,然与迈跋三种之说不合。"此处《砚说》三种,即《歙砚说》《辨歙砚说》《歙州砚谱》,三书皆为洪适所辑刻,而非适所撰。① 然后世仍有以洪适为此书作者,②如此,《歙砚说》《辩歙砚说》作者究竟为谁,尚需考辨。

"歙砚"为我国四大名砚之一。其石为江西婺源县歙溪所产。婺源县旧属安徽歙州府,故称歙砚。《歙砚说》首先从地理位置介绍歙砚的采石之地,详细记述了龙尾山区的旧坑,如眉子坑、水弦坑、水蕨坦坑、溪头坑、叶九坑、金星坑、鲈坑、济源坑、碧里坑等砚坑及各自坑中砚石特性。继而强调了雕琢砚石的重要性,认为"治之不尽工,虽有佳石,亦常砚而已"。故而应"每得一石,以铁錾击之,候其声清圆乃可攻治",待制砚时则应"度其所宜,然后制样"。最后,以眉子砚石、罗纹砚石、水弦金纹砚石等砚石为例,指明了砚石质量高下的关键,即"砚以莹净为先,小有痕、线皆不足甚贵",并细数了十种常见的砚石毛病。

高儒《百川书志》、丁丙《善本书室藏书志》、丁仁《八千卷楼书目》、陆心源《丽宋楼藏书志》等皆有著录。今存《歙砚说》《辨歙砚说》共有四种:《百川学海》本(宋刻、弘治华氏刻、嘉靖宗文堂刻)、《四库全书》本、《学津讨原》本(嘉庆刻,民国影印)、《说郛》本(宛委山堂刻)。近代以来,曾收入画家黄宾虹、收藏家邓实所辑《美术丛书》(三集第三辑),标点本收入林渊、王铁柱等编的《历代文房四宝谱选译》(中国青年出版社1998年版)。

《歙砚说》一书详尽地介绍了采石之地、琢石之法及质量的高下,对今人了解歙砚之沿革及其发展、辨别歙砚极具参考价值。其书不仅为介绍歙砚著作中较早的一种,也是其中最为详尽、最为重要的一种,故颇受研究者重视。

【作者简介】 张南,男,北京师范大学哲学学院研究生。

---

① 凌文生:《洪迈诗文辑佚系年(上)》,载《文史》第51辑,中华书局2000年版,第141页。
② (清)陆心源:《仪顾堂书目题跋汇编·宋版百川学海跋》,中华书局2009年版,第497页。又见其《丽宋楼藏书志》(清光绪万卷楼藏本)卷53子部题"歙砚说一卷辨歙石说一卷宋刊本【宋】洪适撰"。

《辨歙石说》提要

张　南

　　《辨歙石说》一卷,旧题元曹绍撰。曹绍生平事迹详见前《歙砚说》一条。与《歙砚说》不同,《辨歙石说》是就每一种歙砚石的纹理、颜色、星晕、质地等方面进行介绍,列举共计二十七种砚石,分别为细罗纹、粗罗纹、暗细罗纹、刷丝罗纹、金花罗纹、金晕罗纹、金星罗纹、算条罗纹、角浪罗纹、瓜子罗纹、细枣心、粗枣心、水波、对眉子、锦蹙、锦蹙眉子、罗汉入洞、金星眉子、鳝肚眉子、雁攒湖眉子、菉豆眉子、金花眉子、短眉子、长眉子、泥浆、卵石、雨点石等,要言不烦,有助于辨别各类歙砚石。

　　《辨歙石说》辨析颇为精简,与宋唐积《歙州砚谱》(又名《歙砚图谱》)互为表里,不可或缺。同时,《辨歙石说》又是介绍歙砚著作中刻本较早者,对于后人研究歙砚石和鉴别歙砚具有极高的参考价值。常附《歙砚说》以行,其著录、版本参见《歙砚说》提要。

【作者简介】　张南,男,北京师范大学哲学学院研究生。

《竹谱》提要

范雪琳

《竹谱》，元柯九思撰。柯九思（1290—1343），字敬仲，号丹邱生、五云阁吏，浙江台州人。早年为仕途奔波，后文宗即位，擢为典瑞院都事，置奎章阁，特授学士院鉴书博士，三年后罢官。文宗崩，流寓吴中，晚年出家为道，以诗文书画终老，《新元史》卷二二九有传，附于其父柯谦本传后。柯九思擅诗词，有《任斋诗》四卷，然诗文多散佚，今存《丹邱生集》五卷，《补遗》一卷，为清末缪荃孙所辑；亦工墨竹，并善识金石鼎彝之器。

柯氏《竹谱》包括嫩根、老根、全竿、嫩枝、老枝、新枝、枯梢、雨枝、风枝、嫩叶、新叶、茂叶、老叶、晴叶、风叶、雨叶、晴叶破墨、风叶破墨、雨叶破墨、行鞭、石谱、坡脚等三十余种，每幅图下有小注，容庚先生称其"写竹之能事毕矣"。《新元史》称柯九思"善写竹石，始得笔法于文同，自谓写干用篆法，枝用草书法，叶用八分法"。柯九思之墨竹，师法文同，又受世交李衎影响，李衎本人亦曾撰有《竹谱》一书，由九思之父柯谦作序。李、柯二人所作《竹谱》，略有相通。

《竹谱》一书，现存有上海有正书局宣统年间石印本，藏于南京图书馆[1]；另有有正书局民国年间影印本，藏于国家图书馆、南京图书馆。但据容庚先生所考[2]，有正书局石印本并非全本。《竹谱》原书曾为查士标等人递藏，且查士标曾为此书手纪目次，然殊失次序，容庚又重为厘定，根据目次可知本书曾有缺失，《坡脚》二章为明代夏昶所补。此外，原书后有刘铉、董其昌、查士标、完颜景贤等人跋语，据题跋及各书著录，本书流传状况大致如下：明天顺元年（1457）《竹谱》一书归于张孟弼，刘铉、蒋主忠为跋，所缺部分由夏昶受张氏所托以补。后经文徵明、文彭、项元汴递藏，董其昌并作跋语。清顺治年间，王蕴之携此书适友人孙遑之家，孙氏爱之，以数种宋元名画易得，后查士标等人同观此书，查

---

[1] 中国古籍总目编纂委员会：《中国古籍总目（子部）》，上海古籍出版社 2011 年版，第 1383 页。
[2] 容庚：《记竹谱十四种》，《岭南学报》1947 年第 8 卷第 1 期。

氏作目次。乾隆年间此书曾入藏内府，《石渠宝笈》卷四一著录"柯九思《竹谱》一册"，称其"素笺本凡二十幅，墨画无款，姓名见跋中"，且"副页有刘铉、董其昌跋"[1]。后《竹谱》又入徐渭仁、完颜景贤之手，然失于庚子之乱。李葆恂曾见此书于厂肆，以其价奢而未得。后归于庞元济，宣统元年（1909），完颜景贤得此书。完颜氏殁，其所藏书画尽出，张弧购得此书赠予张学良。

台湾中华书画出版社于1976年出版《元柯九思墨竹画册及其竹谱》，其中收录柯九思传世画作八幅并《竹谱》一卷，书内先后有文徵明、文彭、项元汴、乾隆帝、徐渭仁、完颜景贤等人收藏印鉴，册前有查士标于顺治年间所撰目次，册后有刘铉、蒋主忠、董其昌、孙暹、完颜景贤等八人题跋，其底本约为张氏所得本，原本所藏之处今不详。

【作者简介】　范雪琳，女，北京师范大学古籍与传统文化研究院博士生。

---

[1]《石渠宝笈》卷41，清文渊阁四库全书本。

《书法钩玄》提要

魏 磊

《书法钩玄》四卷,元苏霖撰。苏霖(1291—1356后),字子启,号虚静道人,江苏镇江人,至正十年(1351)任德平县尹,撰有《有官龟鉴》十九卷、《书法钩玄》四卷,另于仇远《山村遗稿》卷一中有跋文一篇。

苏霖于书颇工,深谙其法,参考唐人张彦远《法书要录》、宋人朱长文《墨池编》及陈思《书苑菁华》诸书,广求历代论书之语,"刊去浮华,独存要言",汇集而成《书法钩玄》一书,为备讲习传授,裨益初学之人。该书成于元顺帝元统二年(1334),名之曰"书法钩玄",似取"韩文公'纂言者必钩其玄'"之意①。

《书法钩玄》全书共四卷,大体上以时间为序,卷一收《杨子云论书》至《褚遂良论书》十七篇(含另见四篇),卷二收《孙过庭书谱》至《李后主书述》十五篇(含另见两篇),卷三收《米元章论书》至《赵子固论书法》八篇(含另见一篇),卷四收《翰林密论用笔法二十四条》一篇;而目录所载卷二《李阳冰论古篆》《徐浩论书》及卷四《翰林禁经永字八法三》以下均有目无书。其所辑录的前代书论以技法为主,如《唐太宗论笔法》《韩方鹏授笔说》《钱若水叙陆希声笔法》等。

《书法钩玄》现存较早的版本有傅增湘藏明成化、弘治间刻本及明嘉靖三十六年(1557)严嵩刻本。傅藏本半叶十行,行二十字(上空一格),黑口,四周双边,有"冯念周印""复京""翁楚私印""二云"等印,知其为常熟冯武世㸌堂旧藏。严刻本半叶十行,行二十字,白口,左右双边,藏于国家图书馆、上海图书馆、杭州市文管会等处。主要钞本有复旦大学藏明横野州草堂钞本三卷、国家图书馆藏明徐氏铁砚斋钞本四卷、上海图书馆藏清初王存一钞本一卷。流传较广、影响较大的则是明万历十九年(1591)王世贞刻《王氏书画苑》本,《四库全书存目丛书》即以此为底本影印。

---

① (清)周中孚著,黄曙辉、印晓峰点校:《郑堂读书记》,上海书店出版社2009年版,第778页。

在中国书法史上,元代出现了大批汇编前人书论的作品,《书法钩玄》作为其中代表之一,尽管"略具梗概,未为该备,其去取亦未精审"[①],在编排方式及全书体例上不甚严谨,但其意义在于反映时人的书法理论倾向,以及保存前代书学文献,如卷一《隋释智果心成颂》,即赖此书才得以流传,确如徐渭在《玄抄类摘序》中所言:"书法亡久矣,所传《书法钩玄》及《字学新书摘抄》,犹足系之也。"[②]

【作者简介】 魏磊,男,北京师范大学文学院博士生。

[①] (清)永瑢等:《四库全书总目》,中华书局1965年版,第974页。
[②] (明)徐渭:《徐渭集》,中华书局1983年版,第535页。按:原文作"及《字学新书》,摘抄犹足系之也",标点有误,今改之。

《绘宗十二忌》提要

吴 冕

《绘宗十二忌》一卷，元饶自然撰[①]。饶自然(1312—1365)，字太白，一作太虚，号玉笋山人，或作玉筍山人，江西临川人[②]。钱曾《读书敏求记》卷三《饶自然山水家法一卷》谓："至元庚辰，玉筍山人饶太白自然选唐王维及元商德符等二十人，注其笔意染法以为式，后附画家十二忌。柯丹丘称自然以诗画名世，惜无从见其诗耳。"以此而论，饶自然当能诗善画，且于至元庚辰(1340)著此书[③]。《山水家法》今已佚，后附之画家十二忌，即《绘宗十二忌》。

《绘宗十二忌》共十二大段，每段专论一"忌"：一曰布置迫塞；二曰远近不分；三曰山无气脉；四曰水无源流；五曰境无夷险；六曰路无出入；七曰石止一面；八曰树少四枝；九曰人物伛偻；十曰楼阁错杂；十一曰滃淡失宜；十二曰点染无法。论画法从忌病入手，而亦暗含规避之法。作者于构图立意最为重视，故首论之，而后叙述设色点染等法，皆言简而不无实用，颇适初学。

《绘宗十二忌》现存之版本主要有明罗周旦《古今画鉴》本，题作《山水画法》；明唐志契《绘事微言》本；道光间邹氏辑《绘事睟编》抄本；于安澜辑《画论丛刊》本；俞剑华辑《中国画论类编》本等[④]。

【作者简介】 吴冕，男，北京师范大学古籍与传统文化研究院研究生。

[①]《佩文斋书画谱》题饶氏为宋人，《古今图书集成》《庚子销夏记》及《南宋院画录》皆称为元人，当从之。

[②]饶自然之生平事迹颇不详，今据谢巍《中国画学著作考录》，上海书画出版社1998年版，第262页。

[③]考《元史》，"至元庚辰"有二，一为元世祖至元十七年庚辰(1280)，一为元顺帝至元六年庚辰(1340)。依钱氏之言，饶氏所选二十家中似以商德符为最晚，并无元中、晚期之负盛名者，唯据此二者皆可通，今无他证，仍题"至元庚辰"。

[④]参见谢巍《中国画学著作考录》，上海书画出版社1998年版，第262页。

《写像秘诀》提要

吴 冕

  《写像秘诀》一卷,元王绎撰。王绎(约1333—约1385)①,字思善,号痴绝生,先世睦州(今浙江建德)人,父徙居钱塘(今浙江杭州),遂为籍。父王晔,工诗文,擅编杂剧,有《桃花女》传世。王绎幼年从嘉兴叶广居问学,诗文之余,于绘画无师自通,年仅十二三,即能为丹青。后从吴中顾逵游,于人物、山水皆得精进,而写貌尤长小像,所作不徒形似,亦兼有神气。今存其《杨竹西小像》墨迹,纯用白描,笔法流畅,神态生动,堪称绝妙。另有《林泉高蹈图》传世,又曾为倪瓒画像,惜已佚。生平事迹见《辍耕录》卷十一《写像秘诀》之序言及《图绘宝鉴》卷五之小传。

  此书内含《写像秘诀》《采绘法》《写真古诀》《收放用九宫格法》四部分,传授画像之技法与程序,实乃王绎绘画经验之总结。《写像秘诀》首论及相法,特重四时气色,次则言当静求性情,默识于心,而后详列具体画法,画者"一一对去,庶几无纤毫遗失"。全文虽不足二百四十字,而见解精辟,不可忽视。《采绘法》专述采绘人像之法,于面色之绘法外,亦及全身,颇为详细。后两篇皆为写像之具体诀法,《写真古诀》"先观八格,次看三庭。眼横五配,口约三匀。明其大局,定好分寸",首述总纲,后细论之。《收放用九宫格法》则采临法帖九宫格之法,以起收小放大之用。

  诸本所载王氏此书,多有不同。前人多误《写像秘诀》与《采绘法》为二书,单篇而行;或两篇合之,题为《写像秘诀并采绘法》,而弃《写真古诀》《收放用九宫格法》不录。以今存之文而言,《写像秘诀》《写真古诀》《收放用九宫格法》三者皆叙写像之法,似当为一体②,唯陶宗仪言"尝授余秘诀并采绘法,今著于此"③,后人或因不得其意,而致王氏此

---

  ①参见谢巍《中国画学著作考录》,上海书画出版社1998年版,第267页。
  ②同上。
  ③(元)陶宗仪:《南村辍耕录》,中华书局1959年版,第131页。

书分合无定。

《写像秘诀》最早见于《南村辍耕录》,他本有《唐六如画谱》本、《佩文斋书画谱》本、《历代论画名著汇编》本等,今常见本有《画论丛刊》本、《中国书画全书》本等。

【作者简介】 吴冕,男,北京师范大学古籍与传统文化研究院研究生。

《图画考》提要

贾 薇

《图画考》七卷,元盛熙明撰。盛熙明生平详见于前《法书考》提要。

《图画考》作于《法书考》奏御之后,或亦呈圣览。盛熙明自序云:"臣不揣愚陋,昔备艺文,尝著《法书考》,今复博采传记,芟繁撮要,撰为《图画考》一通,凡七卷。"故知《图画考》乃继《法书考》而作。此书体例悉仿《法书考》,卷一曰叙古,意在记述绘画源流,下分述原、兴废、规鉴、图名、师传五目。卷二曰工用,历述前人绘画之兴废,其下又分笔法、气韵、设色、模拓四目。卷三至卷五皆曰纪艺。卷三下列四子目,为佛道、人物、传真、宫室。卷四共一目,为山水,并树石于后。卷五下列五子目,为竹木、花鸟、蔬果、龙鱼、畜兽。卷六曰名谱,又分上古、中古、近古三子目。卷七曰鉴藏,列古代名画、名家目录,下分辨谬、品价、印记、装褙、藏玩五子目。《图画考》内容多辑取于张彦远《历代名画记》、郭若虚《图画见闻志》《宣和画谱》、谢赫《古书品录》、郭思《林泉高致集》之说,亦受米芾、郭熙诸家思想之照拂,虽间有讹误,然较之诸家言论,尤有新意,或出于其上。且条理秩然,不下《法书考》。

《图画考》不见于《四库全书》著录,钱氏《元史艺文志》亦不载。今有瞿氏铁琴铜剑楼旧抄本,现藏国家图书馆。《四部丛刊续编》曾据此本影印,稍广流传。另存一抄本,藏于上海画院。有整理本,与《法书考》同入中国书画全书编纂委员会所编《中国书画全书》第二册。

【作者简介】 贾薇,女,北京师范大学古籍与传统文化研究院研究生。

《续竹谱》提要

范雪琳

《续竹谱》一卷,元刘美之撰。刘美之,生卒年及事迹均未详。《续竹谱》一书最早见于《说郛》之中,然百卷本《说郛》仅载有《续竹谱》一卷,未有作者题名[1];唯顺治年间陶珽重编《说郛》一百二十卷本于《续竹谱》题目下著其作者"元刘美之"[2],《康熙字典》竹字部亦有"刘美之《续竹谱》"字样,但无朝代。刘美之其人其事,今已无从可考,不知《说郛》所言何据。

《续竹谱》题为一卷,实仅为一篇,其内容为续补南朝宋戴凯之所撰《竹谱》一书。《隋书·经籍志》谱系类载有《竹谱》一卷,不著作者名氏,《旧唐书·经籍志》载入农家,始题为戴凯之所撰。按晁公武《郡斋读书志》云,戴凯之字庆预,不知何代。清代学者证其为刘宋时期之人。《竹谱》一书记载注四十余种,以谱录体论述其产地、来源、用途等。《续竹谱》一书补《竹谱》之所未收,与《竹谱》体例略同,分述十余种竹类,论其外貌,述其产地,间或引用《广州志》《南越志》诸书,亦有典故,每种仅用寥寥数语以明其征,此篇所作,似为区别竹之种类,不过几百言,简练然切其旨。此书虽短小精悍,但对后世论竹而言实为重要之作,如明人王济之《君子堂日询手镜》即有所征引采纳。清人姚际恒《好古堂书目》中对此书也有记载,著录为"《续竹谱》,元刘美之",版本不详。《续竹谱》正文之下间有小字作注,不知成于作者抑或后人之手。

今人可见之《续竹谱》一书,全载于《说郛》之中,版本有二:一是《说郛》涵芬楼百卷本,载于书中卷六六,仅有题目正文,并无作者,国家图书馆现藏有两种,第一种为原北平图书馆的涵芬楼本,第二种为商务印书馆分别于民国十六年(1927)和民国

---

[1] (明)陶宗仪编:《说郛》卷66,中华书店1986年版,第20页。
[2] (明)陶宗仪编:《〈说郛〉三种》卷105,上海古籍出版社1988年版,第4837页。

十九年(1930)影印出版本;二是《说郛》一百二十卷本,载于书中卷一百五,题为"元刘美之"撰,国家图书馆现藏有顺治年间宛委山堂刻本。比勘两本文字,差异不大。

【作者简介】 范雪琳,女,北京师范大学古籍与传统文化研究院博士生。

《墨竹记》提要

范雪琳

  《墨竹记》一卷,张退公撰。张退公,生卒年不详。俞剑华先生在《中国画论类编》一书中提及《中国画家人名大辞典》中有元代画家张逊,善画墨竹,且与李衎同时,疑退公为张逊之别号。张逊,吴人,字仲敏,号溪云。善画竹,兼工山水,师法巨然。曾与李衎同画墨竹,自以为不及,弃墨竹而用勾勒,绝妙于当世,时称其双钩竹得摩诘真意[1]。

  《墨竹记》题名为"记",实为赋体。书中论写墨竹之法,认为墨竹始自唐明皇而后传唐代萧悦,因观竹影而得之。作者分论春、夏、秋、冬、晴、雨之竹,称其为"传前代之法则,作后世之规矩"。后又述扫叶、写枝、撇竹之要点,心手必相迎。"墨竹须取多意之功,顺四时之气","节高爪乱,嫩叶苍枝,古怪清奇,方为妙格"[2]。

  从历代文献记载来看,张退公《墨竹记》多附李衎《竹谱》之后,俞先生认为此书寥寥数百言,文辞不佳,然本李衎《竹谱》附益而成,亦有可取之处。且本文仍属一般画家口诀,云"偃叶而偃枝",于画晴竹似有不妥之处[3]。

  关于《墨竹记》的版本,目前可见的主要有《王氏画苑》本、《美术丛书》本和《中国书画全书》本。《王氏画苑》本收录《墨竹记》于《画苑补益》卷四,国家图书馆藏《四库全书存目丛书》中所收《王氏画苑》本,所据底本为王世贞辑、詹景凤补辑而成的明万历十八年(1590)王元贞刻本(现藏于中国科学院图书馆)。北京大学亦藏有《王氏画苑》两种明刻本。泰东图书局于民国十一年(1922)据明刻本所出版的影印本《王氏书画苑》亦收有此书,现可见于国家图书馆古籍馆。

  《美术丛书》本所据底本不明,与《王氏画苑》本在文字上有细微不同。目前有三个

---

[1] 俞剑华:《中国画论类编》,人民美术出版社1986年版,第1062页。
[2] 卢辅圣主编:《中国书画全书》第2册,上海书画出版社1993年版,第968页。
[3] 俞剑华:《中国画论类编》,第1062页。

版本分别收录。一是于民国二年(1913)出版的铅印本,收入续集第五集;二是民国十七年(1928)再版所出,收入四集三十四辑;三是民国二十五年(1936)所出的第三版,收于四集四十辑,此三本均由上海神州国光社所出。此外,神州国光社于民国三十六年(1947)亦有出版,北京古籍出版社于1998年据此影印出版《中华美术丛书》,《墨竹记》收于二集第五辑中。《中国书画全书》第二册亦收录此书,据书前提要所称,是据《美术丛书》本断句排印①。

【作者简介】 范雪琳,女,北京师范大学古籍与传统文化研究院博士生。

---

① 卢辅圣主编:《中国书画全书》第2册,第968页。

《书法三昧》提要

范雪琳

《书法三昧》一卷,元无名氏撰。该书仅一卷,卷首为胡翰所撰序言,简述楷书源流与书写要点,并叙此书来源。本书前半部分为四言二十二句的《书法题辞》,道出书法之精髓;下半部分从下笔、布置、运用、为学纲目、结构几方面具体讲解,运用部分详述点之祖、画之祖、短画之祖、竖画之祖、钩之祖、撇之祖、短撇之祖、捺之祖,结构部分分条目详列五十余种字体结构及书写要点;《书法正传》本最后附有《衍极·质朴篇》的"书法传流"部分,自蔡邕至柳宗元,览之洞然无疑。本书卷帙简短,但言简意赅,尽得书法真髓,无愧于《书法三昧》之名。

关于本书作者,一般著录为"佚名撰",《古今图书集成》楷书部总论称其为元陈绎曾所撰[1]。然胡翰序云"此编名《书法三昧》,不知撰者谁氏,其言或本于古人之已言,而书则未有能尽知也"[2]。据胡翰序中所述,此书于元时曾见于都下馆阁名臣家,鲜于枢、赵孟頫等人常宝爱之,直到周伯琦来吴中之后时人方知有此书,至周伯琦归于鄱阳,此书为人所得而相传,方知此书之妙处所在。其中间有"简缘云","简缘"为清代书法名家冯班之从子冯武之字,其所撰《书法正传》卷二收录《书法三昧》一卷,书中所载"简缘云"当为冯武读书时所作批注,《四库全书总目提要》亦称"每卷之中,武亦各为附论,时有精语。盖武于书学,颇有渊源故也"[3]。

按胡翰序中所言:"古人论书云:一须人品高,二须师法古。是书之法,学者习之,固常熟之于手,必先修诸德,以熟之于身,德而熟之于身,书之于手,如是而为书焉。其容止

---

[1] (清)陈梦雷:《古今图书集成》字学典楷书部第47卷总论,中华书局影印本。
[2] 同上。
[3] (清)永瑢等:《四库全书总目提要》卷113,清乾隆武英殿本。

之可观,进退之可度,隐然自见于毫楮之间,端严而不刻,温厚而难犯。"①由此可知,本书作者应为品德高洁、师法古人、书法出众之人。

至于陈梦雷在《古今图书集成》中认为此书作者为元代陈绎曾,一是因为陈绎曾本人确为元代书法名家之一,二是恐清人戈守智所编《汉溪书法通解》曾收录陈绎曾所撰《为学纲目》,与《书法三昧》中《为学纲目》内容相同,所以陈氏方有此论断。然本书作者究竟是否为陈绎曾,尚有待考察,抑或此书为作者编撰而成,亦未可知。

就版本与流传状况来看,《书法三昧》一书在古代多收录于他书之中,未见单行本,现存版本大约有以下几种:

一是《书法正传》本。清人冯武所编《书法正传》十卷中收录,载于第二卷,且末尾附有《衍极·质朴篇》的"书法传流"部分。《书法正传》一书,收于《四库全书》子部艺术类中。此外日本亦有《书法正传》流传,所据底本不明,书前有"东山书肆"及"松山堂藏版"字样,现藏于早稻田大学图书馆。广西师范学院曾据《书法正传》影印单行本《书法三昧》,似与日本所藏《书法正传》出于同一底本。

二是《古今图书集成》本,收录于清代陈梦雷所编《古今图书集成》字学典楷书部第四十七卷总论部分中,国家图书馆、台北"故宫博物院"均有收藏。

三是根据《中国古籍总目》所载有《书学大成》本,万历刻,藏于如皋图书馆②。

四是根据《中国古籍总目》所载有清抄本,藏于中国科学院图书馆③。

【作者简介】 范雪琳,女,北京师范大学古籍与传统文化研究院博士生。

---

①(清)陈梦雷:《古今图书集成》字学典楷书部第47卷总论。
②中国古籍总目编纂委员会:《中国古籍总目(子部)》,上海古籍出版社2011年版,第1295页。
③同上。

《赵氏家法笔记》提要

王博涵

　　《赵氏家法笔记》一卷,无名氏撰。《元史艺文志辑本》著录"有影印《涵芬楼秘籍》本"。此本见于《涵芬楼秘籍》第四集,题为"旧抄本",后有孙毓修跋,称"旧为秦氏石研斋抄本,可云秘籍,急为摆印流通"。今不见此石研斋本。此外,存有孙毓修小绿天蓝格抄本,为孙氏整理时抄写自留之物,与涵芬楼本应同出一本。另有台北丁念先藏明李日华手书本,于《艺坛》月刊第1至第8期有连载,称"明李日华手钞赵氏辑略家法笔记",李铸晋《鹊华秋色·赵孟𫖯的生平与画艺》曾提及。

　　此书内容涵盖人物、山水、花鸟、兰竹诸诀要,并涉及色、胶、绢处理方法,多方法性表述,属综合性画论。孙跋云"书凡四十七条,有题无录者两条",或以画家十二忌为一条。实为五十八条阙两条。而其中内容实系摘抄前人,诸家于此多有论述。然此书体例混乱,拼凑无章,条目无序,注之有无亦无常例。此书是否出于赵氏、是否有意托伪,诸家说法不一。

　　孙跋曰:"赵氏家法笔记,不著撰人。卷末有'孟𫖯闲暇中'云云,又有'大德十有一年,岁在丁未,识于雪斋'一行,则似出于文敏。然第四叶有'因纂录先子画题之下,间以所闻而注之'云云,又似仲穆辈所记者。书凡四十七条,有题无录者两条。所论合色胶绢诸法,画山水人物花鸟兰竹诸诀,无不造入精微,为艺术家不可不读者。宋元时人论画书,今传者有韩拙《山水纯全集》、宋伯仁《梅花喜神谱》、李衎《竹谱详录》,皆只详一事。如此之总括靡遗者,实未见也……伪脱处苦无别本校正,今姑仍之"云云。以为此书虽有伪脱之处,或仍出赵孟𫖯或其后人如赵雍之手;其内容精微而面面俱到,于宋元论画书中颇有特色。余绍宋《书画目录解题》归入伪托类,考之甚明:"是编末有孙毓修跋,谓旧为秦氏石研斋抄本,可云秘籍,甚加推许。今核其文,乃随意摘抄昔人论画之本,漫无条理。其画诀及山水训皆郭氏《林泉高致》之文。《林泉高致》为熙子思所纂录,故编中有因纂录先子画题及思平昔见先子作一二图之语,孙氏不知郭思为何人,因卷末有抄赵松雪语遽疑为仲穆辈所为,未免失考。其余如《画家十二忌》,乃饶自然所作。六法六长等条,则杂抄《古画品》。《五代名画补遗》诸编又抄及王维、李成、荆浩诸伪书,俱属习见之本。且宋元人论画之书,统论山水人物花鸟者,何止韩、宋、李三家。孙氏以为未见,似其于旧传书画之书未曾涉猎,乃率意题识,尤觉粗疏。其为坊肆广招徕计,则得矣。其为自谋,不太拙乎?"余氏针对孙跋而发,点明文中体例之失,并逐条指出此书材料所在,其证确凿,并由此以之为伪。此说一出,诸家多参考之。《中国伪书综考》从余说,而引之时称余氏以其为明书坊所为,则不免引申过度。《中国画学著作考录》并录孙跋与余考,以为孙跋云此本出于石研斋诚可信,而查验余氏所考出处,皆是。但认为此书并非有意托伪,而是在传抄过程中被后人改窜而涉伪:"愚曾见数种杂抄囊日论画之篇,皆不署辑者姓名,显然为其读画学书之札记,以备常读,而非付梓。此札记传之后世,遂书有后人识语,梓印者不考究竟,以题识者为此书作者,如假清人管庭芬名之书便有二种。是书亦属读前人画学著作之札记。考其所抄诸书,最晚者为饶自然《画家十二忌》。作此札记者,当为延祐、至正间人,其作为元代人可无疑。至于此本是否为赵雍(仲穆辈)所抄,无文献可征(若为墨迹,尚可辩证)。但书末有赵孟頫之云云,或曾为赵家之物。但赵孟頫当不及见饶自然之书,'大德十一年丁未',饶自然尚未出生,何能撰书?或所抄饶氏之文,为至元庚辰后续抄,亦未可知。若此,则原抄本已经后人整理,将孟頫云云移至卷末。不然,孟頫云云,显属伪撰。是书所抄内容本不属伪,作者未署名,一般不能以伪托论之,而是书经孙氏跋后,又题作《赵氏家法笔记》,不免有涉伪之嫌。"此说有调和之意,言此书为学书学画之杂抄笔记,似亦可通。但文中数处存有原注,而无任何辑录者之新注,作为学习笔记亦颇可疑。另,画家十二忌乃出现于本篇中前部,若为一般性质之续抄,似不应出现于此位置。且原有一笔记,后人补录之并混排其位,此为推断,并无实据,亦难以解释本篇依然体例混乱之现象。不言撰者,此是不少论者皆知本书内容混杂而不明言其伪之由,此处言为元代人可无疑,乃在此书为私人摘抄笔记前提之下。若其为书商伪作而仅取元为时间下限,于理亦可通。此暂备一说。若台湾所藏明本为真,此李日华当非戏曲作者之李日华,而为字君实之李日华,则此书成书时间最晚不超过明隆庆年间。此外,书中避玄字讳一处,或为清人修改之迹。

　　《中国画学著作考录》认为此本杂抄诸家,文字颇有不同,可供校雠。然此本所引多常见之书,《中国画学著作考录》本身也认同此点,且若如《中国画学著作考录》所言,此书来自学习书画之摘抄,则其内容定源于当时习见易得之版本,故其校雠价值究竟如何,尚待讨论。作为征引材料而论,议及前人画论时,有引此书为据者,余氏既已指明出处,似以引用原书为妥。至于是否可作为赵氏画论之材料,诸家或嫌其伪,一般不用。李铸晋认为此书虽可能与赵氏相关,但多为摘录前人观点,而赵氏书画富于新意,此书内容于此并无体现,故不宜作为研究赵氏书画思想的依据,此说较为稳妥。

【作者简介】 王博涵,女,北京师范大学古籍与传统文化研究院研究生。

《大元毡罽工物记》提要

崔 璨

《大元毡罽工物记》一卷,作者无考。此书录之于元代官修政书《皇朝经世大典》,后又辑录于明《永乐大典》。然世事更衰,《皇朝经世大典》《永乐大典》均散佚难辑。此一卷,乃清人文廷式辑于《永乐大典》遗卷四千九百七十二。今存为元成宗大德二年(1298)至文宗天历二年(1329)间所载,是否完璧,未为可知。

毛毡所制之法,有文字所载者,至晚上溯于北魏贾思勰《齐民要术》。《齐民要术》所述除"作毡法",更提及"令毛毡不生虫法"。而《尔雅》:"氁,罽也。"邢昺疏:"罽者,织毛为之。"又《说文》云:"毡,捻毛也。"①又云:"捻,执也,从手然声,一曰蹂也。"②以此观之,毛毡之制法,由来久矣。然毛织为西北民族所擅,而汉地以布帛为主,帷幕幄帘等皆以布帛为之,而地敷以筵席,不用毯毡。至有元一代,起于漠北,疆土斥大,而毛织乃臻精熟。

此书所载,广涉元代当时官办毡毯生产之各方面。统之大略,述之详备。尤以所述之法最为可贵,用言直白,记语简洁。是书涵盖元代当时毛毡所制之大要:年依次分记,料以类别之,目以数详之等。至于用料之别类者,又细而化之。如毡、毯之品种,以原料可分为白羊毛、青羊毛、驼毛及绒毛等;如毛料(毛纤维)又分以层次品级等。层层类之,繁而不杂,细而不乱。

是书开篇言"毡罽之用至广也。故以之蒙车马,以之藉地焉。而铺设障蔽之需咸以之"。有元一代,皇家官贵,多为蒙人,其习多沿旧故。故毡毯之类,应用甚广。然此书开篇言及"蒙车马、藉地"等,已然与其他古书所记有别,以此观之,除上述工料之属,有利现代攻研;其所记与其他古书所记有别者,亦有利于研究中古礼制之演变。

除上述之外,此书对于研究元代毛毡生产乃至经济概况,具有重大意义。如今所见

---

① (汉)许慎:《说文解字》,岳麓书社 2011 年版,第 174 页。
② (汉)许慎:《说文解字》,第 257 页。

本乃清人辑佚所得，其中文字错讹较多，而内容完整性未知，故需重新辑佚以填补现代文献资料之空白。王国维先生将此书收入其《广仓学窘丛书》中。日本学者菊地清将历朝《食货志》汇成一册《食货志汇编》（南满洲铁道株式会社1942年版），而后国家图书馆出版社所编民国文献资料丛编中亦收入了题为日本学者松崎鹤雄编《食货志汇编》（北京图书馆出版社2008年版），而在元代《食货志》后附上了此一卷，所附一卷之版本当与王国维先生《广仓学窘丛书》同出一源，可见学者对此书之重视，亦可反映出毛毡技术在当时的影响力和先进性，以及其对于经济发展之重要作用。

关于这部书的研究，有中国科学院自然科学史研究所赵翰生先生（《〈大元毡罽工物记〉所载毛纺织史料述》）作过系统的分析，对于书中所提及的材料均加以归纳，并提出了此书之价值与意义。

【作者简介】 崔璨，女，北京师范大学古籍与传统文化研究院研究生。

《元代文献与文化研究》征稿启事

为加强学术交流，展示学术精品，推动元代文献与元代文化研究的发展，北京师范大学古籍与传统文化研究院决定从2011年起创办学术性集刊《元代文献与文化研究》，暂定每年一辑，每辑35万字左右。

一，本刊欢迎有关元代文献及元代文化各领域研究的原创性稿件。来稿请严格遵守学术规范，坚决反对剽窃、抄袭行为。

二，稿件长短不拘，但均需充实精到。来稿请使用繁体字。引文出处或补充性注释一律采用脚注方式，以图码标示。

引文出处示例：

1. 古籍及整理著作

（元）陈澔：《礼记集说》卷8，元天历元年建安郑明德宅刻本。

（明）宋濂等：《元史》卷6《世祖三》，中华书局1976年版，第109页。

2. 今人研究著作

徐远和：《理学与元代社会》，人民出版社1992年版，第101页。

3. 期刊、集刊及论文集论文

郭预衡：《文变染乎世情——研究元代文章的一些想法》，《信阳师范学院学报》1995年第1期。

［韩］李玠奭：《元朝仁宗朝的财政稳定措施及其意义》，载中国元史研究会编《元史论丛》第7辑，江西教育出版社1999年版。

【补充说明：当反复引用相同文献时，可自第二次起只注书名、卷数（或页数，或册数加页数）】

三，本刊采用匿名审稿制。每篇文章由两名以上专家审读，最后由主编根据专家审读意见决定刊用与否。审读者与作者双向匿名。审稿期间，稿件请勿另投。如三个月内未发出用稿通知，作者可自行处理文稿。

四,来稿请附摘要(200字左右)、关键词(2—6个),并与题目一并译成英文。请附作者信息(包括姓名、性别、出生年月、籍贯、职称、工作单位、详细通讯地址、邮政编码、电话号码)。来稿请将 word 文件电子版发送至本编辑部电子邮箱:yuandaiwenxian@sohu.com。

五,来稿刊发后,即奉寄薄酬及样刊2本。

《元代文献与文化研究》编辑部 特别声明

本辑所收稿件截至 2016 年 12 月